·科学人文读本·

金色的想象

Gold Imagination

方鸿辉 编

图书在版编目（CIP）数据

金色的想象 / 方鸿辉编. — 上海：上海教育出版社，2021.4
ISBN 978-7-5720-0624-1

Ⅰ. ①金… Ⅱ. ①方… Ⅲ. ①人文科学 - 青少年读物 Ⅳ. ①C49

中国版本图书馆CIP数据核字(2021)第076825号

责任编辑　徐建飞
封面设计　金一哲

科学人文读本
金色的想象
方鸿辉　编

出版发行	上海教育出版社有限公司
官　　网	www.seph.com.cn
地　　址	上海市永福路123号
邮　　编	200031
印　　刷	上海盛通时代印刷有限公司
开　　本	890×1240　1/32　印张 10.5　插页 4
字　　数	272 千字
版　　次	2021年5月第1版
印　　次	2021年5月第1次印刷
印　　数	1—5,000 本
书　　号	ISBN 978-7-5720-0624-1/G·0472
定　　价	46.00 元

如发现质量问题，读者可向本社调换　电话：021-64377165

金色的想象

（代　序）

（一）

王国维的《人间词话》开宗明义："词以境界为最上。有境界，则自成高格，自有名句。"

同理，选编科学人文读本，也应以精诣为上。笃求精诣，则自备高标眼光，自有名篇入籍，以飨读者。

遵循这种理念，两年前我们选编了科学人文读本——《蔚蓝的思维》和《清澈的理性》，期盼选本能为推动对知识的传承转化为对人的素养熏陶起一点作用。市场是严酷的，读者的眼光是挑剔的。我们的初衷能否实现，图书出版后，我们真有些惶然不知所措。

好在市场很快有了反应。这两本书上柜不到半年，首印的各5000册居然都售罄，立即重印。不少学校将其作为选修课读本。以后又相继被上海市2005年读书活动作为推荐书目，并荣获第14届上海市中小学优秀图书一等奖；2006年国家新闻出版署从全国686种图书中遴选出100种优秀图书向全国青少年推荐，这两本书也有幸位列

其中。而《科学网》上发表的署名宋花的标题文章——《蔚蓝的思维》科学对人文说:不能没有你——倒是反映了读者的一种心境:

“科苑撷英”丛书中的《蔚蓝的思维——科学人文读本》,作为一本学生的拓展读本(文集),编者希望它能起到从对知识的传承转化为对人的素养熏陶的作用。此书达到了这一效果。不论是科学畅想、科学人生还是科学历程、科学伦理,这四部分中的每一篇文章无不渗透着人文思考和人文情怀,语言优美、华丽,而又不失涵养,科学的影子也处处可见。幻想似乎是人文学者的专利,《蔚蓝的思维》告诉你,科学同样需要幻想。科学家的人生永远都那么神秘和刺激,引来无数人的好奇和向往,《蔚蓝的思维》将为你解开科学家生活和工作的奥秘。科学同样有其诞生、成长和成熟的历程,《蔚蓝的思维》虽然不能全部呈现,还是从侧面通过重大的科学事件将每个阶段展示了出来。科学引发了种种伦理问题,这一点成为科学需要人文的最重要的理由。宇宙的中心是人类吗?科学如何在发展中保持人类与自然的协调和持续?《蔚蓝的思维》虽然不能给出所有的观点和最后的定论,也还是为我们提供了一些可能和借鉴,从而激发起科学家、人文学者对科学伦理问题的共同关注。通观全书,不免有这样一种感觉:科学已离不开人文。

(二)

是啊,科学离不开人文!

近百年科学的一系列伟大发现,推动了技术的突飞猛进,科学用探究的精神、求实的态度取代了神话。然而,受到技术恩惠的人们在尊崇科学的同时,又误解了科学,将科学与技术混为一谈,误以为科学也是一柄双刃剑。冤得很,科学为恶性的技术膨胀背上了沉重的黑锅。其实,人们遗忘了科学的本质精神是探究批判的,是怀疑求实的;科学与人文是人类文明须臾不可分离的孪生兄弟。

科学旨在探索未知世界(包括物质本源、生命奥秘和自我意识等),寻找自然界演进的规律,从而使人类更自觉地与自然与社会和谐相处。为此,科学家能幸运地抚摸造物主的脉搏,感受从费米尺度的基本粒子、纳米尺度的分子原子到亿万光年的宏观天体,追溯从大爆炸的时间原点到150亿年物质的演化时序。在科学进展的脚步中,科学家同时也在用心谛听着人类博爱之心的跳动,感受到人性的温暖。科学的魅力不只是令科学家对光怪陆离的自然规律的破解深感好奇,以致不能自拔,还在于科学家心灵中普遍具有的创新冲动与关爱人类、造福人类的激情。这些才是科学家愿毕其一生去追求科学之美,破解"我们是谁? 来自何方? 意欲何往?"的永恒之谜的人文动力。

(三)

让受众理解科学,激发其探索科学的热情,应该是传播界的任务。其中也包括让受众(尤其是广大青少年)了解科学精神与人文精神,这是一项很有意义的工作。可是,当前的科学普及工作步履艰难,连不少有价值的科普读物也滞销。其原因固然是多方面的:对青少年读者来说,倾全力于"题海"搏杀而耗去了极其宝贵的阅读时光恐怕是主要的;另外,还有媒体阅读导向的偏差以及泛娱乐化的低俗诱导等。当然,根本的原因也许出自科普读物自身,诸如内容越来越远离读者可意识的感性体验(如很玄乎的超弦理论、超对称理论、大统一理论等),使读者误以为当今科学家已成了"对越来越少的问题知道得越来越多"的超人与怪人,而科普读物的思维方式和语言又往往远离读者的直觉和不可理解的意象(如抽象的12维时空等)。因此,在快节奏的生活中,广大读者与其阅读“沉重”,不如寻找“轻松”。另外,读者普遍受到“科学深奥论”等前观念的误导,受到传播界自身科学素养的局限和图书选题与市场需求间严重脱节状况的影响,也受到周遭假话、假书、假货、假概念充斥等的环境干扰,科普图书遭冷落似乎也在情理之中。看来,科普图书的策划必须更新思维,寻找新的选题视角。

(四)

是科学发展的必然,还是人类无意制造的教育偏差,“两种文化”的长期对峙使人类思想的有机体被无情地割裂。《蔚蓝的思维》和《清澈的理性》能获得广大读者的厚爱,让我们深受鼓舞,也感到有责任去进一步弥合科学文化与人文文化间的鸿沟。为此,我们又从浩瀚的科学人文宝库中采撷了近百篇名家名作,依照两年前出版的《蔚蓝的思维》和《清澈的理性》科学人文读本的体例,编辑成《金色的想象》和《通透的思考》。

这两本科学人文读本的选文大抵都能从人文的角度论科学,或者从科学的视野看人文,体现文中有理,理中求文,文理交织,融会贯通。读本不专注于科学精神与人文精神的理论探讨,而着意于从科学的视角去探索人对自然规律认识的价值和意义。毕竟科学研究也是人的活动领域,其社会作用不可能离开人和人的活动。因此,力图关注科学活动中的人文精神,理解自然科学的人文底蕴,探索技术发展的价值取向,方有可能协调人与自然、人与社会、人与人之间的关系,努力追求科学与价值之间的和谐。读本中不少值得反复诵读的经典名篇其着眼点是人,而不是单纯传播知识。通过名家的散文、随笔、报告文学等不同体裁的思想力作,旨在体现科学家的人文情怀和人格魅力。无论是科学大家论述中的人文追求,抑或人文学者阐述中对科学精神的渴求,都体现出科学的人本与人道、科学的文明与文化,都强调科学活动中应突出人的主体地位、人的需求和保障、人的情感和意志等价值性内容。简言之,都明显地带有科学人文的元素或基质。这些都是人类文明进程中的思想光斑或“碎片”,尽管只是某一局部,甚至显得零碎,但若将这些思想“碎片”拾起来,并有机地整理与拼接,那么从这四本读本中采撷的200多篇美文,也应该能看出一些科学人文精神的端倪,一幅文理交融的和谐图景。

作为学生的拓展读本,《金色的想象》和《通透的思考》能让我们的莘莘学子了解科学家(尤其是科学大师)对人文想了些什么,说了些什么,做了些什么,有利于拓宽视野,知道人类文化整合的必要性。以这种视角去普及科学,为开创科学与人文相互沟通、相互敬重的健康格局作些努力,兴许是编辑对选题的一种新思维和新策略。选本中的文章都探讨了科学的社会角色以及社会责任,传递着科学在造福人类的同时肩负着人文关怀的重责。科学大家们思想深邃,语言朴实,没有虚伪的说教,充溢着科学精神和人文关怀,让读者易读易理解,使貌似深奥的科学人文精神更通透,更有格调。

对广大学生来说,科学素养与人文素养都是必不可少的。自然科学与人文学科从表层看似乎是风马牛不相及的,但是学科背后的“理”与“道”是相同或相通的。其相同或相通的根源,就在于对真、善、美的追求。尽管科学家重在探索客观世界的真,力求反映自然界是怎样的,而人文学者更多地试图反映我们所生存的这个世界应该怎样;但是,现代科学与技术的发展毕竟已极大地施恩于人,价值取向的人文光芒也已普照到生活的角角落落。不过,迄今人类对宇宙的神秘感并没有消失,“创世”的秘密也并没有完全破译。说到底,科学和人文的发展都是建立在对世界神秘性的探索之中。人类固有的好奇心迸发出了创新的灵感，而且无论是科学界还是人文学界，都在孜孜矻矻地寻找着和谐——人与自然的和谐、人与社会的和谐。再说，融合“两种文化”是人类文化大统一的必然趋势，也是明智的人们心头挥之不去的情结。

对广大学生来说，人才的知识营养必须全面，知识架构必须丰富多彩，还要养成有通透思考的习惯，能鞭辟入里地洞悉学科间千丝万缕的交织与浑然一体的内在关联，进而展开想象的双翅去翱翔天宇，方能鹏程万里。学生的知识根基如同金字塔的塔基，基础越宽，越能建成巍峨的高塔，而浇筑坚实基础的应该是“以人为本”多元文化的“钢筋”骨架以及知识交融文理贯通的“混凝”。

（五）

作为“科苑撷英”丛书的《金色的想象》和《通透的思考》，选文依然首先关照科苑中的美文，当然要有科学思想，要坚持科学与人文贯通。否则，纯粹选言辞华丽的美文而远离科学，不符合我们的初衷。不过，若有丰富的科学内涵，却言之无文，读来味同嚼蜡，又怎能打动读者，以播扬科学人文精神？“科苑撷英”丛书的策划意图是原创性的跨文化对话，为沟通“两种文化”尽微力，也希望成为文理交汇的涓涓细流。选文还努力尝试着去匡正当今教育界一味重视培养学生有像爱因斯坦那样智慧的大脑，而忽略了培育学生更应该具有像爱因斯坦那样有关爱人类的美丽心灵和博大胸怀。

受课时限制，目前学生的语文教材中不可能编入大容量的体现科学人文精神的范文，《金色的想象》和《通透的思考》连同两年前出版的《蔚蓝的思维》和《清澈的理性》正是以课外读物的形式，让学生在饶有兴味的阅读中了解人类文明的进程，感悟生命，感悟人情，感悟对自然的敬畏，感受科学大爱精神的人性光芒，从而自觉或不自觉地去探真、求善、向美。我们还是衷心希望这几本拓展读本，能起到从对知识的传承转化为对人的素养熏陶的推动作用；更期盼通过阅读能激发读者有通透思考的欲望，能展开想象的金色翅膀，让思维发散，知识碰撞，以击出创新的火花。若能试着将自己有关科学与人文的思想碎片也来整理一下，兴许思考空间会更宽广。

以上文字是2006年为本书初版写的代序。令编者没料到的是首印的5000册很快就售罄，当年就重印了。2012年作了部分选文调整后出了第二版。更令人欣慰的是本书与《通透的思考》还取得了不俗的社会效益，相继荣获2007上海书市"我最喜爱的图书"(20本之一)，2014年被上海市委宣传部、市科委、市教委、市科协、市新闻出版局及上海市网民评为"上海市民喜爱的10部科普图书"之一。

编者相信，科学精神就是求真的人文精神，而人文精神也是求善的科学精神。因此，读一些将科学与人文相融的选本，对读者(尤其是学生)的精神滋养无疑是很有益的，至少能促进他们激发一点思辨力、想象力、大跨度的学科综合与贯通的能力。毕竟具体的某一门学科的知识常会将人的思想局限起来。眼下，无论是科学家抑或人文学者，在他们的授课或著述中往往专注于讲明白自然界或人文社会中自己所研究的领域是怎么一回事，以致忽略甚至没有精力去刻意过问一些刨根问底的"为什么"。再说，"两种文化"的长期对峙所形成的隔岸对话的局面也没有获得根本改变。科学发现脚步越大，技术发明成果越多，那么旨在"以人为本"的人文精神的引领作用，也越益凸显。诸如2019年末为对付新冠病毒肆虐的突发公共卫生事件，就需要科学精神与方法，更不可缺少人文关怀，还要有全球共同攻坚克难的理念和行动。科学与人文的共存与相融，也成了全球共识。在尊重科学的基础上，弘扬"以人为本"的人文精神，应该成为每一个人的基本素养。对学生读者来说，培育这种理念尤其重要。必须清醒地认识到自己肩头的社会责任，在充分尊重自己与他人创造的同时，时时思考怎样将自己的知识与才能回报于滋养着自己的社会，让整个社会因为有了自己的一份"利他"的绵薄奉献而变得更美好。

编者明白，求知欲是人的本性，欲获得真知，得靠理性的沉思与逻辑的思辨。德国诗人莱辛认为：对真理的追求比对真理的占有更为可贵。无论是科学家还是人文学者，他们的最高使命是期望对世界的基本规律哪怕有一丁点的发现或揭示，渴望看到这种先定的和谐，便是锲而不舍的力量源泉。为此，必须不断有所创新。从这点看，学科确实也是相通与协和的。

策划这套"科学人文读本"的着眼点在于让读者能一睹科学家与人文学者各自对整个世界的看法，读一读他们所阐发的对"邻家花园"的感悟与思考，更能体会让"两种文化"沟通与融合的必要性与可能性。有了准确的价值观判断之引领，无疑对科学技术的健康发展是有益的；而科学精神与方法对人文学科的推进也确实是一门"聪明学"。

这套科学人文读本，不可能将整部经典名著全部收录，只能在有限的阅读范围内，选编一些编者自以为精彩的片段敬献读者。倘能见一斑而激起想见全豹之欲望，那么本书的"推荐"与"引导"目标也就达到了。今年的大修订对选文做了较大的增与删，实在因为版面所限，许多美文只能忍痛割爱。编者恳切地期望热心的读者能推荐更多充满科学人文情怀的美文，以利日后再版时补入。

方鸿辉

2020 年 4 月 1 日

目 录

科学畅想

科 学 人 生

科 学 历 程

科学伦理

作为自然哲学领域里我们整个近代概念结构的基础，牛顿的伟大而明晰的观念，对于一切时代都将保持着它的独特的意义。

爱因斯坦

我的理论
——什么是相对论

我高兴地答应你们的一位同事的请求，为《泰晤士报》写点关于相对论的东西。在学术界人士之间以前的活跃来往可悲

本文最初发表在伦敦《泰晤士报》(*The Times*)1919 年 11 月 28 日 13 页上。作者爱因斯坦(**Albert Einstein**, 1879—1955)系举世闻名的德裔美国科学家，现代物理学的开创者和奠基人。1900 年毕业于苏黎世工业大学，1909 年开始在大学任教，1914 年任威廉皇家物理研究所所长兼柏林大学教授。后被迫移居美国，1940 年入美国籍。19 世纪末期是物理学的变革时期，他从实验事实出发，重新考查了物理学的基本概念，在理论上作出了根本性的突破，诸如毛细现象研究，布朗运动的阐述，光量子理论提出并圆满地解释光电效应、辐射过程、固体比热等。1921 年荣获诺贝尔物理学奖。他的相对论对天体物理学、特别是理论天体物理学都有很大的影响。他的狭义相对论成功地揭示了能量与质量之间的关系，解决了长期存在的恒星能源来源的难题。近年来发现狭义相对论已成为解释越来越多高能物理现象的最基本的理论工具。其广义相对论也解决了不少天文学上多年的不解之谜，并推断出后来被验证了的光线弯曲现象，成了许多天文概念的理论基础。

地断绝了之后，我欢迎有这样一个机会，来表达我对英国天文学家和物理学家的喜悦和感激的心情。为了验证一个在战争时期在你们的敌国内完成并且发表的理论，你们著名的科学家耗费了很多时间和精力，你们的科学机关也花费了大量金钱，这完全符合你们国家中科学工作的伟大而光荣的传统。虽然研究太阳的引力场对于光线的影响是一件纯客观的事情，但我还是忍不住要为我的英国同事们的工作，表示我个人的感谢。因为，要是没有这一工作，也许我就难以在我活着的时候看到我的理论的最重要的含义会得到验证。

我们可以把物理学中的理论分成不同种类。其中大多数是构造性的(**constructive**)。它们企图从比较简单的形式体系(**formal scheme**)出发，并以此为材料，对比较复杂的现象构造出一幅图像。气体分子运动论就是这样力图把机械的、热的和扩散的过程都归结为分子运动，即用分子运动假说来构造这些过程。当我们说，我们已经成功地了解一群自然过程时，我们的意思必然是指：概括这些过程的构造性的理论已经建立起来。

现代物理学的开创者爱因斯坦

同这一类最重要的理论一道的，还存在着第二类理论，我把它们叫作“原理式理论”(**principle-theories**)。它们使用的是分析方法，而不是综合方法。形成它们的基础和出发点的元素，不是用假说构造出来的，而是在经验中发现的，它们是自然过程的普遍特征，即原理。这些原理给出了各个过程或者它们的理论表述所必须满足的数学形式的判据。热力学就是这样力图用分析方法，从永动机不可能实现这一普遍经验的事实出发,推导出一些为各个事件都必须满足的必要条件。

构造性理论的优点是完备、有适应性和明确;原理式理论的优点则是逻辑上完整和基础巩固。

相对论属于后一类。为了掌握它的本性,首先需要知道它所根据的原理。但在我尚未讲这些之前,必须先指出,相对论有点像一座两层的建筑,这两层就是狭义相对论和广义相对论。为广义相对论所依据的狭义相对论,适用于除了引力以外的一切物理现象;广义相对论则提供了引力定律,以及它同自然界别种力的关系。

自从古希腊时期起,人们就已知道:为了描述一个物体的运动,就需要有另一物体,使第一个物体的运动可对它进行参照。一辆车子的运动,是参照地面而言的;一颗行星的运动,是对可见恒星的全体而言的。在物理学中,那种为事件在空间上所参照的物体就叫作坐标系。比如,伽利略和牛顿的力学定律,只有借助坐标系才能用公式列出来。

但是,如果要使力学定律有效,坐标系的运动状态就不可任意选取(它必须没有转动和加速度)。力学中容许的坐标系叫作“惯性系”。按照力学,惯性系的运动状态不是由自然界唯一地确定的。相反地,下面的定义是成立的:一个对惯性系做匀速直线运动的坐标系,也同样是一个惯性系。所谓“狭义相对性原理”就意味着这个定义的推广,用于包括无论哪种自然界事件。这样,凡是对坐标系 C 有效的自然界普遍规律,对一个相对于 C 做匀速平移运动的坐标系 C' 也必定同样有效。

狭义相对论所根据的第二条原理是“真空中光速不变原理”。这原理断言:光在真空中总有一个确定的传播速度(同观测者或光源的运动状态无关)。物理学家之所以信赖这条原理,是因为麦克斯韦和洛伦兹的电动力学所取得的成就。

上述两条原理都为经验强有力地支持着,但它们在逻辑上好像是互相矛盾的。狭义相对论终于成功地把它们在逻辑上调和了起来，这是由于它修改了运动学——（从物理学的观点）论述空间和时间的规律的学说。这样就弄清楚了：说两个事件是同时的，除非指明这是对某一坐标系而言的，否则就毫无意义；量度工具的形状和时钟运行的快慢，都同它们对坐标系的运动状态有关。但旧的物理学，包括伽利略和牛顿的运动定律，不适合上述相对论性运动学。如果上述两条原理真是可适用的，那么由相对论性运动学所得出的普遍数学条件，必须为自然规律所遵循。物理学必须适应这些条件。特别是科学家得到了一个关于（飞速运动着的）质点的新的运动定律，这在带电粒子的情况下已被美妙地证实了。狭义相对论最重要的结果，是关于物质体系的惯性质量。这个结果是：一个体系的惯性必然同它的能量含量有关。由此又直接导致这样的观念：惯性质量就是潜在的能量。质量守恒原理失去了它的独立性，而同能量守恒原理融合在一起了。

狭义相对论其实就是麦克斯韦和洛伦兹电动力学的有系统的发展，然而又指向它本身范围以外。难道物理定律同坐标系运动状态无关这一点只限于坐标系的相互匀速平移运动吗？自然界同

与爱因斯坦的讨论是令人激动的

我们的坐标系及其运动状态究竟有何相干呢？如果为了描述自然界，必须用到一个我们随意引进的坐标系，那么这个坐标系的运动状态的选取就不应当受到限制；定律应当同这种选取完全无关（广义相对性原理）。

下面这一早已知道的经验事实，使这条广义相对性原理的建立比较容易。这事实是：物体的重力和惯性是受同一常数支配的（惯性质量同引力质量相等）。试设想有一个坐标系，它对另一个在牛顿意义上的惯性系做匀速转动。依照牛顿的教导，出现在这个坐标系中的离心力，应当被看作是惯性的效应。但是，这些离心力完全像重力一样，是同物体的质量成比例的。在这种情况下，难道不可以把这个坐标系看作是静止的，而把离心力看作是万有引力吗？这似乎是显而易见的，却为古典力学所不容许。

以上简略的考查提示了广义相对论必须给出引力定律，而在这个想法上所作的不懈努力，已证实了我们的希望。

但是这条道路也有料想不到的困难，因为它要求放弃欧几里得几何。这就是说，物体在空间里的可能位置所遵循的定律，并不完全符合欧几里得几何所赋予物体的空间定律。这就是我们所讲的“空间曲率”的意义，“直线”“平面”等基本概念，因而在物理学中也就失去了它们的严格意义。

在广义相对论中，空间和时间的学说，即运动学，已不再表现为同物理学的其余部分根本无关的了。物体的几何性状和时钟的运行都是同引力场有关的，而引力场本身又是由物质所产生的。

从原理上看，新的引力论同牛顿的理论分歧很大，它的实际结果却同牛顿理论的结果非常接近，以至于在经验所能及的范围内很难找到区别它们的判据。到目前为止，已发现的这种判据有：

（1）行星轨道的椭圆绕太阳的旋转（在水星的实例中已得到证实）。

(2) 引力场所引起的光线的弯曲(已由英国人的日食照相得到证实)。

(3) 从大质量的星球射到我们这里的光线,其谱线向光谱红端位移(迄今尚未证实)。[①]

这理论主要吸引人的地方在于逻辑上的完备性。从它推出的许多结论中,只要有一个被证明是错误的,它就必须被抛弃;要对它进行修改而不摧毁其整个结构,那似乎是不可能的。

可是人们不要以为牛顿的伟大工作真的能够被这一理论或者任何别的理论所代替。作为自然哲学[②]领域里我们整个近代概念结构的基础,他的伟大而明晰的观念,对于一切时代都将保持着它的独特的意义。

附注:你们报纸上关于我的生活和为人的某些报道,完全是出自作者的活泼的想象。为了逗读者开心,这里还有相对性原理的另一种应用:今天我在德国被称为“德国的学者”,而在英国则被称为“瑞士的犹太人”。要是我命中注定将被描写成为一个最讨厌的家伙(**bête noire**),那么就倒过来了,对于德国人来说,我就变成了“瑞士的犹太人”;而对于英国人来说,我却变成了“德国的学者”。

---

① 光经过引力场,其谱线要向光谱的红端位移,这一理论预测已于1924年由阿达姆兹(**W. Adams**)通过对天狼星伴星的观察,得到了证明。

② 指物理学,英国科学家在20世纪以前习惯于称物理学为“自然哲学”。

老子曰：“道生一，一生二，二生三，三生万物。”这“一”“二”“三”“万物”都是“有”，唯独这“道”是“无”。“道”是如何从“无”生出“一”来的，老子没说。

詹克明

彼岸之“〇”

“〇”是所有数字之中最具神秘色彩、最具宗教哲学内涵的一个数字。

“〇”又是数字王国至高无上的女王。它“君权神授”，具有绝对的权威与复杂的性格。它有时暴戾恣睢，有时极端平等，有时又展示出包容一切的博大胸襟。

暴戾时，简直像个喜怒无常的残虐君主，想灭谁就灭谁。只要它与谁相并相乘，谁就会被它灭得干干净净，丝毫不剩。它要是想捧谁，只消为其垫脚（做这个数的分母），不论此数多么微不足道，一旦被它撑起，都会膨胀到无穷大。反之，它要是想贬谁，不论你多么宏伟显赫，只要它把你拉来垫脚（做其分母），自会被它贬得踪迹全无。

本文选自上海教育出版社2010年1月版《空钓寒江》。作者詹克明是一位自然科学理论研究者，也一直关注科学技术中的人文关怀，撰写或发表了不少论述人与自然、人文与科学的散文、随笔，如《缚鹰难展——纪念傅鹰教授百年诞辰》《让每一块石头卓立起来》《魂系未名湖》《瓦尔登湖——大地的眼睛》《杞人忧水》等。

有时它又极其“平等”,让普天之下,万数齐一,等价同值。办法是为其做幂数。任何数,不论大小,其“0 次幂”全都归于一。世上还真没有哪种力量能让任何相差悬殊之物,仅仅经过如此简单处理,就差异全消,归于同一数值——“1”。

有时它又能海涵一切,具有极大的包容性。“0/0”可以是从正无穷大到负无穷大之间的任何一个数,这就使它成为一个能够涵盖两大无穷所有实数的巨大集合。

“○”是有“性别”的,古希腊伟大的哲学家、数学家毕达哥拉斯“将偶数指代为女性,用奇数指代男性”。而“○”是偶数,这是千真万确的,它作为万数之“母”,自然有容纳一切的母性襟怀了。

凝意于这海涵一切的“0/0”让我联想到“真空”的某些特质。真空是有结构的,而且还具有“真空质量密度”。按照理论物理学家的说法:“真空不空,它里面真是要什么有什么。”任何一种基本粒子与它的反粒子相遇都会湮灭于真空之中,不复存在(如一个电子与一个正电子相遇,放出一对方向相反的光子之后就会消失在真空背景之中)。反之,只要给予足够的能量,任何粒子也都可以魔术般地从真空中“取”出来,那里面真是应有尽有,内藏无限。与此相似的是,这“○”看似真空般地“空无”,怎么被另一个“○”来除,就会变成要什么数有什么数,内涵无穷的“实有”了呢?

“0/0”究竟是如何做到“无中生有”的,它牵动了我的好奇之心,随即设计了一个小小的虚拟操作——通过让一个以“0”为分子的分数渐次逼近“0/0”来观察“有”将如何产生。首先选用一个尽可能小的实数,用它去除“0”,其分数值自然是“0”。然后让这个小的实数缩小 1 亿亿倍,该分数值显然还是“0”。可以想象,任凭这种使分母缩减亿亿倍的操作重复千百万次,其分数值依然是“0”。它永远也达不到产生“任意有”的“0/0”状态。其根本原因就在于此分数的分母无论怎么趋向于无穷小,它也不可能真正达到“0”,它也仍旧属于此岸的“有”,而那个空无的“○”却是在永远不可抵达的“彼岸”。这个结论强烈地震撼了我，让我从这么简单的一个数学虚幻游戏中就体验到了彼岸之“○”的存在。你休想通过令分母逼近“0”的途径来实现这个分数值的“从无到有”。此路不通，因为此“○”永不可达。

彼岸之“○”让我一下子联想起许多重大的科学成果。首先倏然跳入我脑中的就是“热力学第三定律”，它有一个简洁明快的科学表达——“绝对零度不可达”。

继之又让我想到了宇宙大爆炸的“○”点问题。二十几年前看到过一本美国著名物理学家、诺贝尔奖得主史蒂文·温伯格写的小册子——《宇宙最初三分钟》（这是一本颇具权威性而又通俗易懂的科普名著，它是作者以他在哈佛大学的讲演稿为基础，于1977年写成的）。书中简要地描述了宇宙大爆炸最初三分钟里所发生的状况。值得注意的是，这种描述只从大爆炸开始后的百分之一秒时讲起，并不包括宇宙大爆炸的“○”点。如书中所述，在0.01秒时，宇宙温度大约为1 000亿摄氏度，如此高温使得许多重基本粒子（如质子、中子）难以形成，占绝大多数的都是些较轻的基本粒子，如电子、正电子、中微子、光子等。近20年后的1995年，美国著名科普记者兼作家卡洛琳·皮特森女士与天体物理学教授约翰·布兰特合著了一本《从哈勃看宇宙》。书中对宇宙大爆炸的描述更接近原点——从大爆炸后10^{-43}秒讲起。理论计算表明“宇宙经过一个已知膨胀非常快速的阶段，历时10^{-34}到10^{-30}秒”，这正是宇宙“爆胀”理论的根据。显然，无论宇宙学今后如何发展，对大爆炸的描述也只能是越来越接近它的原点，但绝不是描述“原点”。

物理学家史蒂文·温伯格

在“0/0”问题中，我们不可

能通过让一个分母趋于“○”的办法来达到分数值的“无中生有”；热力学第三定律又表明“绝对零度不可达”。在对大爆炸理论研究的终极逼近上，我们是否也可作出类似的推断——宇宙大爆炸的“○”点不可达呢？

绝对“○”度、宇宙大爆炸“○”点以及“0/0”的“无中生有”，都涉及对极限之“○”的逼问，这是否意味着它们所共同面对的终极之“○”已经超出了“科学”的范畴，属于“不可达”“不可知”“不可问”的“彼岸”了呢？如果说，当年人们从方圆之中得到$\sqrt{2}$与 π 这两个“无理数”时，就已对造物主的信手之作产生敬畏了，那么如今这个“○”却是造物主对我们下达的一道庄严禁令，让我们望“○”止步！

然而，人类中偏偏有一些最执拗、最虔诚、最具探究精神的人，他们全然不顾造物主的禁令，依然竭尽全力向绝对零度奋进，向理论上的大爆炸“○”点进军。他们将“○”之“大限”化作科学之“无限”，把它作为自己永无止境的探索征程，辄有新睹，乐在其中。在向绝对零度的进军中，目前科学家已达到 0.5 纳开的水平（1 纳开 = 10^{-9} **K**），仅比绝对零度高出百亿分之五开（0.000 000 000 5**K**）。这些科学家在向“○”点的冲击中也发现了一些前所未知的新现象、新物性，并从中感受到极大的快乐。例如，在接近绝对零度时发现了超导状态、“玻色-爱因斯坦凝聚”状态以及超流体态等，而且这些新物态还有可能在芯片技术、精密测量技术以及更高精度的原子钟技术等方面显示出诱人的应用前景。在逼近大爆炸“○”点 10^{-43} 秒的高温、高密状态也会发现一些意想不到的物态构成与异乎寻常的时空特征。例如，有人曾推测时间、空间可能会出现量子化。我敬佩这些奋勇向“○”进军的科学家。虽然我没有机会与他们共同工作在这些科学前沿，但在对“0/0”闲来无事的诘问中，也不经意地瞥见了彼岸之“○”的掠影，彼此之心自会以“○”相通。

人类与生俱来地有种探究事物最深层本原的终极情结。总想通过层层剖析，寻求到得以构成所有物质的“不可再分”的终极元素；总想找出演绎宇宙所有因果联系的终极源头；总想达到仅凭几条根本大法就能够完全概括大自然深刻本质的终极答案。总之，就是想毕其功于一役地完成对我们这个宇宙的最后追问，让所有事物全都纳入一个简单的，具有普适性的统一框架之中。对彼岸之“〇”的追问也正是这种终极情结的反映。

探究情结源自宇宙神秘性的召唤，而其中最根本的神秘性就体现在人们对彼岸的终极追问。心存彼岸是人类有别于其他一切高级生灵的重要标志，也是成就人类文明的初始动因与永恒动力。最能体现早期人类彼岸情结的是原始宗教。原始部族的先民们一直生活在荒蛮的大自然与浓烈的彼岸氛围之中。这原始宗教正是发轫一切科学、艺术、医学、舞蹈、音乐、绘画、史诗、戏剧之鼻祖，它与当时人们日常生活中的狩猎、生育、疾病、死亡、战争、灾害、农耕收获、畜牧繁殖等活动均息息相关。也许部族首领正是一位能够直接沟通此岸与彼岸的巫师祭司，他的权威来自彼岸。可以说，没有这种追问彼岸的原始情结也就不会有今天的人类，也许我们仍将是一群无异于猩猩猕猴的丛林古猿。从这种意义来说，我们人类正是投胎于“彼岸”腹中，并且是从彼岸脱胎而来到此岸的。难怪人类对彼岸总有一种母性眷恋情结。

原始先民从一开始就与彼岸为伍，影伴身随。至少在新石器时代人们就已有浓厚的彼岸意识了。此种意识主要来自于先民对自然的敬畏以及对生与死的悚然冥悟。迄今考古发掘出的所有陵寝茔冢都是古人彼岸意识最具完整性、时代性的综合载体。不论是我国最早的河南濮阳新石器时代的“蚌塑龙虎图”，还是西安始皇陵兵马俑；也不论是古埃及法老的金字塔还是印度的泰吉·玛哈尔陵都是如此。

然而，随着科学技术的高度发达，现代人已逐渐远离了彼岸而深居此岸腹地。他们只求享受今生，不必关注未来；只重此岸的物欲追求，无心彼岸的虚无缥缈。处在一大群人工机器重重包围之中的现代人哪里还会有彼岸意识呢。须知，此等机器乃是最富此岸气息、最具典型意义的人工世界产品。时至今日，也许只有一些位居科学前沿，深切领会大自然无比艰深美妙的科学家们，依然保持着浓重的彼岸情结。

实际上，对所有人来说“彼岸”无处不在，例如“死”就在“生”的感知彼岸，你永远都不可能在生之“此岸”知觉到死之“彼岸”。虽说有些从濒临死亡状态回归的人也曾谈到过“死”的体验，实际上，只要你还有感觉，你所体验到的一切都仍属于“生”。而当你真正“死”时，你又不可能有任何知觉来感受对此种状态的体验。“死”永远是“生”之彼岸，不可知、不可觉、不可臆说。

“黑洞”也并非绝对的“黑”，因为它还有“质量”能被我们感知。只有当它完全不为我们所感知，那才是绝对的“黑”。这绝对的黑也就处于我们不能感知的“彼岸”。人类毕竟只有五种感官（色、声、香、味、触），目前还不敢断言宇宙中无限的运动形式与存在状态全都能转化为人类有限的这五种感觉方式为我们所感知。至少有一句话我不敢说——“不能为我们所感知，就不存在！”我甚至无法判断此言是极端的“唯物”还是极端的“唯心”。可以推想，倘真有“绝对的黑”，必居“彼岸”，我们无法知觉。

渐进趋“○”涉及一个从“有”到“无”的问题，它们之间将会存在着一道不可跨越的鸿沟。老子曰：“道生一，一生二，二生三，三生万物。”这“一”“二”“三”“万物”都是“有”，唯独这“道”是“无”。“道”是如何从“无”生出“一”来的，老子没说。他认为：“道，可道，非常道”。这“道”不仅说不清、道不明，而且若能用人的语言说出来的就不是那个永恒的“道”了。因为，“道”在彼岸。

在数学运算中我们也会遇到诸如两数等值相减为“0”，以及作为空位符号之“0”，但这都属于“此岸”之“○”。它们与上述的大爆炸零点之“○”，绝对零度之“○”，以及令“0/0”无中生有之“○”是有本质区别的。因为后者都属于永不可达的彼岸之“○”。此“○”虽幽居彼岸却并不遥远，凭着一张纸、一支笔、一个简单分式即可感受到它的存在。

咀嚼玩味这“无”“黑”“道”“○”，让我油然生出一丝朦胧的“彼岸”情怀。这“彼岸”不生不灭，永恒自在。这“彼岸”不可抵达，不可认知，只可意会，不可言说。

道，可道，非常道。

○，可○，非常○。

Much Ado about Nothing

（万事为无忙）

——莎士比亚

钱定平

无之美妙

让我第一次领受无的艺术冲击力，是看美国电影《居里夫人》。在诺贝尔奖还是鲜嫩欲滴少女的1903年，居里夫妇双双获得了物理学奖。正当科学事业与家庭生活一色齐飞的时刻，居里却横死在不知伟大不懂物理的马车轮下。听到噩耗，银幕上的居里夫人没有悲痛欲绝，像常人那样；她只是一个人在房间里默默地坐着。导演让人、地球和整个宇宙都一下子陷入静默，足足有一分多钟的无声，这在电影史上绝无仅有。的确，除了无，还有什么别的，能表达如此

居里夫妇在实验室

本文选自《文汇报·笔会》2004年1月7日。作者钱锋（笔名钱定平）祖籍湖南常德，北京大学数学力学系本科毕业，复旦大学研究生毕业。曾做过计算机硬件、软件工程师和大学教授。20世纪80年代初先在美国几所大学和研究部门做研究，后到德国和奥地利的大学理学院和文学院任教。在美国和欧洲曾发表有关文学艺术的中文、德语、英语演讲，涉及中国文学，中国绘画，中国戏曲，中、德文学比较研究，中、英文学比较研究等。1998年回国后，进入文学创作和文艺翻译领域。已经出版散文集、诗歌译著和艺术译著《海上画梦录》《欧美琅嬛漫记》《爱情变奏曲》《美是一个混血女郎》《科学如此多娇》《破围》等。

宽广无朋、镂心刻骨的伤痛呢?

实际上,不仅是文艺之无美妙绝伦,现代科学也已经证明并正在证明,无,乃是一泓乾坤,一宗瑰宝,一尊矿藏;无是实在,无能生有!君若问宇宙怎么产生的?回答只能是:凭空产生,产生于无!150 亿年前宇宙大爆炸那一刹那,从无当中就蹦出了基本粒子,瞬间就开始演化和膨胀,最后成就了今天几何尺寸为 50 亿光年的宇宙洪荒。

无在数学上就是零,而数学零的蕴藏极端丰富,它蕴涵在有关人类衣食住行升天入地生存发展的一切方程式之中。这方程就是一端奇形怪状,而另一端为 0 的等式。如果没有 0 又咋办?所有的算式都列不出、解不出了,人间又会成什么世界?还有特别鬼特别有趣的,无在物理学上对应着真空,而在量子力学看来,真空不空,而是亚原子等级的激情海、风暴洋,充满了跃跃欲试的诡秘怪谲,预示着极其丰富的出人意料。大爆炸可能太遥远、太玄乎了,粒子物理学家既然那么有能耐,何不在实验室里来个“从无到有”,以便说服世人?其实,粒子物理学家一直在致力的,就是这件妙趣。几年前,斯坦福加速器的科学家就获得了突破,他们从纯粹的光当中获得了粒子,一举把能量转换成了物质。中学物理就讲过爱因斯坦的“质能转换公式”,物质可以转换成能量,能量也能够兑换成物质。前者已经有了许多例子,像原子能发电,或者核武器唬人。物理学家要无中生有,大致上就是发扬后面这条原理,凭空捣鼓出什么东西来。2002 年,美国杰弗逊研究所宣布,他们利用大型谱仪(**CLAS**)做实验观察,已经几乎从无当中生出了有!他们的实验是用极化电子束撞击蓝达粒子,结果发现多出了额外的东西。原来,科学家撞碎了反物质的诡秘之梦。形象地说,好像打保龄球,平常人最多只能打倒十个木瓶。可是,杰弗逊的粒子物理学家关键一击,击出了第十一个瓶:这个瓶子还带着自己的“反瓶子”来了。在保龄球同瓶子接触的一瞬间,十个瓶子就变成了十一个瓶子,外带一只反瓶子!原来,物质看待反物质犹如绅士同情妇,平常非常害怕一起公开出现,偶然一道现身瞬间就一同消失了。所以,到头来还是十个瓶子。但宝贵的那一瞬间,不就是“从无到有”吗?真空原来认为是无,绝对的无。现在,叫人刮目相看了。从无的魔术帽中,科学家可以掏出反物质、暗物质、暗能量以及黑洞、引力波、(四维以上的)额外维、并行宇宙,直到关于一切一切的终极理论等。看来,无中生有正是冥冥中的铁律一条。且说,科学家也真妙不可言,在回答促狭问题“大爆炸之前又是什么”时,也稳健得大有无的风度,说大爆炸之前是“无之更无”!

粒子世界只有在高迈鹰扬的状态下,才能发现无的奥秘;文艺世界也只有在鹰扬高迈的状态下,才能发挥无的辉煌。无,在音乐上表现为停顿,在美术上有中国画的“留白”,文学上运用无,更是到了出神入化的境界,美不胜收。就拿诗歌来说,就不知道有多少种宣示无的手法。中国诗讲究抑扬顿挫,要说诗歌的无,其一就体现在这摇曳生姿的顿挫上面。姜白石《疏影》词“昭君不惯胡沙远,但暗忆江南江北。想佩环月夜归来,化作此花幽独”,有的选本作“但暗忆、江南江北”。我觉得当中这个停顿加得好,“江南江北”是昭君伤心之地,她要深长地吸一口气,静默片刻,方能吐出一腔“幽独”。法国诗歌特别讲究那一顿,如缪塞的《新诗集》里的诗句:

对着我的心
我那脆弱的心房,
我说难道你
你还不够悲伤?

上面诗歌里的每一顿,都是小宇宙大爆炸前的一刻,是深奥莫测的“无之更无”,从当中爆炸出了读者的澎湃情感、深邃感悟和美之享受的朗朗乾坤。文艺上的无,无比丰富。无就是空灵,也就是悬念。看过希区柯克电影的人,都会深感悬念的伟大魅力。正像科学的无可以孕育催生宇宙百态,艺术的无也可以催生孕育人间万象。所以，无论科学还是文艺，无有时比有更美妙。一旦有，前景就受到限制了，而无，则预告着无穷无尽、繁花似锦的可能！

写到这里不禁又要向老子顶礼膜拜了。老子早就说过："天下万物生于有，有生于无。"这就是老子朴素的宇宙论，几乎就是大爆炸论翻译成了古文。老子又说："道生一，一生二，二生三，三生万物。"这就是无生万物的中华版。当然，如果以为中国古代就有了大爆炸理论，那就未免把风筝看作了波音777的样机。但是，假如以为中国古代贤人没有天地万物有无相生的朴素哲思，那就是把"淳化阁"当成描红帖了。我常常想起爱因斯坦翁的一句话：这世界上最不可理解的事情，是世界居然是可以理解的。这真深刻得彻骨透剔。从无到有看来是不可理解的，却是我们这个世界的另一副花容月貌，到头来可以逐步理解；人类所理解的世界正是从无到有，而理解的过程本身也是从无到有；中国古人完全可能率先领会无的美妙，这就是科学、文化、文明史吧！

小时喜欢读英国散文，清澈隽永。记得普里斯特利的一篇，名《无事彻底闲》(***On Doing Nothing***)。作者那天决定什么都不做，不读书、不看报、不烧饭、不散步、不逛街、不做绮梦、不会朋友、不思考问题……总之，完全什么都不干，全身心浸泡在一片漫无边际的"无"(**Nothing**)里头。这真是一种神圣的境界，常人如我等不容易办到，喜欢光环和噪声的人更无缘领会。

总之，无乃是一种超脱豁达、至高无上的境界，催生万物，当然也促使人们自身的省思和完善。一个真正有成就的人，其生命或光辉灿烂，或洪钟大吕，同那一个个宁静、安逸、和平、消停的无之间，是不是存在着什么函数关系呢？从前有句话叫"一穷二白"，无的确可以转化为精神力量，中国人尝过甜实的喜悦，也忍过苦果的悲辛。但是，科学能够从无转化成有，是因为科学实验符合了自然规律的全部条件，虽然有很多奥妙科学目前也许还讲不清楚。人生从无到有，也要符合社会的、道德的和经济的一切规矩。如果以为从前是彻头彻尾的无，今天就可以不择手段地有，那就大不美妙了。

对生命而言，等待永远是一支瞄向“发展”的满弓弦箭，它时时都在屏息静听，候望天命信号。

詹克明

生命需要等待

生命体是当今已知物质形态中有序程度最高级的体系，它拥有最复杂的结构，最精确的联系，最协调的配合，以及最完美的功能。

不过越是高级有序的体系也往往越脆弱，其对外界环境的要求也越严格，有时甚至是近于苛刻。然而，这种严刻条件并不是任何时候都能得到满足，因此对生命体而言，它还必须同时具备另外一套生存本领，那就是等待。一旦环境恶劣，生命无法正常维持，它会借助某种方法，使之能够蛰伏潜藏，确保捱过难关，待到环境适宜之时再求发展。

一般说来，有序程度较为低级的生命体，对生存环境的要求也相对较低，对恶劣环境的承受能力也会相应增强。例如，最高级的人类，其身体一旦失去 1/5 的水分就得死亡，而较它低级的蚯蚓即使失去自身体液的 3/5 也还没有达到受伤害的程度。对于一些更为低级的“隐生生物”（如小麦中的线虫），即使失去自身水分的 99%，一旦得到合适的水分补充也还能恢复生命。失去水分的干燥线虫甚至能够承受更为极端的恶劣环境，如干热、冷冻，甚至真

本文选自上海教育出版社 2010 年 1 月版《空钓寒江》。

空状态。低等级的植物也有同样的例证,据说一块干燥的苔藓在博物馆中居然度过了120 年,过水还能照样成活。可见,降低有序程度可以成为生命等待的有效手段。

以降低有序等级来实施等待固然可以有多种方式(如严冬到来之际,许多植物舍弃茎叶,却将养分储存于地下茎、鳞茎、块茎之中,以待来春萌发),但几乎所有最高等级植物都采用降序最为彻底的“种子”方式来保存生命。与一棵枝繁叶茂的参天大树相比,一粒微小种子的有序程度不知要低几个数量级了。它们是生命的真正隐者,你从一粒种子中绝看不到花朵的美丽芬芳,果实的甘甜香美,茎干的分支结构,叶片的光合作用,庞大的植根体系,以及复杂的维管束组织。但是所有这些精妙绝伦的高级有序结构,又全都无一遗漏地深藏在这颗貌不惊人的种粒之中。

每一粒种子还是整个物种的生命微缩。这种缩印是“全息”的,不仅储有本株植物全部的遗传信息,而且还浓缩了整个物种的发展现状与演化历史。甚至在其“隐性基因”中也许还深藏了它万代前身的老祖宗基因。我们人类的“返祖现象”不是偶然也会生出个把拖根尾巴或是遍体浓毛的“毛孩”吗,它明确告诉我们,在现代人类生育细胞“合子”里,不仅含有父辈、祖父辈的遗传基因,没准还会带有我们祖先人猿的基因,它们不甘沉睡,偶尔也期待显灵附体于现代之身。高级人类尚且如此,高级种子植物能保不含物种古老基因吗? 每一粒种子都是一座完整的物种基因库,它贮存了历史,也孕育着未来。

等待也是一种强韧的生命状态。

许多沙漠植物生命周期都很短促,它们能在下雨过后的短短几天内就完成一次生命全程。听甘肃的一位先生说,戈壁上有一种植物,只要一场雨,它就立即抽芽,急速地生根、长叶、开花、结果,仅在八天里就能完成一株显花植物全部的生命周期。此后,新一代的种子又会重新归于安静等待。在这片一年也未必能下场透雨的戈壁滩上,也许等待了两年时间就是为了这历时八天的生命辉煌。对这些沙漠植物来说,也许等待反倒是生命的主要存在方式。

当然，在植物界还有等待年代更为长久的种子，那就是古莲子。1952 年我国科学家在辽宁省新金县泡子屯地下泥炭层中发现了一些古莲子，并于次年种在位于香山脚下的北京植物园中。它们的发芽率居然达到 90% 以上，并于两年后的 1955 年夏开出了淡红色的荷花。采用同位素碳-14 地质年龄方法测得这些古莲子的寿命在 835—1095 年。事实上千年古莲子的发现在我国已屡见不鲜。有消息说，1973 年在河南郑州大河村仰韶文化遗址中还发现了两枚古莲子，其寿命应有五千年。它们才是真正做到“千年等一回”的强者，这种坚韧顽健的生命力真让人肃然起敬。

生命必须包含等待，甚至可以说，没有学会等待的生命就不具备生存的资格。

等待是一种充满生命活力的“零级动态”，如同一辆已发动的汽车，它是处于“零速率”动态，一松离合器就可启动。又像一座已达链式反应“临界”的核动力堆，它是处于“零功率”动态的核电站，一提控制棒就可以并网发电。

“等待”是一种积极的预备状态。它时刻准备着，随时都在等候启动的信号。

生命必须包含等待

等待者永远醒着。生命的等待既需要一种安于寂寞的静守，又需要一种审时度势的清醒。这是一种伺机而发的等待，一种充满着生命张力的等待。可以有失去生命的种子，但绝不会有睡过头、唤不醒的种子，也没有怠惰懒散、迷离惝恍的种子。它们个个清醒，都对温度、湿度等重要环境因素常备不懈地保持高度警觉，时刻都在捕捉春天的信息。更令人不解的是，萌发的种子凭着什么感觉器官，竟然能够知觉地球引力方向，它会让先钻出来的胚根向"下"生长，而让随后长出的胚芽向"上"伸张。它们有时还得惠于母本的高级知觉，如常春藤叶彩雀花，母体茎干会带着蒴果避开亮光，爬到更适宜种子发芽的阴湿墙角处爆开种子，它竟然能对子代出世体现出一种充满母爱的关怀。

生命既要擅长发展又要学会等待，两者相辅相成，交替轮回，形成了生命特有的律动周期。此周期当来自"天"。地球自转一周为"日"，平分昼夜；而它绕日公转一周为"年"，仅仅由于一个23.5°的倾角形成的斜转方式，才使大地分出春夏秋冬四个季节。可见，地球生命的生长收藏都是按照"天"的周期来实施的。生命体拥有发展与等待这两种生存状态正是一种"与天同步"的顺天应时之举。

对生命而言，等待永远是一支瞄向"发展"的满弓弦箭，它时时都在屏息静听，候望天命信号。

人生天地之间，若白驹之过隙，忽然而已。

——庄子《知北游》

舒 展

时间咏叹调

不管你信仰什么，崇拜什么，诸如：金钱，名位，美女，偶像，明星，皇上，圣贤，救世主……这些似乎永恒的东西，在有一尊主宰者面前，一个个都成了过眼云烟。那么，这位宇宙和人类的主宰者是何方神圣呢？是时间。这是一匹在宇宙间展翅翱翔绝不驯服的天马，人类只能尊重它，才有可能驾驭它。人与天的关系，其症结点就在时间。

根据牛津英语语料库（2000年建立，所收词条10亿以上）统计，当今人类最常用的前100个名词中，“人”排在第二位，“年”排第三，“天”排第五，“男人”排第七，“女人”排第十四，“战争”排第四十九……“和平”嘛，对不起，没有入围。那么。谁排第一呢？时间。

这是一个既惊人又精彩的伟大发现。时间确实高于一切！

本文选自2006年7月31日和8月1日《文汇报·笔会》。作者舒展为《人民日报》高级记者。1931年生于武汉市，1953年毕业于中央戏剧学院。历任《中国青年报》编委、星期刊主编，《人民日报》文艺部副主任。著作有《辣味集》（曾获中国作协主办的第一届全国优秀杂文集奖）、《牛不驯集》《有戏没戏》《调侃集》《贪官的价格》《舒展杂文自选集》《当代杂文选粹·舒展之卷》《探美小语》《茶亭闲话》等。还有《钱锺书论学文选》（五卷六册，钱锺书著，舒展选编）行世。

“时间就是金钱”？不，金钱可以储蓄，您能储蓄时间吗？金钱可以借贷，你能借贷时间吗？“喔，朋友，时间就是金钱”！这一比喻最早出自英国19世纪一位多产小说家布尔沃·利顿。深圳人拿来这一口号，遭到某些人激烈反对，认为它姓“资”；经邓小平肯定，它才准予入境落户。其实，时间比金钱更珍贵。钱——赔了，你可以再去挣；赚了，你可能还会亏。时间却是一只青春小鸟，一旦飞走，就永远不回来了。但它会使科学哲学文学艺术历史的精神产品像长城金字塔那样永远驻留，它也可以从你手指缝中悄然蒸发，成为乌有——在一切资源浪费中，这是最不可原谅的浪费。

梦幻魔术 （方成画）

时光倒流 （方成画）

有这么一个流传于世的谜语：

> 世界上什么东西最长又最短？最快又最慢（如“文革”中蹲牛棚或被挂起来）？最可分割而又广袤无垠没法分割？最无情却也最讲诚信（会让红得发紫的人成为昙花，也会让另一些人不朽）？

人之死的价值：泰山与鸿毛，靠什么来区别鉴定？谁是最高而公正的法官？谁驾驶着时代的列车？谁掌握着超乎人类的客观性真理？他——是——谁？谜底您已经猜到了。

霍金在《时间简史》中，劈头就提出了：“我们从何处来？我们是什么？我们往何处去？”人类这三个基本问题，早在1897至1898年，象征主义艺术大师高更就以此为标题，创作了大型油画，用梦幻记忆的形式，震心撼魄地发出了厉声的叩问。科学家、哲学家与文艺家探求真理和美的方式各异，但在追求的目标上，形象思维与逻辑思维、抽象与具体、感性与理性，它们两者之间，有对立的一面，更有互补、统一、相得益彰的一面。爱因斯坦说：“学习，不断地追求真理和美，是我们能永葆青春的活动范围。”(《爱因斯坦通信选》，第62页)真理为啥不可能被歪曲也无法掩饰？因为时间最终会揭示真相。真相披露之日，正是真理的曙光闪耀之时。

真理是否要通过人类来实现呢？1931年爱因斯坦与泰戈尔曾经就这个问题进行过一场争论。泰翁认为：真理要通过人类来实现；但爱因斯坦坚持：科学的真理具有一种超乎人类的客观性。1939年当他得知希特勒已经发现核裂变有可能研制核武器的消息后，毅然给罗斯福总统写信，建议美国加快研制原子弹，促成了曼哈顿计划的完成，使美国士兵进攻日本本土的伤亡减少了数十万，无辜的日本人民也免遭毁灭之灾。爱因斯坦为“二战”的结束时间提前，立下了不朽的功勋。他帮助人类赢得了和平的时间。爱翁有一句名言：“上帝是难以捉摸的，但是他绝无恶意。”我认为，这个上帝就是时间。爱因斯坦对时间、空间和引力所赋予的崭新概念引起了物理学和哲学的一场伟大革命。物质粒子可以转变为巨大能量的学说，已经由原子弹和氢弹的威力得到证实。当原子弹爆炸成功时，爱因斯坦告诫政府：“你们不能真用！吓唬一下日本人就行了。如果真用，可别杀伤妇孺。”与其说爱翁呆得可爱，不如说他是一位伟大的人道主义者。

人类日常生活、科学研究、导航系统和测绘方式等都离不开时间。时间是无法测量的，但又是必须测量的。中国古代的计时单位，一昼夜分为12个时辰，每一时辰合现在的两个小时。以12地支为名，从夜间11点起算，夜半11点至1点是子时，所以零点称子夜，1至3点是丑时，3至5点是寅时……余类推。到了近代，将地球表面按经线等分为24个时区，这是由1884年国际经度会议制定的。在每一区内中央子午线上的时间，称为该区的“标准时”。每越过一区的界限，时间便差一小时。乘客机远航，人需要倒时差。如果只有昼夜，没有钟点，人类将返回到原始社会。

计算时间涉及两个量：一是历元；二是时间间隔。至于历法，古代各民族进入文明期，都有自己的创造。历法分三类：年和日依据天象叫阴历。希腊历和回历采用阴历，中国人发明的年月日都依据天象，天文学称之为阴阳历（即农历）。公元前46年，罗马人创造了阳历，年的长短等于回归线，月则是人为规定，与月相盈亏无关。中国世代用干支纪年：年月日，就是十个天干（甲乙丙丁……）和十二地支（子丑寅卯……）60年重复一次——俗称六十花甲子。2006年为丙戌年；2008北京奥运会是中国的戊子年。

公元前140年，封建社会处于上升期，从汉武帝刘彻开始建元到1911年封建末期最后一位皇帝溥仪——宣统三年，都是以皇帝在位而命名的。例如，玄烨在位的61年就名为康熙，弘历在位的60年就名为乾隆，直到1912年，孙中山建立民国，才开始采用国际通用的公历（用传说中的耶稣生年为第一年）。清王朝垮台，正是中国干支年——辛亥，所以又名“辛亥革命”。星期日原是迦勒底公教巴比伦牧首区采用的崇拜礼；后基督教新教团为耶稣基督复活于星期日（又名“主日”），这一天举行礼拜，所以星期日又叫礼拜日，但与天文学无关。地质年是根据生物在地球上出现和进化的顺序划分的，如寒武纪延续了八千万年，侏罗纪延续了三千万年；时间老人比寒武、侏罗资格老多了。中国农历的二十四节气，我觉得标志着地球上农业社会的成熟，这是中国人对世界天文学和农学的伟大贡献。

中国人对时间的体验，既具有发现发明的真理性，又富于生动的形象性和美感。孔子只用了两句话就把时间说得形象朴实而道理深刻：“子在川上曰：逝者如斯夫，不舍昼夜。”（《论语·子罕》）这个“逝”字，可以训为：往、去、流、飞、速、死等六种意思。

主要是说，时间的不可逆性，无法分割，飞速向前！打个浅显比方，只有美少女变成老太婆，而老太婆绝不可能变回美少女。这种向前流动不可倒退的巨变特征，与希腊赫拉克利特关于时间的俏皮的思辨不谋而合："人不能两次踏进同一条河流。"(《著作残篇》第93)他还说："神是日又是夜，是冬又是夏。是战又是和，是不多又是多余。"(第68)《老子》有言："上善若水。……动善时。"(第八章)就是说：行动之至要在于掌握时机。司马迁阐释道家之学，用了八个字："与时迁徙，因物变化。"老子还对孔子说："君子得其时则加，不得其时则蓬累而行。"

奇妙的是，百家之中，儒道兵诸大家都把时间与水联系起来。孙子在兵法第六章《虚实》中说："兵形象水，水无常势，水无常形，能因敌变化而取胜者，为之神。"

庄子说得更妙："人生天地之间，若白驹之过隙，忽然而已。"(《知北游》)约·昆·亚当斯在《沙漏》中唱道："一曲未终，白驹已过千里。童年、青春和壮年都已过去，岁月在额头上犁下了深沟；过去的时间已经过去，未来的时间还会来临。干了这一杯吧！可现在的时间，又在哪里呢？"

是啊，当我们说"现在时"，现在已经变成过去了。波兰诗人乔·赫伯特有一句形容时间慢而韧的言简意赅的比喻，他说："时间是一把无声的锉刀。"呜呼！现实总是不完美的，所以普希金曾经为一位小女孩的纪念册题诗写道："心，永远憧憬着未来；现在，却常是阴沉；一切都是瞬息！一切都会过去！而那过去了的，就会变成亲切的怀念。"(《假如生活欺骗了你》)

宙兮，何其匆匆！宇兮，何其悠悠！古人将天地六合叫作宇，古往今来称为宙。陈子昂登上了幽州台，不禁发出慷慨壮烈的悲歌："前不见古人，后不见来者！念天地之悠悠，独怆然而涕下！"仅仅四句，千古绝唱。不知感动了多少共鸣的先觉者。

我曾经长期自问：为什么世界上的诗歌爱好者最喜爱的中国诗人是李白？从他对时间的天才感受，我似乎找到了答案的端倪。

他说:“天地者,万物之逆旅;光阴者,百代之过客。”(《春夜宴桃李园·序》)“容颜若飞电,时景如飘风。”(《赠王汉阳》)“弃我去者,昨日之日不可留……”“抽刀断水水更流……”“君不见黄河之水天上来,奔流到海不复回。君不见高堂明镜悲白发,朝如青丝暮成雪。”(《将进酒》)透彻而达观,神奇而可爱。形象多么生动、丰富、鲜活、深邃而又充满活力!面对疾驰的时光,窘迫的处境,愁苦的心绪,古今中外的诗人,有谁像李白这样活得如此潇洒、瑰丽、自信而浪漫!

当今世界兴起了汉语热,绝非任何力量的炒作可以造成的。汉文化源远流长,既古老又年轻,五千多年从未中断。仅从时间这一视角来看,中华成为世界上最勤奋自强的民族之一,同中国人对时间认知的智慧和对时间把握的珍爱有直接关系。“天行健,君子以自强不息。”(《周易·乾》)将天体运行与人的生命融和为一。(西汉的董仲舒炮制的“天人感应”论,那是为了造神的需要,不足为训)

大约在尧时中国就产生了阴阳历,用以取代落后的火历,完成了由神所主宰的天,向大自然主宰之天的伟大转变。在公元前21世纪,中国人就探索到了天与人的辩证关系。以后,他们对时间的科学性、实用性和形象性,不断深化丰富。汉文化这座灿烂宝库的光辉,使外国的有识之士由艳羡、倾慕到学习、消化,从而运用和发展,搞得中国人也来不及骄傲了。

姜是老的辣。地球50亿高龄,当然比我们聪明。

沈致远

师法自然

师法自然就是向大自然学习。

大自然历经了亿万年的发展和进化,积累了无数“天机”,值得我们好好学习。科学家在进行研究中越来越认识到师法自然的重要性。下面是信手拈来的几个例子。

做衣服的衣料,除了极少数天然本色的以外,都需要染色。科学家看到繁花万紫千红的色彩皆为天然生成,根本不需要另外染色,忽发奇想:能否变“繁花似锦”为“锦似繁花”做出无须染色的天然彩色纤维来?经过努力,科学家已经培育出几种彩色棉花。这种天然彩色纤维不会褪色,又省去了染色工序,不仅省钱省工,而且避免了染色工业的污染。一举数得,皆为师法自然之所赐。

钢是非常坚强的材料,但蜘蛛用来织网的蜘蛛丝比同样粗细的钢丝要坚强十倍以上!科学家正在研究如何模仿蜘蛛,造出被称为“生物钢”的人造蜘蛛丝来。一旦成功,不仅可以用来制作各种合成材料,造出轻巧而又坚固的飞机、车辆、桥梁、房屋、家具等,而且还可以用来织出超级织物,制成薄如蝉翼、轻若鸿毛的工作服

本文选自上海教育出版社2002年1月版《科学是美丽的——科学艺术与人文思维》。

和防弹衣，以及收在掌中不盈握的降落伞……看来，小小蜘蛛中蕴藏的“天机”就够我们学一辈子的了。

能源一直是人类所面临的大问题，目前应用的煤、石油等“化石燃料”，不仅污染环境，而且迟早会有用完之日。寻找替代的能源是科学家面临的重大课题之一，其中太阳能的利用占有重要的地位。太阳能取之不尽，而且完全没有污染，是理想的能源。利用光电池可以将太阳能直接转换为电能。目前使用的光电池是用硅做成的，转换效率还不错（约16%），但成本太高难以普及。科学家一直在探索如何降低成本，除了继续改进传统的硅光电池外，有人将目光转向大自然；所有的绿色植物都能通过光合作用吸收太阳能，虽然效率不高（还不到1%），但满山遍野，以多取胜。于是“异想天开”：是否可以模拟植物的光合作用做出廉价的光电池来？“异想”果然“天开”！据英国的《新科学家》杂志报道：科学家已研制出一种模拟光合作用的新型光电池，这种光电池可以做得很薄，成为透明的。瑞士的一家手表厂即将推出一种太阳能手表，就是将这种透明的光电池覆盖在表面上以取得动力。将来扩大生产后，可以将之覆盖在玻璃窗上，利用太阳能为建筑物供电。妙的是这种新型光电池不仅价廉，而且其转换效率竟与硅光电池的差不多，远远超过了光合作用的效率。由此可见，师法自然也能青出于蓝而胜于蓝。

模仿植物的光合作用不仅可以造出新型的光电池，还可能有更重要的应用。美国及欧洲的一些科学家正在研究一种“人造叶”，它模拟绿叶的作用将吸收的太阳能转换为化学能，用于促进化学反应。天然的叶子中的叶绿体就是这样利用太阳光能以水和二氧化碳为原料，合成碳水化合物等有机物的。但师法自然的科学家的野心更大，想用类似的方法制造多种化合物。这是化工生产的新方向，是新兴的“生命科学”的一个重要分支。除“人造叶”外，还有利用微生物和基因工程等生物学方法进行化学反应的。这些方法与传统的化工生产根本不同，不需要采用高温、高压、强酸、强碱等极端手段，而且可以做到高效率、低成本，更重要的是完全不会对环境造成污染。不妨设想：未来的化工厂没有隆隆的机器声和熊熊的烈焰，没有高耸的烟囱和庞大的高温高压容器，也不排出有毒的污水及废气，就像一座美丽的大花园。师法自然能使人类回归自然。

电脑技术的发展日新月异且一日千里。电脑虽然在速度及准确性方面胜过人脑，但就总的功能而言仍远远不及人脑。电脑科学发展的一个重要方向是人工智能，也就是向人脑学习。这不也是师法自然吗？

人类号称万物之灵，钟天地之灵气，制万物而用之，自诩能巧夺天工，人定胜天。既然如此，为什么还要师法自然呢？其实，这并不难理解。地球已存在了约50亿年，亿万年来，生物在从无到有、从低级到高级的进化过程中，不知遭受过多少次天崩地裂之浩劫，经历了多少次沧海桑田之变迁，经过了多少次遗传和变异之“轮回”。在这漫长的岁月中，大自然进行了无数次可能的排列组合，还有生物进化之择优汰劣的“自然选择”机制，肯定会找到一些人们尚未想到的优良组合。这就是时间优势。而师法自然正是将大自然在亿万年中积累起来的“天机”加以利用，这才是真正的巧夺天工。

还应该看到师法自然的另一方面：20世纪科学技术的飞速发展，固然为人类带来了前所未有的物质文明，但也为此付出了很高的代价，环境污染成为威胁整个人类生存的严重问题。为我们自己和子孙后代着想，必须想办法解决，师法自然是解决这个问题的最好方法。归根到底，人类也是大自然的一部分。我们求生存，就必须顺应自然，绝不能逆自然而动。

语云：“上天有好生之德。”只要我们善待大自然，大自然是不会亏待我们的。

只要学会研读大自然这部奇书，我们理想的人格就不怕没有基础，我们的精神生活就不怕没有资养。

徐志摩

大自然是一本绝妙的奇书

大自然真是一大本绝妙的奇书，每页上都写有无穷无尽的意义，我们只要学会了研究这一大本书的方法，多少能够了解它内容的奥义，我们的精神生活就不怕没有滋养，我们理想的人格就不怕没有基础。但这本无字的天书，绝不是没有相当的准备就能一目了然的：我们初识字的时候，打开本子来，只见白纸上画的许多黑影，哪里懂得什么意义。我们现有的道德教育里哪一条训条，我们不能在自然界感到更深彻的意味，更亲切的解释？每天太阳从东方的地平线上升，渐渐地放光，渐渐地放彩，渐渐地驱散了黑夜，扫荡了满天沉闷的云雾，霎刻间临照四方，光满大地；这是何

本文作者徐志摩（1897—1931）系现代诗人、散文家。名章垿，笔名南湖、云中鹤等。浙江海宁人。1915年毕业于杭州一中、先后就读于上海沪江大学、天津北洋大学和北京大学。1918年赴美国学习银行学。1921年赴英国留学，入剑桥大学当特别生，研究政治经济学。在剑桥两年深受西方教育的熏陶及欧美浪漫主义和唯美派诗人的影响。1921年开始创作新诗。1922年回国后在报刊上发表大量诗文。1923年，参与发起成立新月社。加入文学研究会。1924年与胡适、陈西滢等创办《现代评论》周刊，任北京大学教授。著有诗集《志摩的诗》《翡冷翠的一夜》《猛虎集》《云游》，散文集《落叶》《巴黎的鳞爪》《自剖》《秋》，小说散文集《轮盘》，戏剧《卞昆冈》（与陆小曼合写），日记《爱眉小札》《志摩日记》，译著《曼殊斐尔小说集》等。他的散文也自成一格，其中《自剖》《想飞》《我所知道的康桥》《翡冷翠山居闲话》等都是传世名篇。

等的景象？夏夜的星空，张着无量数光芒闪烁的神眼，衬出浩渺无极的穹苍，这是何等的伟大景象？大海的涛声不住地在呼啸起落，这是何等伟大奥妙的景象？高山顶上一体的纯白，不见一些杂色，只有天气飞舞着，云彩变幻着，这又是何等高尚纯粹的景象？小而言之，就是地上一棵极贱的草花，它在春风与艳阳中摇曳着自有一种庄严愉快的神情，无怪诗人见了，甚至内感“非涕泪所能宣泄的情绪”。宛茨渥士说的自然“大力回容，有镇驯矫饬之功”，这是我们的真教育。但自然最大的教训，尤在“凡物各尽其性”的现象。玫瑰是玫瑰，海棠是海棠，鱼是鱼，鸟是鸟，野草是野草，流水是流水；各有各的特性，各有各的效用，各有各的意义。仔细观察与悉心体会的

大自然是一本绝妙的奇书

结果，不由你不感觉万物造作之神奇，不由你不相信万物的底里是有一致的精神流贯其间，宇宙是合理的组织，人生也无非这大系统的一个关节。因此，我们也想到人类可能是最无出息的一类。一茎草有它的妩媚，一块石子也有它的特点，独有人反只是庸生庸死，大多数非但终身不能发挥他们可能的个性，而且遗下或是丑陋或是罪恶一类不洁净的踪迹，这难道也是造物者的本意吗？

有童真就有个性，就有创新，就有文学艺术的基因。

陈祖芬

数字与爱情

一

这是一个信息资源共享的时代，又是一个个人隐私共享的时代。你尽可以在网络世界游走，不过你的搜索和你的邮件，也很可能被人浏览，包括你的生活轨迹。一位网上明星，随时都可能被不相干的人下载。夸张地说，有多少网民，就有多少007。

有位青春偶像对媒体说，他的成功是用自由和隐私换来的。当然，这也是一种极而言之。

本来有句话，叫作：一切尽在不言中。如今是，一切尽在搜索中。**Google** 网站每个月处理10亿次的搜索。10亿这个数字，正好相当于席卷全球的“甲壳虫”乐队的唱片销售。有太多的人为“甲壳虫”狂，有太多的人为猫王狂，但是从来没有这么多的人可以大声说，可以轻声说：我为搜索狂。

中国古代有个民间故事，叫《石门开》。故事里的主角，历尽

本文作者陈祖芬生于1943年，上海人。1964年毕业于上海戏剧学院戏剧文学系。1978年开始创作报告文学。1981年任北京市文联专业作家（文学创作一级）。曾任全国政协委员，北京作协副主席。著有《陈祖芬报告文学选》《陈祖芬报告文学二集》《青春的证明》《挑战与机会》《中国牌知识分子》《挂满问号的世界》《又见攀钢，又见攀钢》等。

千辛万苦,找到了那个神秘的山洞,只要喊一声“石门开”,那山洞就会向他打开,向他展示无穷的璀璨。现在我们用不着去爬 99 座山,去蹚 99 条河,我们只消轻轻点击鼠标,整个世界就像一座宝山那样向我们打开。

个人与世界之间,好像只剩下点击鼠标那么一点距离了。

搜索,已经成为吃饭、睡觉那样的一种生活状态。要什么点击什么,要什么获取什么。好像生活简捷得只需要点击。但是,计算机科学带来的,有多少方便就有多少压力。农耕社会的时候,可以两耳不闻窗外事,一心只读圣贤书。现在,如果想与时代共舞,就得好好学习,天天充电。北京报纸有文章称现在是新求知年代,说:唯求知狂可以生存。

这两年最时尚的一个词是“与时俱进”。华尔街一家著名的投资银行摩根士丹利,在 2 月 19 日的《纽约时报》,做一整版去中国投资的广告,标题上用了汉语拼音的 **YuShiJuJin**,这组拼音直接打入英语世界,就如同在华尔街上市那样变成一支行情看涨的绩优股。

不过,“与时俱进”这个词,又好像是一位严酷的 **CEO**。有的 **CEO**,每年,甚至每季在公司实现 10% 的淘汰制。而“与时俱进”在对全体现代人实现淘汰制。人,就好像一个利用率很高的手机,得天天接到充电器上。否则,你今天不落伍,明天不落伍,后天就指不定落伍不落伍了。

今天这个世界的无冕之王是“数字”。媒体上的一个常用语是“指数”。人气指数、亲和指数、爆笑指数、惊险指数、快乐指数、悲惨指数、好看指数、爱情指数……一切都可以用指数标出。

文艺作品里,原本常有绝望的人喊出一句:爱情,爱情值几个钱?文学写的是一种感觉,不是一种准确。谁也不会真去算爱情值几个钱。因为事实上这是没法计算的。幸福的人说爱情是无价的,不幸的人说爱情是不值钱的,如是而已。

但是,英美两名经济学教授,访问了 6 万多人,对爱情进行了评估。我从来只知道企业上市前需要评估，房产需要评估，总之是具象的、物质的东西才能评估。可是在数字时代，情感也可以评估了。《泰晤士报》报道，今春这两位学者算出了爱情的价格——婚姻美满，相当于一年多赚 10 万美金；性生活美满，相当于一年多赚 6 万美金。

爱情，简而言之就是男人和女人的故事。有这样的爱情短信：两个人分担一个痛苦，只有半个痛苦；两个人共享一份幸福，就有两份幸福。报纸上更有段英语，用数字阐述男人和女人的不同：男人会花两元钱购买他所需要的价值一元的物品。女人会花一元钱购买她根本不需要的价值两元的物品。

从来认为爱情是文学永恒的主题，是最不可捉摸最变幻无穷的，最说不尽写不尽的。如今，爱情也可以量化，也数字化了。文学怎么办？

二

古人喜欢讲“诗言志”，今人喜欢进聊天室。

今人一切追求即时服务，即时交流。打手机，发 **E-mail**，很难看到个性的字迹记录个性的心灵。不大有人在发 **E-mail** 的时候，还去细腻地描述内心；也不大有人打手机的时候，还用双向收费的话费去情景交融地描述风景（恋人痴话除外）。三四十年前，有部好作品大家可以手抄传看。现在，有什么好东西网上下载转发，全世界都浏览了。文学经常调动的情感和艺术，譬如思念、苦恋、睹物思人、见景生情、一步三叹、欲说还休……在青蛙和恐龙们看来，还不赶紧按删除键，删除，确定。数字世界，源源产生网络用语。男的叫青蛙，女的叫恐龙，**SM** 就是傻帽，**BT** 就是变态，**GM** 就是国骂。网民写“我 **TM**”就是“我他妈”，“你 **SM**”就是“你傻帽”。当此之时，不能不惊叹数字时代对文字的消解。

网上的数字语汇，几乎可以编成词典了。“1414”——意思意思，“5252”——我饿我饿，“74839”——其实不想走，

“564335”——无聊时想想我。

韩国的网络新生代可爱淘的小说《那小子真帅》，开篇就写“我”整天在网上逛来逛去。文字里随处夹杂着代替文字的网络符号 **OO**，吃惊，+ +，昏迷。200 多万本的销量，使韩国的青少年几乎得了“那小子综合征”，然后那小子热病就传到了我国。

台湾的网络作家藤井树，人气指数一路飙升。他写《猫空爱情故事》，他坐在电脑前，“只有悸动”“每 **Key** 一个字”“就沦陷一次”。网络写手，不是冷面杀手。他们写作的时候也沦陷或者叫作“投入”。只是往往把爱情也消解了来写。“我”等女友的电话等了一夜，“把自己往床上一摔，顺便摔去她没有打电话来的失落感。然后，我醒了之后，你知道怎么了吗？”

读者当然想知道这一夜到天亮后怎么了。

藤井树写：“没怎么了，就是天亮了而已。”

这就好像把读者的胃口吊起来又往床上一摔。这小子真坏。

再想想，可不，天亮了，不就是天亮了而已。

不管是这小子还是那小子，他们在用数字消解文字的同时，更用文字实现了数字——不管是 200 万册还是多少万册，文学得到了最快捷、最广泛的认同。文学走下了神坛，成为网上交流的工具。可爱淘那小子讲的是完全可能发生在任何一间教室里的故事，藤井树这小子讲的是他自己沦陷的故事。那小子这小子，在似乎的稀松平常中，把文学的本义诗言志，发挥到信手拈来落笔成趣嬉笑怒骂皆成文章。

痞子蔡最近一本新书叫《亦恕与珂雪》，即艺术与科学的谐音。让艺术爱上科学。我想，至少，文字已经爱上了数字。那些数字语汇、网络符号，就是文字与数字爱情的结晶。

三

计算机科学的发达，使最多的人接近了文学。还文学给大众。文学成为广大网民的日用消费品。更为很多网络写手搭起了好像爱丽丝梦游仙境那样的梦幻平台。文学的大众化也是文学的“以人为本”人性化。这种人性化,消解了科学与文学的隔膜。如同网上搜索成为人们的一种生活状态,网上写作也是很多人的一种生活状态,一种空间的转换和空间的拓展。

数字时代,数字几乎控制了天上地下,黑客帝国也是数字的帝国。电脑三个月一代,手机层出不穷地更新换代。不过,数字当然不能控制一切。可视电话 1964 年就诞生了,至今 30 年,发展极慢。为什么? 因为打电话的快乐,就在于可以不穿鞋,不着装,不起床,不梳妆,不给对方看见,一句话——不可视。一边接电话,一边照样做自己。这或许是数字时代仅仅能守住的最后的隐私了。可视电话要夺去数字人最后的自由,好像要让人永远生活在镜头前。人生的不曝光指数还剩几何呢?

毕竟,比数字更重要的,是自由的思想和天真的心灵。中国内地第一个上《福布斯》封面的,是最大的电子商务网站阿里巴巴的 **CEO** 马云。这位 **IT** 英雄,他自己只会浏览和收发电子邮件,其他一应不会了。他自称自己不 **I** 也不 **T**。他今年 39 岁,不过他说“我现在也是童年”。

我想,“童年”这两个字,也许是搜索马云的关键词。一个童真的人,才有天马行空的思想,才能不 **I** 也不 **T** 地就想着创办电子网站。当初人家觉得他是傻子,是疯子,其实,他是一个天真的孩子,所以他才会不怕虎地上了《福布斯》。

再想到网易创办人中国首富丁磊那张娃娃脸,想到微软创办人比尔·盖茨那张娃娃脸,尤其是比尔·盖茨,常常去肯德基,喜欢吃汉堡包,永远的稚态和永远的可掬,向世界证明,成功人士未必成熟。

控制世界的是数字,控制数字的是孩子。

孩子最接近人的本质。人类最终崇拜的,不是黑客不是政客,如何青春如何偶像,也往往是匆匆过客。美国四年一次的总统大选,年年有一万来张选票填上: 米老鼠。当然,中国人或许会选孙悟空。

在魔幻和动漫风靡全球的时代,在骑着扫把的少年拥有世界性的人气指数的时代,英国在2004年7月,公布了由1200名儿童参加的一项调查:最喜欢哪部童话?结果老牌童话《灰姑娘》获第一。喜欢灰姑娘喜欢米老鼠喜欢孙悟空,都是人类的初衷。选择童真,是人类向往爱与快乐的一种印证,一种永恒。

有童真就有个性,就有创新,就有文学艺术的基因。现在有个新概念叫"25点",意在突破上下班的时间和空间的固定关系,释放自我。又有一个手机短信叫:爱你爱到星期八,表达一种爱到无边无际一塌糊涂的感觉。不管是25点,还是星期八,数字在这里,完全失去了数字的本质——准确性,而是代之以文学的功能——情绪化。

看来,是文学先爱上了数字,还是数字先爱上了文学,是一个先有鸡生蛋还是先有蛋生鸡的问题。

现代人如何地忙着充电,我还是要寻找我的25点。

世界如何地数字化,文学,我爱你爱到星期八。

人们在了解其他门类知识之后，常常感慨不同学科间是以某种类似在连接着的。

唐 韧

你知道哪朵云彩有雨

半懂不懂是我们认识事物的一种状态。通常是一种被讥讽的状态，叫作“半瓶醋”。

20世纪80年代一些人常常举福尔摩斯为例，说明人可以挑选一些学科来钻研，自行设计知识结构，以服务于自己所选定的行业。对结构外的知识，不妨像福尔摩斯对天文那样一无所知。如果什么都想懂一些，都是半懂不懂，无异于分散精力，成不了气候，在哪个领域里都没有发言权。

但是这样的设计指导思想，我觉得还是有点急功近利。我赞成对一两个学科深钻，但不赞成对一些能够部分了解的东西，因为不能全懂，索性连半懂也放弃，甘心一无所知。在专业知识的外围，甚至看上去比较远的领域，某些似乎不相干的东西，有条件的话弄它个半懂不懂，绝非浪费生命，因为你未必能正确决断哪种知识是“结构外有用的知识”。

本文选自2004年2月3日《文汇报·笔会》。作者唐韧生于1946年，籍贯四川梁平。1968年毕业于北京师范大学中国语言文学系。任教于广西大学文化与传播学院中文系。发表的论著有《谈对曹禺两部名剧的改编》《长河落日寒》《用文字建筑的交响乐》《毕淑敏的第一匹布》《向科学和思维学掘进》《追求当代文学课的高境界》《把读〈长恨歌〉》《一个半掩着的韬晦故事》等。

早年曾读过一本苏联人写的叫作《玻璃的故事》的书，说发现的玻璃最初是球状，后来是把球吹成泡，吹成瓶子，那时还没有平板玻璃。想要大块平板玻璃的业主，在吹玻璃的工匠里找开发平板玻璃的人选总不成功。后来有一个业主，索性找了两个搞纺织的玻璃业门外汉，才弄出了平板玻璃。这正如俗语所说：你知道哪朵云彩有雨？

如果设一个“各学科综合知识指数”，以它测试人的总认知水平，用它来测试福尔摩斯认知模式下的知识结构时，可能会发现“对世界上的事情我都要知道”的知识结构，好于福尔摩斯的“取舍分明”式。因为在人的知识系统内，每吸纳一种新的知识，都会刺激已有知识之间产生一种类与类之间的通联、反馈作用，这作用不但促进“一专”，还重构着“一专”与“多知”。有时某种专业知识还能使人在半懂不懂的行业有所作为，甚至还超过那个行业的专家，像纺织工匠造出平板玻璃那样。

特别在我们这个万事万物联系被大大突出的年代，人们纷纷在窥探其他学科，攫取新知。人们在了解其他门类知识之后，常常感慨不同学科间是以某种类似在连接着的。

而且这种“世界上的事都要知道”并不一定是书本知识，比如在看国与国的外交战略时，人们经常感慨，这不是和小孩（邻居）吵架一个理吗？对“邻居闹架”及其调解的知识，多半是实践知识。有些东西，只要有心，不必读书，早已是“半懂不懂”了：

> 科普和科幻小说作家、生物化学家，已故的伊萨克·阿西莫夫，曾经同一位理论物理学家发生过争吵，那位物理学家否认狗知道牛顿运动定律。伊萨克愤怒地问道：“如果见到狗用嘴捕接飞碟，你还会那么说吗？”显然，那位物理学家和他所用的“知道（**knowing**）”一词各有不同的意思：前者所用的“知道”，主要是指在人类科学活动的文化背景中学习的结果；而伊萨克所使用的“知道”是

指贮存在基因中的信息，外加个体经验所获得的知识。[1]

狗的“知道”，当然是通过生活实践取得的，所以表演准确接物或跳圈等杂技节目的狗，要经过特别的实践训练，而不是到教室去读牛顿运动定律。不管用哪种方式“知道”，不管“知道”到哪种程度，广泛地读书和实践所得，都是一笔笔不知什么时候就能派上用场的财富。难怪小时候比较自由，有很多时间在街市上、山野里“闲逛”或东张西望的小孩，长大了倒会比一直伏案苦读的同伴有成绩，那是他们在东游西逛中积累了许多阅历。汪曾祺大器晚成后回乡，一位邻居惊异于他还记得几十年前邻居家布店“用蓝漆写的一副对子”，问他的弟弟：“你大哥是不是从小拿一个本子，到处记来记去的?”汪曾祺老师沈从文的弟子多多，为什么只有汪最像沈？很可能与他俩小时候都爱好东游西逛有关。

常见会下围棋的，一开始就抢先在四个角布子。为的是将来争夺到这一块，能有一个伏兵做“内应”。而这种“布内应”的广泛的积蓄，开始得越早，后来得到的“利息”越多。它多半是兴之所至、来者不拒的，绝不是一开始就“急急如敕”地奔向某一个策划好的“知识结构”。

这样一种积累状态，常常让我想起《聊斋·宫梦弼》里那个叫宫梦弼的仙人所干的事：“财雄一乡”“慷慨好客”的柳家，小儿子柳和小时常与一客宫梦弼玩“藏金”之戏，实是“发贴地砖，埋石子”，玩笑而已。“屋五架，掘藏几遍”，大家都笑话他们干傻事。后柳家家财渐虚，客人散尽，老丈人黄氏悔婚，要卖柳和的未婚妻，黄女逃至柳家。一家生活困顿中，突然发现昔日埋石，皆化白金，顷刻间，成了百万富翁。

人广泛积累的知识，即使一时与所事专业不相干，同样也会在某些时候化作宝贵的“白金”，虽然在当时，不过是半懂不懂的埋石之戏。

① 盖尔曼：《夸克与美洲豹》，湖南科技出版社，2001 年版第 19 页。

当一条蓝色的黄河富有诗意地流淌于华夏大地的时候，阴山动，龙门开，平野阔，温婉也好，湍急也好，却是一样的清澈，一样的蔚蓝。

刘长春

走近蓝色的黄河

七月流火，我从甘南的玛曲回到江南，不止一次地问过周围的朋友：“你们猜猜，黄河在它的首曲是什么颜色？**A** 白色，**B** 黄色，**C** 蓝色。”

有人答：“白色。”黄河发源于青海巴颜喀喇山麓的雪峰，夏日消融，大河横溢，那源头之水难道不是清澈透明的白色吗？

也有人答：“黄色。”黄河、黄土地、黄皮肤……黄色是华夏民族生命的原色。黄河首曲的玛曲即藏语里的“黄河”，这条流贯万里穿越九省的大河，不舍昼夜，挟带着风色、涛声与豪笑，奔流了亿万斯年，早在东汉赵壹的诗中就有这样的句子：“河清不可俟，人命不可延。”黄河之水不黄才怪呢！

这是一道单项选择题，而准确的答案只有一个：**C** 蓝色。

是的，蓝色、蔚蓝色、让人简直惊骇莫置而又不能不相信的蓝

本文选自 2002 年 3 月 10 日《文汇报 · 笔会》。作者刘长春系浙江温岭人。先后任天台县委副书记、代县长、县长，台州市土地管理局党组书记、局长，台州市国土资源局党组书记、局长。20 世纪 70 年代开始发表作品。1999 年加入中国作家协会。著有散文集《旅途》《山水境界》《长春散文》《天台山笔记》《墨海笔记》《夜行者独语》，选注《天台山历代诗选》（合作）、《浙江名人地图》（合作）等。

色，就像梦幻似的从轻微微颤音开始，于小提琴上奏响的“蓝色的多瑙河”一样的蓝色。

天下黄河九曲十八弯。

当我站在玛曲的山坡上，向下俯瞰轻盈得如同一条飘带似的黄河的时候，我们看到了一条蓝色的黄河！蓝得那样美丽，蓝得那样纯粹，就像我曾经在大理崇圣寺塔下远远看见的洱海一样的蓝色，让人把心都遗落在那里的蓝色。此刻，蓝色的黄河，从天上流来，从白云间流来，从李白、王之涣的诗歌中流来，在太阳的照射下，闪烁着蓝色的光波，一刻不停地从我们的眼里、脚下流过。我站在那里，从来没有以这样一个高度俯视过黄河。这是首曲的黄河，这是从青海东流至玛曲，却拐了一个400多公里的大弯而再流回青海的黄河。没有滚滚的气势，没有滔滔的喧哗，有的是心闲气定的宁静。感觉似乎有风吹拂着，它又弯弯曲曲地摆动起来，直到我们肉眼看不见的地方，仍然又像一根轻盈的飘带优美地飘向远方。首曲的黄河，动人而温婉，既没有忧伤，又没有脾气。只有在以后的流域中不断失去森林、失去草地的时候，它才愤怒地变了颜色，改道、泛涝、断流，让人看出它桀骜不驯的刚烈脾性。顺河两岸，玛曲七月的草原，借水而茂盛，远远近近的牛羊，慢慢悠悠地游动着，点缀了草原的古老、辽远和沉寂。四蹄生风，追逐彩云，给矫健的骑手以翅膀的“河曲马”，悠闲地摇动着长长的尾巴，迷恋于草肥，陶醉于水美，欣赏于花香，暂时没有远走他乡的念头……我不知道自己从何时起一颗不易为山水所打动的心，竟然为此而感动了。

10年前的七月，我有山西、山东之行。我曾登泰山，凝望过青未了的齐鲁大地；我曾过壶口，倾听了黄河瀑布惊人的雷鸣。而黄河从远古的洪荒中一路流来，劈开两岸高山，绕河套、泻壶口、撞龙门，过英雄进出的潼关，流进华北平原、山东大地，然后奔流入海，一路浊水滔滔、黄浪滚滚。从现在寻向过去，从地理找到历史。黄河流进我们民族的血管，也流进我的脑海。翻开历史，怨妇的望眼,征夫的舟楫,骚士的笔墨,诗人的灵感,只要一触着黄河,一样地都沾上了河水的浑黄。“为何源头的纯净一到中原,雪水就变成了淤滞的泥沙?”——诗人这样问黄河,黄河问谁? 问天、问地、问人、问雪峰、问森林、问草场、问古往今来的历史……森林的减少,水土的流失,草场的沙化,这就是黄河从甘肃开始变黄的重要原因。人,改变一切,也改变了黄河。“黄河九曲浑”。从东汉开始,这条一直被单称为“河”的河,从此带着黄色的记忆流进华夏大地的版图,而记忆变得不可更改。

逝水如斯。难道说,我们心中的黄河的流水从此以后永远是黄色的吗?

近读报纸: 50 年后黄河水将变清。这是陕西省省长在“西部论坛”发表的鼓舞人心的预言。心灵开始苏醒,历史的回声飞落黄河的漩涡,将悠悠然地荡漾于蓝色的涟漪。不要说这只是一个梦想,而应说这是一个并不遥远的向往。蓝色的黄河在向我们走近。如果说我们不能迅速地改变黄河的形象和色彩,我们也愿意为了这个向往再等待又一个 50 年。人的生命长度是有限的,长也不满百岁,所以古人感慨“人命不可延”。如果把一代又一代人的生命时间串联起来,我们可是祈盼了 1800 年,世世代代等待了 1800 年啊! 如果天涯无处不芳草,每一处草场都重现了“风吹草低见牛羊”的风景;如果每一个地方都有招展的绿树,每一座山岭都成了一座天然的水库,“河却是新来的河水”,从上游开始到中游,再到下游,一条蓝色的黄河就有可能回到我们身边。一条蓝色的黄河,不,蓝色的河,当它富有诗意尽情地流淌于华夏大地的时候,阴山动,龙门开,平野阔,温婉也好,湍急也好,却是一样的清澈,一样的蔚蓝。一片孤城,两岸风光,峥嵘群山,远去白帆……都成了水中的倒影。即使是按捺不住,要在壶口作一次激情洋溢的抒情与奔泻,那飞溅到我们脸上、衣襟上的水珠水花也是对蓝色的赞美。历史的重负,苦难的记载,神话一般的传说,都统统被扔进了永恒的河床。大河依然奔流。

若干年、若干年后,当我们把一条世界上最美的河流留给自己的子孙的时候,黄河的历史将重新改写,黄河的名字应该重新称呼。若是,我们留下的岂止是一条河,而且还有一笔让后人用之不竭的精神财富。

和阳光对话,感受光明、温暖、向上、力量。

雷抒雁

阳光是一种语言

早晨,阳光以一种最明亮、最透彻的语言,与树叶攀谈。绿色的叶子,立即兴奋得颤抖,通体透亮,像是一页页黄金锻打的箔片,炫耀在枝头。而当阳光微笑着与草地上的鲜花对语,花朵便立即昂起头来,那些蜷缩在一起的忧郁的花瓣,也迅疾展开,像一个个恭听教诲的耳朵。

阳光动听的声音,是响在暗夜之后的日出,严寒之后的春天,以及黑夜到来前的黄昏。这些时刻,阳光会以动情的语言向你诉说重逢的喜悦,友情的温暖和因短暂的离别而产生的愁绪。

可这一切,只是一种语言,你不可以将那金黄的叶子当成黄金;你更不要去攀援那七彩的虹桥,那是阳光的话语展示给你的不可琢磨的意境。瞬间,一切都会不复存在。可是,这一切又都不是空虚的,它们在你的心中留下切切实实的图画,使你不能不相信阳光的力量和它真实的存在。

和阳光对话,感受光明、温暖、向上、力量。即使不用铜号和鼙

本文选自《现代语文》杂志。作者雷抒雁系当代诗人、作家。1942 年 8 月 18 日生于陕西泾阳。1967 年毕业于西北大学中文系。现任鲁迅文学院常务副院长。先后出版诗集《小草在歌唱》《父母之河》《踏尘而过》《激情编年》等十多部;散文集《悬肠草》《秋思》《写意人生》《丝织的灵魂》《与风擦肩而过》《雷抒雁散文随笔》等六部。曾多次获得文学创作奖,有的作品被译为多种文字在国外发表。

鼓，即使是喁喁私语，那声音里也没有卑琐和阴暗，没有湿淋淋的、怯懦者的哀伤。

穿过云层的阳光

你得像一名辛勤的淘金者，从闪动的光点里把握阳光的语言节奏；你得像一位朴实的农夫，把手指插进松软的泥土里，感知阳光温暖的语言力度。如果你是阳光的朋友，就会有一副红润健康的面孔和一种明亮清朗的心境。

阳光，是一种语言，一种可以听懂的语言。

如果说高尔基说过从一粒沙看世界,那么地球科学家很早就可以从一块岩石看一个大洲大陆。

杜乐天

第三只、第四只眼睛

唐朝李华有一篇名文《吊古战场文》。一开头讲“浩浩平平沙无垠……河水萦带,群山纠纷。黯兮惨悴,风悲日曛。蓬断草枯,凛若霜晨……”,又讲“鸟无声兮山寂寂,夜正长兮风淅淅,魂魄结兮天沉沉……日光寒兮草短,月色苦兮霜白”。眼前这一片是什么地方?亭长告余曰:“此古战场也。”

人们只有两只眼,是用来看东西的。凡是看到的,都是现实的。消失了的能不能也看得到?此作者用第三只眼看出了那消失了的过去。且看他说:“……利镞穿骨,惊沙入面。主客相搏,山川震眩,声析江河,势崩雷电……白刃交兮宝刀折,两军蹙兮生死决。”这显然是当时厮杀喊声震天响的一番情景。然而作者并没有止于这个观察层次,进而又用第四只眼看出了其中的“理”,他说:“苍苍烝民,谁无父母……谁无兄弟……谁无夫妇……生也何恩?杀之何咎?”

景就是景。其中并没有作者所说的这一大套情,更不见得有这套理。他是触景而生情、生理。这表明凡是景中必有情和理,由

本文选自1995年11月26日《科技日报》。作者杜乐天系我国地矿理论界学者,曾任核工业部北京地质研究院科技委主任。

景到情再到理,这就是悟。悟中还有级别、层次高低之分。

科学研究也是这个道理。如果说高尔基说过从一粒沙看世界,那么地球科学家很早就可以从一块岩石看一个大洲大陆。一个岩石切片在显微镜下可以发现几十亿年以前的成矿过程;一批气液包裹体能知道整个的气体地球动力学……从地幔岩的强烈破碎、形变、"溃疡",能看出上地幔流体在几十万大气压(1 大气压 = 101.325 千帕)、1000 多摄氏度下的巨大爆炸,剧烈渗透的风狂云涌,随后影响到地壳上的岩浆喷流、火山喷发、地震摇荡、海啸怒号,顿时大山耸天,忽然陆陷深海……

如此说来,一切实物都是消失了的事件的记录。看到的并不能说都看见了;同样,没有看见的更不能说就没有。第三只眼所看到的绝不是前两只眼所看到的;第四只眼看到的又不同于第三只眼所看到的。

那么第五只、第六只……眼睛看到的又是什么呢?

悟性,实为高明之道所在。有人满足于知道得多,恐怕临事时可能不免稍逊一筹。孙子早就说过:"举秋毫不为多力,见日月不为明目,闻雷震不为聪耳。"因此,他认为"见胜不过众人之所知,非善之善者也"。

大白天下看见东西无所谓眼力。高明者能在凌晨、拂晓甚至黑夜看到东西。杂乱中知有章,朦胧中得分晓,这才是功夫。只有公认的才相信,是悟性品位不高的反映。劲风起于青萍之末,能一叶落而知天下秋。有人一次暗示即会其意,而另外的人也许几十年提耳不入。一次提醒即悟诚可贵,三次提醒尚可嘉,十次提醒不足奇,若需百次提醒就可谓"不是这块料"了。读书何必破万卷?解剖百人医全球。知识的高度决定悟性之翼的浮力;知识的深度因悟性的大小而涨落。迈步不如跳跃,跳跃不如飞翔。地平线上不会形成绚丽的虹霓,高空云端方可生发轰鸣的雷电!

无穷大！任何一个其他问题都不曾如此深刻地影响人类的精神；任何一个其他观点都不曾如此有效地激励人类的智力；然而，没有任何概念比无穷大更需要澄清……

——大卫·希尔伯特

伊莱·马奥尔

无穷之旅

有一个故事据说出自伟大的数学家大卫·希尔伯特之口：一天夜里，已经很晚了，一个人走进一家旅馆想要一个房间。店主回答说："对不起，我们没有任何空房子了，但是让我看一看，或许我最终能为您找到一个房间。"然后，店主叫醒他的房客，请他们换一换地方：1 号房间的房客搬到 2 号房间，2 号房间的房客搬到 3 号房间，以此类推，直到每一位房客都从一个房间搬到下一个房间为止。令这位迟来者感到十分吃惊的是，1 号房间竟然被空了出来，于是他很高兴地搬了进去，并安顿下来过夜。但是，一个百思不得其解的问题使他无法入睡：为什么仅仅通过让房客从一个房间搬到下一个房间，第一个房间就能腾出来呢（要知道，他来时所有的房间都住了人）？后来，我们的这位客人渐渐找到了答案：这所旅馆一定是希尔伯特的旅馆，它被认为是一个有着

本文选自上海教育出版社 2000 年 8 月版的《无穷之旅——关于无穷大的文化史》。本书作者伊莱·马奥尔系以色列学者。由王前、武学民、金敬红译。

无数房间的旅馆！

这则轶事在某种程度上讲述了无穷大的全部故事，它所涉及的引起好奇的悖论和看似不可能的情况，曾使人类困惑了两千余年。这些悖论都源自数学，而正是这门学科为最后解决这些悖论提供了最成功的途径。对无穷大的澄清和非神秘化仅仅到20世纪才全部完成，而且即使如此也不能算是登峰造极。与各门学科一样，数学的周围也有一种因不完整而带来的清爽空气：一种神秘刚被破解，另一种新的神秘早已渗入其中。

很多思想家都研究过无穷大。古希腊哲学家就一条线段（或者就任何数量）是不是可以无限地被分割，或者说是不是可以最终得到一个不可分割的点（即“原子”）等问题，展开了无休止的争论。他们的现代追随者——物理学家今天仍然还在设法解决同一个问题：他们使用巨大的粒子加速器寻找“基本粒子”——那些构成整个宇宙的基本砖块。天文学家一直在从另一个极端的——无限广阔的——尺度上思索无穷大问题。我们的宇宙真像它在任何晴朗夜空所呈现的那样无穷无尽，或者它有一个边界（在这个边界之外什么东西也不存在）吗？有限宇宙的可能性似乎是对我们常识的一种挑战。我们可以朝任何方向一直走下去而永远也到不了“边”，这个事实不是很清楚吗？但是我们将不难看出，当研究无穷大时，“常识”是一个非常差劲的向导！

艺术家也对无穷大进行了研究，他们在画布上以线条描绘出无穷大，而这些画布和线条成了宝贵的艺术财富。“我在画无穷大。”梵高在凝视他眼前那无限延伸的法兰西平原时大声喊道。布莱兹·帕斯卡以他所特有的忧郁的世界观哀叹道：“那些无限空间里的无尽寂静使我感到恐惧。”而乔尔达诺·布鲁诺在想到无限的宇宙时感到欢欣鼓舞，“打开一扇我们可以从中向外观察无尽太空的大门”是他的座右铭，他因此被宗教法庭逮捕，并被判处死刑。

但是，不管我们用什么方法考察无穷大，我们最终都被带回到数学领域,因为正是在这里才有无穷大概念最深的根基。一种观点认为,数学就是关于无穷大的科学。事实上,如果没有无穷大的概念,我们将很难看出数学会如何存在,因为一个孩子最先学到的数学——如何数数——就是以每一个整数都有一个后继者这一不言而喻的假定为基础的。在几何学中十分重要的“直线”概念也以类似的假定为基础:我们能够在两个方向上无限地延长一条直线——至少在原理上如此。甚至在像概率这样看起来“有限的”数学分支中,无穷大的概念也起着一种微妙的作用:当我们掷十次硬币时,可能会得到五次“正面”和五次“反面”,或者会得到六次“正面”和四次“反面”,或者事实上可得到任何结果;但是,当掷币的次数无穷多时,“正面”和“反面”的概率就会相等。

我第一次遇到无穷大时还是个小男孩,别人给了我一本书,这本书是犹太教法典中的传说部分,讲的是出埃及记的故事。书的封面上是一幅画,画中的小男孩拿着一本与该书相同的书。当我仔细看时,可以看到在小男孩拿的那本书的封面上还是相同的画。可能这幅画又出现在画中的画里面——我记不太清楚了。但是我确实记得,当时我头脑中的那个想法就是:如果有可能继续这一过程,那么它将永远继续下去!

后来我又一次遇到了无穷大,这次与上次完全不一样。一天晚上,在沿着华盛顿(哥伦比亚特区)的康涅狄格大街散步时,我忽然发现自己站在一尊巨大的抽象派雕塑之前,它正好耸立在人行道上。一个标牌上写着《无穷大的极限Ⅲ》。它由一个大的椭圆形青铜环和安装在青铜环极值点上的螺旋桨形状的物体组成。这个细长的物体看起来能在它的枢纽上自由转动,所以我轻轻地摸了它一下,本希望它能够开始转动。然而,暗藏的报警器响了,而且其声音如此刺耳,以至于我当时十分害怕。经过最初的震惊以后,我听见自己体内有一个声音在说:“你不可触摸无穷大!”

手是人的第二大脑。

顾玉东

动手与练脑

人有两件宝,双手和大脑。这是人类区别于动物的根本。生物进化的进程证明:从鱼类的鳍,到爬虫类和两栖类动物的四肢,到猴,手一步步进化、成形。而意义最重大的是从猴到猿的进化,关键就在于使前肢独立了出来,使手具有了对掌的功能。手从此得到了解放,成为一种特殊的工具。猿人用手拿石头撞击出了火,由于有了火,人类才开始进行生产制造。从石器时代——火器时代——机器时代,直至今天进入信息时代,人类所有的文明成就,都建立在手的解放的基础上。由于手的活动,引发了脑的思维,脑的思维又通过手的实践去完成、完善。手和脑在如此循环互动中不断地相互促进、进化,从而造就了人类文明不断进步的历史。可以说,没有手,就不可能有人的脑,人脑是在人手活动的基础上形成的。没有手就没有脑的今天。

手——人的第二大脑

人类的身体器官中,最精巧的部分是手部的 19 块小肌肉,也是手最宝贵的部分。有这 19 块肌肉,人才可以干非常精细、灵巧的活儿。您一定看见过猴子吃苹果的情景,有没有注意到它一定

本文选自《上海科坛》2003 年第 2 期。作者顾玉东系手外科专家,中国工程院院士,复旦大学教授。

是用双手捧着吃的？这是因为猴子的五个手指是相互平行的，没有对掌和对指的功能，一只手拿不住东西。而人能拿住、握紧，就是因为有这19块小肌肉的活动。它使人的拇指可以转向掌心（称为对掌），又可以转向其他手指（称为对指）。对掌和对指是人手最主要的功能。

手还是人类神经感觉最为丰富最为敏感的部位，神经纤维也最集中。从比较学研究的角度来看，人类基因组的检测结果显示，大鼠和人在基因结构上大体相同，仅有3%的差异。而在手拥有神经纤维的数量上差异极大。大鼠前爪上有3万根神经纤维，而人手上有100万根，这是任何其他动物都无法比拟的。人也因此具备了最复杂、最特殊的功能——手和脑的联系与互动。

最近有瑞典的专家研究了手指活动和脑血流量的关系，证明手指做简单活动时，脑血流量约比手不动时增加10%。但在手指做复杂、精巧的动作时，脑血流量就会增加35%以上。脑血流量相对增加了，就有利于思维的敏捷。这证明了手和脑之间的密切关系。

再从人的大脑皮层显示的信息来看，手在大脑皮层上所占的面积是最大的，几乎达到1/4至1/3。因此，手的高度灵活是和脑联系在一起的，是人类所特有的高度进化的结果。可以说，手是人的第二大脑。

手——创新的摇篮

现在国际上制造机器手最好的德国，生产的手也还只能做六个动作——手指的伸、抓，前臂的左转、右转，还有一个关节的背伸与背屈动作。这说明：人类现在对手的研究远远落后于对脑的研究。可以预言，至少100年之内，人类仍造不出像人手一样的机器。不管人有多聪明，在相当一段时间内没有一个机器可以代替人手的全部功能。因为人手太复杂、太精细了，19块手内部肌和19块手外部肌，19×19的功能变化有多少啊！这还有待于我们进一步去研究和发现。

上海有一位中学教师,配合教学在学生中做过一个夹筷动作的实验。结果发现,这个动作做得正确与否,与学生成绩的高低呈正比例关系。做得正确的学生成绩均较好,而做得不正确的,成绩往往较差。这在一定程度上说明动手和动脑的关系,说明现在提倡动手教育是非常必要、非常重要的。前面已提到过,动手后脑循环会发生改变。手的动作形成大脑新的兴奋点,产生一个新的联系,有利于理解,有利于记忆,有利于思考。因此,人们应注意养成习惯,即使是在看书的时候也要有意识地动动手指,以利记忆。

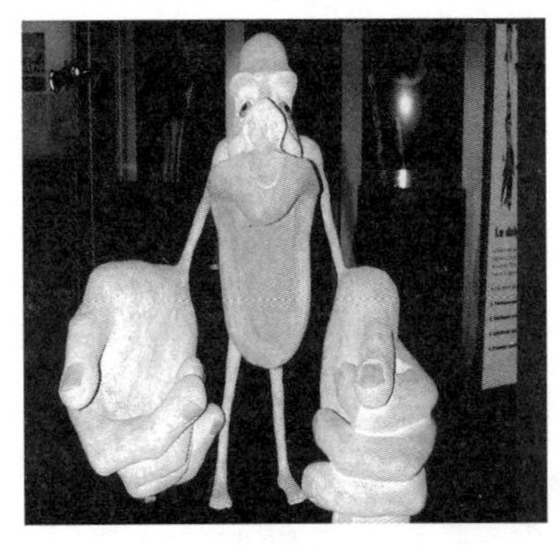

手 —— 创新的摇篮

手的艺术

现在不仅提倡动手教育,还应提倡动手休闲。最好的休闲不是躺在那里不动,实际上睡在床上是最低级的休闲,最高级的休闲是动手休闲。比如,自己动手制作日常生活用品。总之,要在休闲这个字眼上做各种各样的尝试,休闲的时候是好好动手、进行各种手指运动最合适的时候。这对创造性思维的发挥非常重要。凡是要做前人没有做过的事,都得从动手开始。

俗话说,“心灵手巧”“得心应手”,这里所说的心实际上都指脑,证明脑的创造性都通过动手的实践来体现,手是人类脑进化的动力,是构建创新思维的摇篮。

手 —— 揭示脑奥秘的途径

20 世纪 30 年代,从英、美、德、日相继建立手外科开始,世界手外科学至今经历了七十多年的发展历程。1958 年,北京、上海、天津相继建立手外科,从断肢再植(1963 年,陈中伟)、足趾移植再造拇指(1966 年,杨东岳)、皮瓣移植(1973 年,杨东岳、顾玉东)、臂丛神经损伤的修复(1970—1986 年,顾玉东),到今天我国手外科医学水平走在世界最前沿,中国为加速世界医学进步和造福人类作出了重大贡献。

顾玉东院士参观瑞士洛桑手博物馆

人类虽然已做了大量有效的手外科手术,疗效也越来越好。但是,到目前为止,绝大多数是在手的大关节——肩关节、肘关节、腕关节、指关节上做的研究和恢复治疗,而对手最关键、最宝贵的部分——手内部肌的 19 块小肌肉的研究和恢复几乎为零。因此,21 世纪手科学有两大任务:第一是研究手内部肌,现在虽然设计了很多神经手术,但是都没有解决手内部肌的功能,因为这 19 块手内部肌太容易萎缩了,一旦失去大脑的支配,它很快会凋亡;第二是要继续通过对手的研究加深对脑的探索,独辟一条通过手研究脑、开发脑的全新途径。

手创造了人类,创造了世界。大家应该保护好自己的双手,因为手是智慧的代表,是人的第二个大脑、第二张面孔、第二双眼睛,是创造一切的法宝,包括创造我们人类自己以及整个人类世界。从另一个意义上来说,如果整个世界能像 2001 年的 **APEC** 会议一样,让所有的手都放在一起,紧紧相握,那么我们这个世界就太平了,就安宁了,就幸福了……

细究起来，自然造物与人工制作毕竟是截然不同的两种创造，它们之间存在着本质的差异。

詹克明

造物与制作

自从造物主造出了人类，于是就有了两种创造，同时也就出现了两个世界——造物主创造的自然界与人类创造的人工界。

作为一个特例，在造物主创造的所有物种中，人类是唯一被恩准可以窥探造物主造物奥秘的物种。而且造物主还允许它按照所探得的规律做出属于自己的创造。虽说造物主与人类在进行创造时都使用了同一套自然规律，但所创造的两个世界很少交合。聪明的人类也确实创造出一些在自然界从未出现过的东西，如电动机、计算机、汽车、电视机、摩天大楼、移动电话，乃至一些习见俗常的穿肠之物。相信大自然中会有"烤全羊"，但肯定不会有"红烧肉"；偶尔有过果子酒，但绝对没有"二锅头"。上帝是宽容的，只要不违背既定规律，人类做什么都成，全然放任，决不禁阻。

细究起来，自然造物与人工制作毕竟是截然不同的两种创造，它们之间存在着本质的差异。

本文选自上海教育出版社2010年1月版《空钓寒江》。

一、自然以“自动”造物

自然造物的一个最大特征——“自动”！它让天下万物，从宏阔宇宙到微观世界，发生的所有变化全都依律自行——自动发生，自动发展，自动完成——让一切事物都处于永不停息的自主变动与创造出新之中。例如，对中华民族最具伟大影响的“自动”莫过于让长江黄河等几大水系“自动”流经神州大地，其中仅黄河长江两大水系流域面积就占了国土的近三分之一，古往今来哺育过不下百亿华夏子孙。所有这一切都是由一整套自动循环机制链接完成的——海洋水汽自动升腾，顺季节风向自动西行，遇冷自动凝聚于青海高原的冰山雪峰，严冬过后冰雪会自动融化，又自动汇聚成江河，沿三大地理台阶自动东流，回归海洋。而造成此种水流势头的青藏高原又缘于印度板块撞击欧亚板块后产生的山体自动隆起，由此才成就了这座“中华大水塔”。倘若由人工制作来建塔提水，哪怕是一个小型供水系统，任凭你把黄沙水泥钢筋石料一样不少地全堆在地上，它能自动升起一座水塔吗？而且没有水泵抽汲，水会自动升上水塔高程吗？

规律如河道，行船有顺逆。大自然总是采取“顺流而下”的方式展示自然规律，而人类往往以“逆流而上”的蓄势来运用同一条规律。以“铁”为例，研究表明早期地球大气为还原性气氛，因此尚能容得金属铁存在，自从有了绿色植物（主要是海洋中的藻类），其光合作用释放出的氧气将金属铁逐渐氧化成红色的氧化铁，这个过程一直持续到五亿四千万年前的寒武纪，大气中因自由氧的积聚而变成氧化气氛时，金属铁显然已不复存在（充其量只有一点来自太空的陨铁）。直到公元前750年克尔特人（位居今天法国）懂得了冶铁技术用它制作马蹄铁，公元前730年亚述人用它来制造武器，从此人类进入铁器时代，直到今日，铁仍然是工业文明的重要支撑。近三千年来人们制作了越来越多的钢铁制品，它们暴露在空气中，大自然又再度将它们锈蚀成氧化铁。对铁而言，自然与人类都在使用同一条“氧化还原反应”规律，只不过是沿不同方向互相推挽而已。与滚滚波涛顺流而下的自然造物相比，人工制作只不过是逆流而上的几叶小舟。

二、自然以“非知”造物

自然造物与人工制作的又一重大区别——人类创造必须要以“已知”为先决条件，而以“非知”造物的大自然完全无须这个前提。作为人工制作，你要想造台电动机，就必须知道磁体与线圈相互作用的规律，诸如欧姆定律、右手定则、金属导电性能、材料力学等方面的知识，缺一不可。倘若要造一架航天飞机，那么需要知道的知识就更多了。

人类创造以“知”为条件，必然也要受到“知”的制约——不知就不能创造。故人类的创造必以“知”为限。而自然造物无此大限，当然也就可以创造“无限”了。正因为此，它才能够创造出这样一个无比谐调复杂、无比绝妙精彩的大千世界。

人类“有知”制作永远也达不到自然“非知”造物的妙境。一只质量仅为2克的蜂鸟汲蜜时扑动双翅，不仅能在空中保持静止不动，还能向后倒飞。此等寻常小技却是任何最先进的现代双翼飞机都无法做出来的。借助液压弹跳的跳蚤，它的弹跳高度就其所超过自己身高倍数而言，也是任何人工机械所无法达到的。一些集科学技术之大成的人工巨作（如宇宙飞船）比起自然界的大型动物（如鲸）来不仅显得简单粗糙，而且在安全性上让人感到还有点悬乎。人的大脑由上亿神经元组成，每个神经元彼此以七八万个突触互相联结。作为一种特殊的自然造物，人脑独有一种洞察事物本质的“悟性思维”能力。这是一种比逻辑思维更为高级的思维方式。计算机尽管可以有很强的计算记忆与逻辑思维能力，但完全不具备“悟性思维”能力，它可以打败世界象棋冠军，但绝发现不了“相对论”“量子论”。以“知”为限的人工制造永远也敌不过以“非知”创造的自然造物。“天工”岂能“巧夺”？

“有知制造”是人与其他动物的根本区别,而“非知造物”又是人与自然之间一道不可逾越的鸿沟。

三、自然以“无废”造物

自然造物每一步都是“成品”,没有废物,没有废墟,没有半成品,更没有最终完成品!

人工制作天然地带有强烈的功利目的,它以“用”为前提,具有明确的预定目标,因此只有当它完成最末一道工序,装上最后一个零件时,才能成为一件有用的成品。此时,它已达到最高的有序状态。随着使用过程的磨损与消耗,它的有序程度也随之降低,同时也开始了它的变废历程。值得注意的是,人造之物的变废,可以是渐进的(如轮胎磨损),也可能是突发的,使得小废即成大废,局部废即是整体废,一废全废。如美国发射第一颗“先锋”号人造卫星时,仅仅由于一个价值 2 美元的元件失效,而导致整个发射计划的失败。不久前“哥伦比亚”号航天飞机的不幸,也不过是由一两块隔热瓦片破损引发的。

自然造物,一路走一路生,永无“废”字可言。山体崩塌可成岩石,岩石风化又成砂粒,砂粒经地衣植物的酸性分解又成土壤,土壤被水流冲刷搬运又可沉积为平原(如黄河淤积形成了华北大平原)。

大自然从不创造不能为自己所化解之物!所有自然创造之物都可以在整体环境中被层层递解,降至本原材料,供再度升阶合成之需,循环往复,永不成废。朽木为蝼蚁所食,白蚁粪粒又可自筑巢穴,蚯蚓食土又能改良土壤。就连牛之胆结石(牛黄)都可入药,具有解毒消肿镇痛定惊之功效。人工制作就难得有这种级级递减、步步为用的美事了。别指望一台电脑报废会降为电视机使用,再废又成收音机,再废又当打字机用。事实上,也许一小块电路板坏了就可使整机全废,不能工作。

有时甚至一座最现代化的大都市都可能因某种生活要件的暂

时缺失而导致全城瘫痪。不久前的纽约大停电，使得有电梯不能上下，有电磁灶不能为炊，有汽车打不开电动车库门，地铁乘客有秩序地穿越隧道爬上地面，地上交通却因缺少信号指示而乱成一团。城市乃是最宏伟的人造之物，它最集中、最全面地展示了人工创作之精华。苦心营造数百载，到头来竟是如此脆弱，不堪一击。一座繁华都市的维持，却原来只以"三线"系之——电线、水线、(汽)油线，它们是城市的生命线，哪条断了都足以使整座城市陷于瘫痪。然而它们又是遍布全市，完全不设防的"裸露网线"，且不说那些易于被恐怖分子卡住命门的恶意破坏难于防范，光是自然事故就足以让人们担忧它的安全。技术在追求最大利益的驱使下往往用足安全系数，挺身走在险界边缘，使得当今世界陡增了多少麻烦与凶险。几十万吨油轮哪年没有几条破肚流油污染大片海域的？鲸鱼在海中游弋了上亿年，却有几条是到处流肝拖肠遍洒鲸油的？文明尽管发展，但现代价值观反而成为新的废弃增长源泉，快速更迭，瞬息万变，使其更少恒久考虑，更缺长远打算。埃及法老的金字塔之所以屹立四千年流传至今，就是得福于它们完全有别于我们的现代价值观。

大自然一路漫步一路生成，可谓步步莲花；人类世界一路制作一路废弃，身后处处废墟。"几处败垣围故井"是村落的废墟，黑城、阳关、龟兹、骆驼城是城市的废墟，楼兰、古格、高昌、三星堆是国家的废墟，湮灭于热带丛林之中的玛雅是一种古代文明的废墟。这不禁让人杞忧起整个人类文明的前途。现代人类如此肆无忌惮地掠夺资源，恶化环境，奢侈贪婪，攫取财富，长此下去，有朝一日整个地球会不会成为全体人类的"废墟"？答曰：断然不会！因为"废墟"必须直面后人。人类灭绝即是文明终结，没有后人，断了后续文明，既失去观照眼光又失其参照坐标，"废墟"也就自然不再具有其本来意义。这就如同死后无称"病残"一样。再者，"废墟"当与"考古"概念直接相关，文明终结之后虽说还有其他"大脑"动物健在，然而除了人类以外，任何一种动物都没有"考古”癖好。野牛吃草刨出枚罗马古币，形同卵石。猴群爬上摩天大厦只觉比悬崖峭壁乏味。动物没文字记载，没语言传承，嘶吼鸣啼、吠嗥咆哮之中更无荷马史诗，无“历史”，无“未来”，只有现在，又哪来的考古细胞？呜呼，人类居然没有废墟！没有凭吊，没有考古，甚至没有谁知道这片大地曾经有过人类。前不见古人，后不见来者，此中更无人在，何来怆然而涕下。野茫茫，天苍苍，一片大地真干净，唯有自然！

四、自然以“全阶”造物

倘若将自然生物进化与人类文明进化做一番对比便可以发现，在现存世界中两者竟然有着完全不同的图景。生物进化展示的是在演进过程中各种生物物种一步步变化的“全阶式”图形，而人类文明却只保留最近几阶。若以水波来类比，生物进化的全景有如从天际涌到岸边的层层海浪，而人类文明则更像是孤波一线逆流而上的钱塘江大潮。

层出不穷的人工功利造物 （天呈绘）

仁慈的造物主从不主动抛弃它所创造的任何一个生物物种。除非这个物种自己阳寿已尽，否则它决不轻易抹掉任何一个生机尚存的物种。尽管古生物学已证明许多高级生物如恐龙、剑齿虎、猛犸象均已寿终正寝，但其原因只是它们不再适应当时的环境。纵观整个生物界，现存生物物种中，一些最原始、最简单的单细胞生物（如细菌、变形虫、草履虫等）都依然健在。那些可追溯到寒武纪、奥陶纪的物种，如鱼类、海星、海绵，甲壳类的虾、蟹、贝、螺等,它们的后代今天仍然活得有滋有味生机盎然。造物主绝不会有了脊椎动物就舍弃无脊椎动物,有了爬行动物就不要它的过渡态"两栖类动物",有了脊索动物就抹去节肢动物。其实,物竞天择,无分高级低级,门门类类之中都各有其进化得完美无瑕之物种,各以其优势得以长存。造物主不偏不倚,绝无功利之心与门户歧见,只要自存生命活力,绝不放弃任何生灵。

人类以"用"为目的,从来都是"喜新厌旧"的。有了更好的新东西,旧的即使能用也会舍弃不用。物未废,人已弃,强令其废,故此,文明进化过程中,走一路,丢一路,废弃一路。有了钟表,谁也不会去用计时的"漏壶";有了火柴,就不再用火镰火绒,更不会去"钻木取火";有了电灯,不再点蜡烛;有了步枪,扔了长矛;有了轮船,丢了独木舟;有了电报,不用八百里飞马加急快递。汽车取代了马车;纸张取代了竹简木牍;金属取代了石器,哪怕出土石刀的锋刃至今仍旧锋利也不见有人用它割肉。如果说生物进化在当今自然界展示了一个完整的进化阶梯,那么人类文明进化则只保留了很少的最近几阶。这不禁让人想起了狗熊掰棒子(玉米)的故事。笨熊右爪掰下一穗玉米挟在左腋下,再用左爪掰下一穗玉米挟在右腋下,就这么一路掰下去,到头来只留住一爪一腋两穗玉米。我们人类比狗熊高明之处在于我们每次总要选一只比原来更大的玉米掰下,一路走下来,最终可以骄傲地保留两穗最大的玉米。我们聪明吧?

五、自然以"非目的"造物

自然造物从不预先设定目标,究竟如何走向,全凭物性自流。每一事物的发展本应有无限多种可能,到底选择朝哪个方向演变,只取决于当时所处的环境。同样一枚受精鸡卵,处于 38 摄氏度恒温,则自动孵化为小鸡;处于 100 摄氏度沸水,则蛋白质自动凝固,成为熟鸡蛋;处于 60 摄氏度高温,又会自发走向腐败,成了臭鸡蛋;处于 γ-射线照射,又可能改变 **DNA** 的链接,创造新的鸡种。

仅仅是环境就足以起到决定事物朝哪一方向发展的关键作用。因此自然造物从来都是“依境随缘”，本无“目的性”的。

以“非目的”造物的大自然从不规范万物的演进方向，一切随分变化，不加干预，给予最充分的自由，此也可，彼也可，无可无不可，无不可也都可。造个有脚动物，两脚亦可，四脚也行，六脚、八脚、十脚，乃至二十脚（带蛾毛虫）、“百脚”均无不可，甚至无脚也成（蛇）。涉及造物尺度，可宏巨如鲸象，也可屑小如螨蜱，更可微末如单细胞。打造植株，可伟岸为 80 米巨杉，也可为仅仅几厘米的微型树种（雪柳），还可以是些只有在显微镜下才能看清的藻类植物。宽宏大度的造物主给万物以无上自由，因此才玉成了形态各异、种类齐全、各具专长的生物王国，这些物种可软体，可硬甲，可脊椎，可节肢，可啮齿，可爬行，可游水，可飞翔，可蜉蝣，可遁地，可寄生，可群居，可集“军团”如蚁，可聚“社会”如蜂……任其食草、食肉、食腐、食渣，吸汁、吸血、吸蜜、吸浆……只有以“非目的”造物方能有如此丰富多彩的“多元化”生命形态：百万品种的昆虫纲，35 000 种的甲壳纲，4 600 种哺乳动物，9 000 种鸟类，6 000 种爬虫，20 000 种硬骨鱼，35 000 种蜗牛，18 000 种蠕虫、蚂蟥，20 000 种蛔虫，15 000 种绦虫、吸虫、扁虫……大千世界，谁独有一技之长，谁就能占有一席之地。只要君能自存，一切皆可。

只有以“非目的”造物才能使各种生物享有无限发展的“大自由”，正是这种大自由导致了亿万物种朝着不同的方向发展，逐渐演绎出彼此之间绝对悬殊的“大不同”。这种大不同在生物圈中有着极不寻常的重要作用。

首先，“大不同”奠定了生物界的“大不争”格局。

彼此相差悬殊的生活习性使得各种生物物种得以充分利用一切可能的生存空间。使每一个物种都得以在各自不同的生存空间里谋求各自的发展，彼此互不干扰。虽说都是“它养”，倒也把天空、大地、海洋的生存空间如同棋盘格局般瓜分得干干净净——你爱我弃，我扔它取，彼此无争，各得一方领地，各端各自的饭碗，各享各自的口福。狮猴兔鼠的生存空间互不重叠,鹰鸮燕雀各有各的食性,鲨鱼、海龟、海星、章鱼各生活在不同的海域,蜗牛、蚯蚓、蜘蛛、蜈蚣也都各守一方领地。正是由于物种“大不同”的特点,才使得它们能够最大限度地拓展生存空间,让生物能量得以均匀流散。也正是有了各种物种在生存空间上的合理疏散,才有可能将生存竞争压缩到最小限度,从而保证了生物圈中“大不争”的基本格局。

人类以“用”为目的,受利益驱动,技术趋同,文化趋同,生活方式趋同,价值观念趋同,拥挤在日益趋同、日渐逼仄的狭窄生存空间里。更由于交通、信息、物流的发达,教育、技能、货币、语言的相通,再加上全球一体化的推行,普天之下人类全都陷入全球一大争之中。纽约一家跨国公司可以招聘世界六大洲的员工。一个法国人可以在香港用美元投资日本一家上市公司,该公司开设在新西兰的一家工厂又招聘了大批菲律宾工人专门生产销往东南亚的产品,并由巴拿马货轮运往越南一家印度人开的超市,这种全球化的新型“共产”与世界“大同”,不禁让人耳边响起了另一类的“英特纳雄奈尔”旋律。如今地球经纬度方格已不重要,国界对商品货物更是形同虚设,但愿这种全球一大争的趋势不要导致全球的单一化。

其次,以“大不同”为基础的“物种多元共处”确保了整个群体的生态稳定。

钻进亚热带原始森林,给人印象最深刻的就是那种充满生命张力的繁盛杂处。这是一种多元化的斑驳陆离,体现了一种放任惯了的散漫自在。它们完全不像列成方阵的队列士兵,更像是一伙崇尚个性自由的艺术群体——集体性地拒绝整齐划一。湿润的绿谷之中,林木中弯出几丛绿竹,阔叶里掩着几株细叶,珍稀的贞楠与普通的青枫杂生,千年的野茶和石缝中的黄连共处,躲过第四纪冰川的桫椤与红豆杉隐居在杂树中间,远处满树冠的黄色山梨花与近处的红杜鹃遥相呼应,高大的乔木满身青苔又被盘藤缠绕,矮处的板蓝根丛中挺出一根极像眼镜蛇样的吓人东西，原来是蕨树卷曲的嫩头。裹满青苔的圆卵石，毛茸茸的嫩绿，如同微型“盆景”，映射出覆满森林的远古地球风貌。

然而，与这种生机勃勃相伴的却是随处可见的死亡！这又是一个出乎意料而又令人难忘的印象。走不多远就要跨过一棵横倒着的大树。没多久又会看到几杆弯垂劈裂的毛竹。生机勃勃的快速生长必须要求有同等速度的快速死亡，只有这样，生生不息的生命循环才能够运转下去。整个循环的周转速度取决于其中最慢的一环。特别是对一座相对封闭的原始大森林，生长与死亡的相反相成，对维持整体的生态稳定就更显得至关重要。杉树遭灾了，成全了青枫；毛竹劈裂了，山茶忙去补上。贞楠倒了，山梨赶着抢占阳光。任尔生我灭，此消彼长，整座雨林总是繁盛不衰，永远保持一种和谐稳定的动态平衡。多元共生该是一张多么可靠的安全网！生命的张力使得原始森林中的每一个生命都像是一具被压缩了的弹簧。所有这些弹簧又全都被挤压在一个有限的空间里。它们是机警而又务实的，既安于在应力彼此抵消的束缚态下达到平衡，又会敏感地寻求不期而至的空隙等待新的伸张。正是这种生命的较劲，保证了整座森林决不留下任何生命的空白，永远保证一个完满无缺、全新鲜活的绿色篇章！

六、自然以“整体联系”造物

（一）

大自然从不孤立造物。它让任何事物都处在一种整体联系之中，哪怕你随手挖出个极寻常的个体来，它也足以牵一发而动全身地让你从这一“个体视角”上体会出事物整体的普遍联系来。

就拿水果来说，要想结出一只普通的苹果，细数其相关因素竟是不得了的繁冗复杂。首先得有“土壤”。这地球岩石风化，又在地衣酸性作用下分解为土壤总要几百万年吧！有了土壤还要有

"果树"。这植物由海藻漂上陆地,经历"伪根"到真正的根系,又由草本到木本,孢子植物到裸子植物,再到被子植物、显花植物又是多少亿年。有了土有了树,还得有"昆虫"授粉。自寒武纪生物大爆发以来,产生了原始多细胞大型生物,再进化到蜜蜂又是一个漫长的历史时期。诸多条件齐备后,这"春天开花"又完全靠的是地球自转,因地轴有个23.5度的倾斜,才有了温带的春夏秋冬。春天是植物的"发情期",繁花似锦,招蝶引蜂,这才有了苹果胚株。此后还得避开果树病虫害,未遇狂风暴雨冰雹,这才能到手一只苹果。此果虽平常,结成它竟然要有这么多天文、地理、气候、生物……条件来成全它,其中又涉及多少部进化史(地质变迁,植物进化、昆虫演化……)。听起来真像《红楼梦》里凤姐细数"茄鲞"之制作:以平常茄子为主料,需配上鸡油炸,净肉切丁,鸡肉脯子,香菌,新笋,蘑菇,香干,鸡汤,香油,糟油,鸡爪子……十几道工序操作。无怪乎吓得刘姥姥"摇头吐舌"地说:"倒得十来只鸡来配它。"其实,配一只自然造物之苹果的要件,比起人工烧制"茄鲞"之配料要惊天动地得多。苹果有如生命网上的一个绳结,牵一果竟会扯出这么多天时地利、起源演化来。这还只是截取最直接相关的一小部分,倘若再考虑太阳活动周期,两万年一次的地质冰期,百万年一次的磁极倒转,数亿年一次的小行星碰撞,再进一步扯出地球、太阳系、银河乃至宇宙起源来,那就无穷无尽了。

然而,严格说来我们还只能算是扯上"半张网",倘若继续向"微"的方向挖掘,还可以扯出一张同样庞杂的相关联系来。诸如细胞起源,蛋白质、**DNA**等生命大分子的化学进化,核苷酸、氨基酸等分子的光学活性起源,早期地球原始大气成分,宇宙之初分子原子的形成,核素的演化,以及宇宙大爆炸起始时的基本粒子成分……

值得注意的是,对任何一个寻常之物,不论你是向"宏"的方向追问,还是向"微"的方向追问,最后都闭合于宇宙起源这一原点!苹果乃是寻常之物,除了它的祖先曾从牛顿的脑袋里敲出过

“万有引力”定律外，与其他果实没什么区别。若是以人为例，必然还要扯出更多联系来，如大脑进化、语言形成、智能起源、神经网络联系以及人类进化、生物进化，最后仍旧要追溯到宇宙起源。任何一个人都联系着一个完整的宇宙，不论你是总统还是平民，也不管你是当总裁还是在拾荒。

（二）

自然造物从来都是一整套地同时创造，让它们相互依存，互相制约，彼此差异，和谐共处。从微观到宇宙，从非生命到生命，每一个物质层次都是如此。例如，大自然创造的热带雨林，它让高大乔木、低矮灌木、草本植物、附生植物、苔藓地衣、腐殖真菌以及林中的鸟类、兽类、昆虫、爬虫、蜗牛、蚯蚓、蚂蟥、林蛙……全都一体性创造，让各种联系纵横交织，成为一个有机的整体。

然而最能体现大自然总体设计的还是——通过“能量传递”使整个生物圈极其精妙地连成一个完满的整体！

生命是一种“自发有序”过程。这种与“熵自动增大”相逆行的自发有序必须要靠能量支撑。对地球生命而言，这种能量全部来自太阳。然而所有生物物种中只有植物才能直接吸收太阳能，并储存于自己体内，这就是支撑地球全部生命的能量总量与有序总量。以后循着食物链的每一次“吃”都只能是总能量的消耗与总有序量的降低。

植物真是“捕风捉影”的高手。依靠叶绿体的光合作用，它那望空张开的叶片，从风中“捕”到二氧化碳气体，又从太阳光影中“捉”到能量，再配上吸进的水，以“碳水化合物”的形式将“碳”（当然还有氢）固定在自己体内。每个动物吃进这些“碳”后，都是靠吸氧“烧碳”来获取能量，让自己动起来的，这点跟火车烧煤没什么两样。这食物链的传递，就是“碳”燃料一级级的转移。

“能量传递”将整个生物圈联结成一个完整的“巨生命体”，它涵盖了大地、天空与海洋。这个巨生命体恰像一张巨大的生物膜包裹着一颗巨大的泥丸，在太空漂浮。地球与众不同的精彩与殊荣也全靠这张膜，剥去这层膜，它不过是一颗死气沉沉的普通行星而已。这是一张极薄极薄的“膜”，与12 000多千米的地球直径相比，这层膜的厚度远不及它的万分之一。

动物与植物一个“它养”，一个“自养”，如同生物圈中的“阴”“阳”两大界。“能量传递”将这两界像太极图那样互补成一个完美的“圆”，阴中有阳，阳中有阴，相反相成，互依互存。这两界一动一静，它们以“碳-氧”二素为“丹”，互相吐纳，周而复始，循环无限。

生物圈又像一套“俄罗斯木偶”，界-门-纲-目-科-属各种生命层次，层层嵌套，依次包容。然而，“能量传递”能在其间纵横驰骋，多重交织，内外勾连，上下穿插，使整个生物圈成为一个无限多重联系的整体。这种联系真是奇妙无比，经过多次链接竟能让其首尾相合，越过多层联系竟能让单细胞与巨型生物相互依存，通过小麦的风媒授粉可以让“风马牛”相及。这是一张捣不烂、扯不断、挣不破、搅不乱，极其稳定的生命联系之网。这张网完全是靠着“能量传递”穿针引线联结而成的。

“能量传递”充分利用所有生物物种在分子水平上基元相通的特殊便利条件。每种生命体，不论是动物还是植物，也不论是单细胞还是大型生物，构成它们细胞的生命大分子**DNA**、蛋白质都是由同一套单元分子组成(即4种核苷酸与20种氨基酸)。食物链中的每一次“吃”，都是拆人家“房”，盖自家“楼”，一次次“拆”，又一次次“盖”，作为聚合单体的氨基酸、核苷酸等“分子砖块”全都不磨损、不风化，不旧不废，任凭万次拆搭，永远崭新。在

能量传递 （天呈绘）

“吃”与“被吃”的链条中，所谓“能量”的传递，实际上就是“生命”的传递，它们是以“身体”作为载体来实现传递的。它永远是一种己死它生的生命传承。惨哉，壮哉——杀身留“能”，先死而后生。

食物链如同一座生命的“金字塔”，植物—食草类动物—食肉类动物……一级级有序程度的升高，又一级级生物总量的减少，在升阶中完成了太阳能量的传递与积累。值得注意的是，不仅能量阶阶升高时是如此，当生命体死亡解体时，造物主仍旧没有放过这一能量阶阶递减的机会。他以同样的方式再次构成了一条能量逆向传递的生命链条。在原始森林中你到处可以看到倒地朽败的树身成了繁殖基地，不仅培育了满树的青苔地衣木耳蘑菇，还养活了无数的蚂蚁蚰蜒蝎子蜈蚣。同样的死生交替，同样的生命基元重复拆装，太阳能在有序程度逐级递减的过程中，再次使用了“能量传递”，延伸扩展了生命的链接，使生物圈闭合成一个完满的生命大循环。只要“碳”没有全部成为“二氧化碳”，就不算完结，就还有“能量传递”的空间。生命循环是一个竖直大圆环，不论升高也好，降阶也罢，都是“能量”的流动。每一个生命体的存活，不过是太阳能在你体内的暂时留驻，从上家接手的能量，你只能消费很小一部分，大部分都得留下，辞世之时全部传给下家。可见“生命流”就是“能量流”。能量的“源头”是太阳。太阳如“天火”，植物才是窃得天火造福一切生灵的普罗米修斯，是它点燃了生命的链接。

造物主造物就是如此高妙，它步步衔接，层层通透，立体循环，真是升也精彩，降也精彩。他以能量为“梭”，纵横交织，穿插经纬，使生物圈里的一切生命都处在一种和谐自然、互相依存的普遍联系之中。相形对比，联想起充满物欲的“人类圈”，不免令人自惭形秽。人类社会中也有一种与能量相类似的流通物，那就是“财富”。那些最底层的财富直接创造者，如同食物链中的“自养”阶层，他们创造的财富“他养”了初级富有阶层。初级富有又“他养”了比他们更高一阶的富有。财富一阶一阶地向上集中，直到极少数顶端的超级富有,形成了与食物链结构极其相似的"财富金字塔"结构。这可是货真价实的"金"字塔,其他的如古埃及金字塔、食物链金字塔其实全不含金。"财富传递"同样也有升阶降阶之分。富人升级换代之时,将二手房、二手车、二手家用电器降阶流向贫穷阶层,再从沿海发达地区流向内地贫困地区。发达国家的过时设备、高污染产业、报废轮船乃至工业垃圾"出口"流向不发达国家。可叹人间,竟是升也不平,降也不平,"财富流"带来的只是贫富日益悬殊的两极分化。

怎么大自然的"能量流"与人世间的"财富流"形态上如此相似,本质上却又如此截然相反?这种相悖,其背后显然还会有更为深层的东西可以追问。追寻到最后它应该是"精神"层面上的东西。"自然造物"与"人工制作"两者在"精神"上显然是根本对立的!我对此深信不疑。谁说大自然没有精神?

造物主创造了一个精神上完全不像自己的人类,不过他还是撒手不管,不置一词。他很沉得住气。在他所创造的广袤宇宙中,地球不过是一个他随手搓出的小泥丸。人类再能折腾也仅仅是在这粒小球上热闹一时,无伤大雅。真该对此在意的倒是我们人类,因为它直接关系到咱们人类物种寿期的长短。

己死它生的生命传承 (天呈绘)

(三)

大自然以"整体联系"造物,有时还表现在整体与整体之间往往还存在着某种更大尺度的关联,或者是在时间上体现出一种不易察觉的更为长程的有序。这种大尺度关联与长程有序可以扩大到全球范围或久远的地质时期。例如,包括了地球所有海洋、湖泊、河流、地下水、冰川、雪峰、两极冰盖在内的“水圈”,类似的还有大气圈、生物圈、岩石圈等。时间长程有序除了前面提到的地质冰期,地磁倒转周期等,还包括一些全球性气象活动,如厄尔尼诺,“蝴蝶效应”……这种联系真可谓是“跳出三界外”的大因果、大循环、大道场,借助这种联系可以达到一种更大尺度的动态平衡与更大范围的超级稳定。地球虽只偏安银盘(银河系)之一隅,但也足以体现了造物主的无上大手笔、宇宙大气魄与天地大匠心。他看似只是在这颗蓝色的小球上随意地画了几个圈,于是万类归宗,自属其圈,循圈而动,依圈而存,从此宇宙乾坤大定。聪明的学者也深谙其意,干脆以圈名之:生物圈、水圈、大气圈……看来还应该增加个“人类圈”。从人类对地球整体面貌的影响,它与其他各圈之间的联系,以及它对世界未来所起的作用来看,都已接近与其他各圈相比肩的程度。

造物主啊,我总算明白了,你原来是喜欢“画圈”的。整个宇宙到处都是你信笔画下的圈。小到基本粒子自旋是圈,原子的电子轨道运动是圈,苯环分子结构是一个“六元”的圈,碳-60(富勒烯)是一个球形的圈,**DNA** 是拧成麻花状的双螺旋圈,细胞中有圈,血液循环是圈,电磁变换要有线圈,月绕地转是圈,地绕太阳转是圈,彗星绕日转(哪怕轨道扁如雪茄)也是圈,伴星互相缠绕转动是圈,太阳绕银河系转动还是圈……只是不知造物主是否还画过比银河系更大的圈。(想必是有的!)有了圈才能封闭,封闭了才成体系。惯于子孙满堂的太阳,若行星轨道都不封闭焉能称系?

造物主真聪明。他画了圈,万物循圈而转,任其自行,让他多么省心。倘若没了圈,事必躬亲,他还会如此优哉游哉吗?造物主以圈来周行天下真是绝妙的大手笔。会画圈真好!怪不得大人物都爱“画圈”,不着一字,只画只圈,谓之“圈阅”,不似文字,胜似文字,多少含义圆通其中。至少从新石器时代起人们就已学会了画圈。几乎世界各地的岩画都凿有圈形。贺兰山岩画甚至有一幅圈圈相套竟达七八重之多,不知是代表某种原始宇宙观,还是一种图腾崇拜。

许多历史人物真可谓是“成亦唯圈,败亦唯圈”,浮想之余令人不胜感慨。麦哲伦驾船西行,竟然回到原地,证明地为球形,因圈成就了一位伟大的航海家。我料想他船中一定藏有我国古代四大发明之一的指南针。化学家凯库勒据说梦见蛇咬住自己的尾巴,由蛇圈触类旁通,解决了苯环分子结构难题。斯莫里与柯罗托把分子的圈形封闭扩大到立体,解决了碳-60的巴基球结构,从而获得了诺贝尔化学奖。其实,哥白尼与教会关于“地心说”与“日心说”的论争是在双方都承认“圈”的基础上展开的,水火不相容的只是以谁作圈心之争。据说,当野蛮的罗马士兵闯进阿基米德的工作室时,这位学者正在聚精会神地从事他的几何学研究。在罗马士兵用剑刺入他胸膛前,他留在世上的最后一句话是:“别动我的圆!”一位学者钟情于他的探究,钻研到最后一秒钟,为“圈”而亡,也算是死得其所。阿**Q**死前办的最后一件事是在自己的死亡文件上“圈阅”,表示认可。只可惜“圈”画得不圆,成为临终憾事。如今只有著作殷实的文化名人才有资格沾惹“笔墨官司”,一个大字不识的阿**Q**,首次用笔,仅凭一个拙朴的“一笔圈”,就将“笔、墨、官司”集于一身,可见功夫在“圈”外。

人类最大的悲哀就在于还没有学会“画圈”!人工制作受利益驱使,执意进取,意在必得,如同“开弓没有回头箭”,总要不可逆转地把事物推向极端。在发展观上更是盲人骑瞎马,自以为前途无际,大自然反正是取之不尽,用之不竭。没想到,一直朝前走下去竟然也像麦哲伦那样,发现了大地的收敛与有限——水有限,地有限,资源有限。在贪婪中发现有限,也算觉悟。

有一个很好听的字串,叫“可持续发展”。似乎是在里约热内卢的一次国际会议上提出来的。听起来尽管动人,给人以希望,但真的要做到“可持续”,首先必须形成一个能够自行封闭、循环运作的“圈”。而“发展”则是要在不破坏“圈”的稳定循环大前提下，适度地从每一次循环中获取收益。这其实不是什么深奥的事。可以说是在农耕文明时期就已解决了的问题。农业、牧业都是依附自然的循环作业方式，它们天然地带有“可持续”的特征。进入工业文明时期，这种人工制作基本上不依附大自然的循环，大体上是一种“发散”的发展模式，尚未形成一个封闭循环的“圈”。那些声称自己已经做到“可持续发展”的人，请先拿出个圈来，哪怕是理论上能自圆其说的抽象“虚圈”也行。拿不出“圈”最好不要奢谈“可持续发展”。有道是“三人成虎”，世人皆称“可持续”，听多了会造成一种假象，似乎这个问题已经找到解决途径。应该清醒地看到，对工业文明来说，尤其是对当前这种超高速的发展势头而言，“可持续发展”——即使从理论上来审视，也还是一个远远没有解决的问题。关键是没能找到这个“圈”，哪怕是一个不完全封闭的、略带点发散的螺旋线都没有。倘若不能“持续”，照目前发展趋势，已有六千年文字历史的人类，其“物种寿期”能像大多数物种那样支撑一两亿年吗？天问无答。创造了如此灿烂文明的人类也许就像牛顿所说的那个海边孩童，虽然捡到几枚漂亮的贝壳与彩石，却不知这茫茫大海知向谁边。

自然是一种大自在！它没有起源也没有归宿。它从无来处来，向无去处去。它没有预定目的，一切依境随缘，任其自流。它以“非”知为“知”，无“知”而无不知。它造物如画仙运笔，任其涂抹，无一废作。它画中有画，层层有画，而又画外有画，画间容画。

这种大自在又透出一种真自由。细细品味，这似乎是一种虚空了“我在”的自由，诸如我知，我欲，我行之目的……全都淡化了。

一种淡化了“我在”的“大自在”该是什么滋味？

想来它应该离自然更近些。

这就是诗人的痛苦了——不就是他这位百年伟人，用他那蜉蝣般的急切来拥抱整个世界吗？

钱定平

蜉蝣一日禅

我有个家在德国、奥地利的边境，邻居就是附近月亮湖的一大群水，还连绵着阿尔卑斯山的几支余脉，兼得德、奥两国山川的浩大氤氲和蔚然秀气。小屋雅洁，视角宜人，从后窗推开一湾小溪，前门开出一片池塘，舍南舍北皆春水，但见白鸟日日来，这里讲的白鸟就是天鹅了。欧洲的初夏风光极好，是悄悄来到的一篇晴柔，是万物复苏的一阵风流。傍晚，从敞开的窗口外，披着一肩夜色，带着四方蛙鸣，会扑进来一种小小飞虫。小虫儿头角、身体、翅膀几乎同家乡江南的豆娘一样，不同的是全身作浅黄色，而不是翠青色。仔细一瞧，嗨！尾巴尖儿上还拖着三根长长的细须哩！小虫儿翅膀薄极了，像我故乡湖南马王堆里老太太的"素纱禅衣"一般，是让人无从感觉的一袭"暗物质"吧！可是，瞧啊，那翅膀一扑打起来，立刻就变成了浅蓝色的一抹微云，真美妙绝伦。再探头从窗口远远向池塘望过去，只见水面上罩着一片轻雾，一团朦胧。于是，我被吸引着信步朝那片水儿走去……

池塘那潭水辉映着环湖小径的路灯，波光粼粼。白天在湖面

本文原载中国台湾2006年5月15日《中国时报·人间》。

上游弋的天鹅和野鸭都归巢了，水面是微微皱折着的一团墨绿。水中央有一座小岛，长着一大丛乔木。树荫向水面投射下一块块黑彩，一条条波光却又随心所欲地刺进暗影里，颤动成或隐或现的图案。这时，温软朦胧中唯一鲜活着、明朗着、刺激着的，就是月光和灯影下的这些小飞虫了。先前我看到的一片轻雾、一团朦胧，原来就是由万千小虫儿聚集在一起造成的。小虫儿并不显摆个人的飞行技巧，而是在一个“场”的当中积极奋发地舞蹈着。单个小虫儿毫不起眼，一大群就声势浩渺起来，给人一种整体上、气势上的壮美之感。

问一问邻人，说是小虫儿德文叫“一日蝇”(**Eintagsfliege**)，英文便是“五月蝇”(**Mayfly**)。我恍然大悟，这不就是我们古人经常提到的蜉蝣么！蜉蝣是中国文人骚客心仪的对象。《诗经·曹风》就歌唱过：“蜉蝣之羽，衣裳楚楚……蜉蝣之翼，采采衣服。”把蜉蝣羽翼同妇女衣裙联系起来了，像轻云舒卷，如嫩柳拂水。《淮南子》进一步说：“蚕食而不饮，二十二日而化；蝉饮而不食，三十日而蜕；蜉蝣不食不饮，三日而死。”更作了科学上的比较描述。在明朝李时珍的《本草纲目》中更加了神来的一笔：“蜉，水虫也，……朝生暮死。”一句话抓住了蜉蝣的生态特征。西洋人也早就发现了蜉蝣夭寿，它的昆虫学学名叫作**ephemeron**，是希腊哲人亚里士多德起的，意思直截了当就是“短促”。

蜉蝣之羽，衣裳楚楚

蜉蝣的成虫很美，身姿娴雅，体态轻盈，犹如离魂倩女；四翅淡绿，翅脉纵横，好像身披轻纱；尾部有两三条细长的尾丝，有如古代美女长裙下拖着的飘带；停歇时翅膀恰似翩翩舞姬的裙裾千千褶，平添百般风致。蜉蝣在昆虫学里有自己单独的蜉蝣目，世界上约有两千一百种，我国也有二百四十九种之多。其中，单台湾一地就有六十五种，而且分别归入九个科，二十八个属，可谓洋洋大观！我平时最喜欢看英国电视主持人大卫·阿腾波罗爵士（**Sir David Attenborough**）的动物节目。爵士为了制作新系列《矮树丛中生命欢》（***Life in the Undergrowth***），兴冲冲跑到台湾，拍摄了台湾的紫斑蝶。我想，如果他早晓得台湾这儿的蜉蝣更加美妙，也许他会舍紫斑翅膀而就“采采衣裳”哩。

为什么说这种小虫儿特别美妙呢？

蜉蝣这种昆虫说来非常古老，早在三亿两千万年前，就已经在我们这小小环球活跃着了。蜉蝣是所谓“不完全变态”，一生经过卵、稚虫、亚成虫和成虫四个时期，不像标准的昆虫三态：卵、蛹和成虫。话说回来，在我家池塘边欢聚飞舞的其实只是雄成虫。那种成群结队的飞行叫作“婚飞”，名实相符，大有人文韵味。雄成虫一心一意婚飞时，雌成虫就像舞会上的淑女一样，在旁边观察着、等待着。一旦瞅准对象，就飞进销魂阵中与雄成虫交配。雌成虫受精后把卵产在水里，卵并不结成奇形怪状的蛹，而是发育成同成虫颇有点儿像的稚虫，在水中挨过暗淡雌伏的光阴。稚虫一旦变为成虫，飞向空中极乐世界，几个小时就会自然死亡。成虫如此周郎短命，唯一的使命便是婚飞与交配，繁衍后代。有趣的是，为了节约时间，造物主甚至连吃饭的时间也不给。非但如此，索性把它们的嘴巴（口器）也顺便给取消了。由此可见，大自然多么精确缜密，一点儿也不浪费设计！说“朝生暮死”，其

蜉蝣婚飞

实只是形容成虫春宵苦短,稚虫却命运不同。稚虫两侧和背部有适于水中呼吸的气管鳃,纤小微妙,精巧之极。而且,有纤细的嘴巴,可以进食。稚虫一般能活一至三年之久,专吃高等植物和各种藻类,甚至还捕食水生的微小节肢动物,可见是一个饕餮之徒。稚虫最后一次蜕去旧皮,长出四片翅膀,变成体貌完备、须眉毕现的亚成虫,也就迅速进入生命中那短促的华彩乐章……万类霜天,皆有其道。蜉蝣如此古老,又这样绝妙。大自然好像要借此告诉我们,她生来就是能工巧匠,不劳人类小子们几亿年后的今天才来称羡费词。蜉蝣虽小,科学内涵极其丰赡。目前,科学家正在形成一股蜉蝣热,希望从中探索昆虫进化的奥秘。

我说蜉蝣美妙,因为她有非比寻常的人文意蕴。关于这一点,我在其他文章里发明了一个词儿,叫作"挖掘自然的人文内涵",我们中国人特别擅长此道。

以蜉蝣观蜉蝣,便会立刻觉得人生圆满,别无他求。你看它们衣衫华美,生命也华美,就像它的翅膀,更像它的舞姿。生命是短暂了点儿,却也充实快活,没有生的大喜大悲;"食、色,性也",蜉蝣连饮食都舍弃了,活着的艰难困苦少了一多半,还会特别烦恼苦闷吗?所剩下的,便是一天的欢乐放纵,也就足够了。所以,《淮南子》说:"鹤寿千岁,以极其游,蜉蝣朝生而暮死,尽其乐,盖其旦暮为期,远不过三日尔。"有一篇安徒生童话,说的是大树和蜉蝣的一番对话。大树说自己可以活千百岁,你蜉蝣活一辈子简直就是一瞬间。蜉蝣却说,自己的一天就等于快快活活的千万个一瞬间,只要活得快意,有什么高低之分?人最怕老去,蜉蝣却不怕,它连老的概念都没有,还会怕吗?生命就在兴隆鼎盛、飘飘欲仙之后的第一时间,赫然而嗑然地结束,倒也圆满地完成了宇宙间的根本。所以,从蜉蝣看蜉蝣,便懂得世间另有一种生命价值,就会觉得这种争分夺秒、渴饮今朝,也是一种活法,也就不会有酒醒梦回的感叹。

这不也是一种境界吗?难怪,有位奥地利诗人要如此吟唱:

“蜉蝣是何等奇妙的生灵！向它可以学到一条本事，在二十四小时之内怎能办完一切事情！”

但是，以我身观蜉蝣，便会马上感觉人生遗恨。漫说古今中外，蜉蝣是文学关注的中心之一，从这种小虫汲取灵感的作品不晓得有多少，但都是负面形象，随手就可拈来林如是女士的小说语：“爱即使有承诺，也像朝生暮死的蜉蝣。”不亦悲夫？《庄子》是很受蜉蝣感召的了，他说：“小知不及大知，小年不及大年。奚以知其然也？朝菌不知晦朔，蟪蛄不知春秋，此小年也。”这句讽喻为世人万代传诵，也一定让蜉蝣们汗颜羞愧。但是，仔细一想，从蜉蝣的负面形象难道不能抽取虽死犹生的正面意蕴吗？“一粒麦子如果不落在地里死了，仍只是一粒；如果死了，才结出许多籽粒来”，恰似解构了蜉蝣一生的积极色彩。这是蜉蝣禅理的正面，说明生死转化、繁衍进化的定规。可惜的是，人生的意义与景况绝非这样简单，人类的忧伤和悲怀也远远不尽于此，于之奈何？淮南王出身贵族之家，却并不沉湎片刻欢娱，而喜欢具有永恒意义的辞章伟业。他说“蜉蝣朝生而暮死，尽其乐”，这可以说是蜉蝣的“一日禅机”了。

我要问，由人来反观蜉蝣，这尽其乐，又乐在哪里呢？

乐在争分夺秒而内容充实了。世间伟大人物自觉生来就赋有使命感，常常活得像蜉蝣一样急急匆匆，同时也就乐在其中。有位德国文人赞颂歌德：“这就是诗人的痛苦了——不就是他这位百年伟人，用他那蜉蝣般的急切来拥抱整个世界么？”

此话讲得绝不绝？

因为爱因斯坦在我们小小的地球上生活过，我们这颗蓝色的地球就比宇宙其他的部分有特色、有智慧、有人的道德。

李政道

纪念爱因斯坦

1905年爱因斯坦发表了五篇文章：

3月发表了第一篇文章——“光量子”（***Light Quantum***）；

本文选自2005年7月号《科学》杂志。作者李政道系华裔美籍物理学家，美国哥伦比亚大学教授。1926年生于中国上海，1944年至1946年先后就读浙江大学、西南联合大学。1950年获美国芝加哥大学哲学博士学位。因为弱相互作用中宇称不守恒定律的发现，与杨振宁共获1957年诺贝尔物理学奖。他在统计力学方面作出了开创性的贡献。创立了中美联合招考物理研究生计划（**CUSPEA**）；倡导成立了博士后流动站和中国博士后基金会；还创立了中国高等科学技术中心（**CCAST**）等。除了在科学技术及人才培养方面作出大量杰出贡献，他还一直致力于科学与艺术的贯通，寻求真理的普遍性。本文为作者在2005年4月15日由中国科协、科技部等联合主办的世界物理年纪念大会上的讲演。

4 月发表了第二篇文章——“测量分子大小的新方法”(***A New Method for Determining the Molecular Size***),这篇文章也是他的博士论文;

5 月发表了第三篇文章——“布朗运动”(***Brownian Motion***);

6 月发表了第四篇文章——“狭义相对论”(***Special Theory of Relativity***);

9 月发表了第五篇文章——“$E = mc^2$”。

其中,第四和第五篇的德文原稿的题目分别为:**Zur Elektrodynamik bewegter Körper**(***On the Electrodynamics of Moving Bodies***)和 **Ist die Trägheit eines Körpers von seinem Energieinhalt abhängig**(***Does the lnertia of a Body Depend Upon Its Energy Content***),后来爱因斯坦将这两篇文章放在一起,总称为“狭义相对论”(***Special Theory of Relativity***)。

联合国教科文组织为了纪念爱因斯坦,将 2005 年确定为“世界物理年”。为了纪念上面列出的几篇里程碑式的文章,并响应联合国的决定,中国科协和中国物理学会在 2005 年举办“世界物理年在中国”系列纪念活动。今天,能与大家一起在中国纪念爱因斯坦,我感到很荣幸。

物理学家李政道

爱因斯坦一生对中国人民怀有很深的情义。他曾对日本帝国主义侵略中国的行径表示了极大的愤慨和抗议,对中国人民给予了同情和支持。当上海抗日爱国运动领袖的“七君子”被国民党逮捕受到迫害时,爱因斯坦于 1937 年 3 月发出正义声援电,电文中写道:“我们在美国对于上海‘七君子’之被捕谨表示深切关怀。”当日本侵占中国东三省后,爱因斯坦和罗素等人于 1938 年 1 月 5 日在英国发表联合宣言,呼吁世界各国抵制日货。日本侵略中国后,1938 年 6 月 6 日,爱因斯坦和美国罗斯福总统的长子詹姆斯·罗斯福一起，在美国发起成立援助中国委员会。爱因斯坦为在美国2 000 个城镇发动援华捐款做出了积极的努力。

爱因斯坦 1922 年两次来上海，因此，中国学者和青年对相对论有高度的兴趣和了解，中国人民对爱因斯坦也有崇高的敬意。1922 年 11 月 15 日的《民国日报》载有爱因斯坦到沪后获瑞典正式通告得诺贝尔奖的消息。

1931 年爱因斯坦在美国遇见卓别林（**C. Chaplin**）。卓别林在一般的照片中都是有小胡子的，可是这一次相会时有小胡子的一位不是卓别林。卓别林对爱因斯坦说："我们两个都是名人，可是我们出名的原因不一样。我成名，因为随便哪一个人都知道我在做什么；可是你成名，是因为没有人知道你在做什么。"当然，这是卓别林的幽默。爱因斯坦的成功是他了解自然界的规律，他的理论也符合整个自然界的演变。爱因斯坦对 20 世纪的科学有极大的影响，很可能他对 21 世纪的科学有同样的或更大的影响。

卓别林与爱因斯坦合影

今天我想谈一下爱因斯坦的科学成就，对 21 世纪人类文化可能会产生同样的，甚至更大的影响。

从我们的天文观察已经知道，宇宙总能量的约 5% 是已知物质的能量（也就是我们知道的物质的能量）。另外，约 25% 为暗物质的能量，约 70% 为暗能量。

什么是暗物质？什么是暗能量？我们不知道。

地球、太阳和所有我们看得见的星云都是由电子、质子、中子构成的，其中有一些极少数的反物质：正电子、反质子，等等。可是，我们知道的这类物质在我们的宇宙中仅占了不到5%，我们宇宙中的大多数能量是暗物质和暗能量，看不见，也不知道是什么东西。

暗物质对所有我们能测量的光、电场、磁场、强作用(核力场)都不起作用。可是通过引力场我们知道有暗物质存在，而且暗物质的总能量比我们知道的这类物质的总能量要大5倍或5倍以上。可是对暗物质的其他性质，我们完全不知道！

暗能量的性质更是奇怪，它能产生一种负的压力。爱因斯坦在20世纪早期就曾假设过负压力(暗能量)的存在。后来，因为没有实验的支持，爱因斯坦就放弃了这个方向的研究。在裂变和聚变反应中，反应前后物质的质量有少量的差异。按照爱因斯坦的著名质能公式 $E = mc^2$，这些少量的质量差异能够转化为巨大的能量。而暗能量可以将物质质量完全转化为能量！

我们不知道暗物质是什么；我们也不知道暗能量是什么；我们更不知道如何去控制暗物质的能量和暗能量。

在20世纪初，人类知道有太阳能，但是不知道太阳能是如何产生的。年轻的爱因斯坦接受了挑战，写下了 $E = mc^2$ 这个著名的公式。20世纪的其他年轻物理学家玻恩、费米、狄拉克、海森伯和薛定谔等也接受了这个挑战。我们现在已经完全了解了太阳能，也就是核能的来源，并且能够加以控制。这些成就使得20世纪成为物理学的世纪。

今天，我们遇到了完全相似的情况。我们这样的物质仅占整个宇宙能量的极少数，我们了解的能量也只占宇宙全部能量的极少数。暗物质和暗能量的存在向全世界年轻的物理学家提出了新的挑战。中国的年轻物理学家，你们一定要接受这个挑战，使21世纪成为物理学的新世纪。

最近几年，通过哈勃太空望远镜(**Hubble Space Telescope**)发现，我们的宇宙不仅是在膨胀而且是在“加速地”膨胀，从膨胀的加速度可以推算出，是由于一种负压力，也就是暗能量的存在才膨胀的。而这暗能量的总量占据全宇宙能量的70%。关于这个方向，我最近也在做一些新的理论探讨。

在2004年的《物理快报》(第21卷第6期)上，我发表了一篇文章“暗能量的可能来源”(***A Possible Origin of Dark Energy***)，这是我最近的一个有关这个专题的探讨。我在那篇文章中表述的观念是“天外有天”。天外有天的含义是：因为暗能量，我们的宇宙之外可能有很多的宇宙。

在2005年的***Nuclear Physics A***(第750期)上，我发表了另一篇文章，题目为“强相互作用夸克-胶子等离子体和未来的物理”(***The Strongly Interacting Quark-gluon Plasma and Future Physics***)。最近，美国布鲁克海文国家实验室由极高能量的20万亿电子伏的金核对撞产生和发现的新的核物质，这种新的物质，我称为**sQGP**(强相互作用夸克-胶子等离子体)。这篇文章试探和解释最近美国高能核物理的新发现和暗能量的关系。我的观念是“核天相连”，也就是说，核能也许可以和宇宙中的暗能量相变相连。

暗能量在我们的宇宙中占据了如此重要的位置，而爱因斯坦是最早提出这一观念的，所以爱因斯坦对21世纪的科学发展的影响，很可能比对20世纪的影响更大！了解暗物质和暗能量是21世纪科学的大挑战，我相信我们会胜利的。

1952年我和杨振宁合作写了两篇统计力学的文章，爱因斯坦看过后，请他的助手考夫曼(**Bruria Kaufman**)来找我们询问是否可以和他讨论，我们立刻说，当然可以。我们走进他的办公室，他的桌子上就放着我们的文章。爱因斯坦说，他看了这两篇文章觉得很有意思。同时，我看到他面前的纸上写着很密的算式，他原来在重复我们的一些计算。爱因斯坦先问关于文章中所用巨正则系综(**grand canonical ensemble**)的基础，显然，他并不熟悉这一观念。这很出乎我的意料，因为我以为巨正则系综是为了他1925年玻色-爱因斯坦凝聚(**Bose-Einstein condensation**)的工作而创造的；爱因斯坦又问了我们文章中的格气(**lattice gas**)的细则。他的问题都着重于物理的基本概念，我的回答使他很满意。他说的英语带有相当重的德国口音，讲得很慢。我们的讨论范围十分广泛，也谈了很长时间，一个多小时。最后，他站起来和我握手并且说："祝你未来在物理学中获得成功（**Wish you future success in physics**）。"我记得他的手大、厚而温暖。对我来说，这实在是一次最难忘的经历，他的祝福使我深深感动。

"我们与爱因斯坦的讨论就在这张椅子前。三年后爱因斯坦过世了，这张照片是在他过世之后一两天照的。"——李政道

爱因斯坦于 1955 年 4 月 18 日逝世，今天是 4 月 15 日，再过 3 天就是爱因斯坦逝世的 50 周年。我们纪念 100 年前 1905 年爱因斯坦对物理学的贡献，我们也纪念 50 年前爱因斯坦的去世，我们更纪念爱因斯坦一生为人类的贡献，为科学的献身。

我们的地球在太阳系是一个不大的行星，我们的太阳在整个银河星云系四千亿颗恒星中也好像不是怎么出奇的星，我们整个银河星云系在整个宇宙中也是非常渺小的。可是，因为爱因斯坦在我们小小的地球上生活过，我们这颗蓝色的地球就比宇宙其他的部分有特色、有智慧、有人的道德。

我的母亲一点科学也不懂，可她对我的影响也很大。特别是，她有非常好的幽默感，她让我懂得，我们所能达到的最高形式的理解，乃是笑声和人类的同情。

费恩曼

科学家是怎样做成的

对于科学，我一向是很专一的。年轻的时候，几乎倾注了全部心力在它上面。那些年月里，我没有时间，也没有耐心，去学习所谓的人文学科。大学里开的文科必修课，我也是能逃则逃。只是到了后来，年事渐长，也有了一些余闲，我的兴趣才扩展了些。我学了绘画，也读了点书，可我仍然是个相当专门的人，所知不多。心力是有限的，只能把它用在某一特定的方面。

没等我出生，父亲就跟母亲说："生个儿子，将来就是个科学家。"我还是个小男生的时候，放在高脚童椅里只有一点点，父亲拿来许多铺浴室用的小瓷砖，各种颜色的都有。我俩一块儿玩。父亲把小瓷砖在我的高脚椅上一块块竖起来，摆成多米诺骨牌的样子，我推动一头，它们就全倒下。

本文作者费恩曼（**Richard. P. Feynman**，1918—1988）系美国物理学家。由于对量子电动力学基础性工作及基本粒子物理方面的杰出贡献，与朝永振一郎及施温格尔共同获得1965年诺贝尔物理学奖。为了传播物理学文化，费恩曼曾发表了《费恩曼物理学讲义》《物理学定律的特征》等充满科学人文思考的著述。本文由张鹏摘编自湖南科学技术出版社《你干吗在乎别人怎么样》。

物理学家费恩曼
(1918—1988)

玩了一会儿,我作下手与父亲一块儿排。很快,我们就玩起了更加复杂的花样:两白一蓝,两白一蓝,如此这般。母亲看见了说:“才多大的孩子呀!别难为他了。他要摆块蓝的,就让他摆块蓝的好了。”

可我父亲说:“不!我要叫他看到什么是排列,排列是多么有趣。我在教他基础数学呢!”就这样,他很早就开始告诉我这个世界如何如何,又多么有趣。

我家有一部大英百科全书。小时候,他常常把我放在他膝上,给我读里边的条目。我们读到比如说有关恐龙的条目,条目里谈到霸王龙,会具体地说:“这种恐龙高 25 英尺,头宽 6 英尺。”

这时父亲会停下来,说:“那,咱来看看这什么意思。这就是说,假如它站在咱们院子里,它的头能够到咱家的窗户,到这儿(我们那时在二楼)。可是,它钻不到屋里来:它的大脑袋比窗户还宽哪!”不管读什么,他都要给我翻译一通,尽量让那些东西有点现实感。

我和父亲常去凯茨基尔山区,那是纽约的城里人消夏的地方。做父亲的都到城里上班,周末才返回山中。周末,父亲带我到树林里散步,那时候,他会给我讲一些树林里正在发生的有趣的事情。父亲会指着树上的鸟对我说:“看见那只鸟了吗?那是只斯氏鸣禽。我们不能只知道它叫什么名字,咱们来仔细看看那只鸟在做什么吧——这才是重要的。”于是,我很早就学会了,什么是知道一件事情的名称,什么叫懂得那件事。

他说:“比如,你瞧:这只鸟一直在啄弄它的羽毛。看见了吗?它一边遛来遛去,一边还在啄弄羽毛。”

我说:“唔,大概它们飞行时弄乱了羽毛,所以要理理整齐?”

“好嘞!”他说,“那样的话,刚飞完时,它们就要很勤快地梳理,而过了一会儿,就该缓下来了。那么,咱来看看,是不是刚降落的时候啄弄得多些。”

这不难看出:那些落地以后遛了一会儿的鸟,跟那些刚刚降落的鸟,梳理羽毛的行为差不多。于是我说:“得,我想不出来。那您说,鸟儿为什么要梳理羽毛?”

“因为虱子在困扰它们。”父亲说,“鸟的羽毛上会掉下一些蛋白质片片儿,虱子就吃这些片片儿。”

又有一回,是我长大一些的时候,他采下一片树叶。叶子上有块坏死的疵,通常我们是不大在意这些东西的。那是一条 **C** 形的弧线,从叶子的中线开始,弯向边缘。

“瞧这条枯黄的线。”他说,“起头儿细细的,越往边上越粗了。这是什么呢?这是一头蝇,一头黄眼睛、绿翅膀的青蝇,飞来产下一枚卵。卵孵化,成了毛毛虫一样的小蛆,蛆吃树叶——就在这儿吃一辈子,哪也不去。它一路吃,一路便留下坏死的组织。小蛆边吃边长大,这条线也就越来越宽,吃到叶边,它也长够个头了,就又变成一头蝇,黄眼睛,绿翅膀,嗡的一声飞走,飞到另一片叶子上,再产卵。”

这次也是,我知道这些细节未必都对,说不定还是一只甲虫呢!可是,父亲想要说明的那个意思却是生命现象中顶有趣的部分:整件事情就是繁殖。不管过程多么复杂,要点只是:再来一遍!

生来只有这一位父亲,所以当时我并没以为他多了不起。他是怎么学到那些深刻的科学原理的,怎么爱上科学的,科学背后是些什么,为什么科学值得做……我从没有当真问过他。因为,我想当然地以为,那些事做父亲的都该知道。

父亲培养了我留意观察的习惯。一天,我在玩马车玩具。车斗里有一只球。拉车时,我注意到球的运动方式。我找到父亲:

“嘿,爸爸,我注意到一件事。我一拉车,球滚到车后边。走一会儿突然停下,球又滚到车前边。这是为什么?”

“那个嘛,没人知道。”他说,“总的原理是,运动的物体趋于运动,静止的物体趋于静止,除非你用力推它。这种趋向叫作惯性,可是没有人知道为什么会这样。”你看,这便是很深入的理解。他不只是告诉我那叫什么。

他接着说道:“从边上看,开始拉动的时候,车动了,而球往后滚,位置好像没动。实际上,球在滚动的时候,是车板摩擦着球。由于这个摩擦,球相对于地面还是往前走了一点,它并没有往后走。”

我跑回去,把球放到小车上,从边上观察。父亲说的没错。开始拉车的时候,相对于人行道,球果然是往前挪了一点。

我父亲就是这样教我的,用那样的一些例子和讨论。没有压力,只有兴味盎然的讨论。这种教育成了我一生的动机,使我对所有的科学感兴趣。我只不过碰巧在物理学上做得更好些而已。

人小的时候,你给他一个极好的东西,他就会永远向往那个东西。我就是这样迷上了科学。我像个小孩子一样,永远期待着要去发现奇妙,尽管不是每次都能发现。

除了物理,父亲还教会我许多别的。举个例子说,我小时候,他常把我放在他腿上,叫我看《纽约时报》的报刊插图栏,就是刚见诸报刊的那些图片。有一次,看见一张图上是一群信徒在对着教皇鞠躬。父亲说:“喏,你看看这些人哪。一个人站那儿,其他人都朝他鞠躬。喏,他跟别人有什么区别呢?就因为这个人是教皇。”不知怎么,他讨厌教皇。

他说:“他跟别人不同的,就是他戴的那顶帽子罢了!”假如图片里是个军官,父亲会说不同的就是肩章罢了。总之,是那些显示地位的穿呀戴呀。“可是,”他说,“这教皇也是个人,跟所有人一样也有各种各样的问题。他也得吃喝拉撒,洗澡也得扒光衣服。也就是个人罢了。”顺便说一句,我父亲是做制服生意的,所以知道,人穿上官服跟脱了官服并无不同,衣服底下总还是那个人。

他对我还是很满意的,我想。可是,有一回,我从麻省理工学院回来时(我去那儿好几年了),他对我说:"现在你在这方面算是有学问了。有个问题我一直搞不懂。"

我问他是什么问题。

他说:"我知道,原子从一个状态转向另一个状态的时候,会放出一个叫作光子的粒子来,原子里是原先就有个光子吗?"

"不,事先并没有什么光子。"

"那么,"他说,"它又是从哪里来的呢? 怎么就冒出来了?"

我费了很大劲跟他解释,说光子的数目不是守恒的;它们是由电子的运动创生出来的,等等。可是我没能解释清楚。我说:"就像我现在发出的声音,它并不是事先就在我嗓子里的呀!"

这件事我没能让他满意。我也始终没能给他讲清楚他所不懂的那些东西。这么看来,他是不成功的:他送我上这所大学那所大学,为的就是弄明白这些东西,可他到底还是没弄明白。

我母亲一点科学也不懂,可她对我的影响也很大。特别是,她有非常好的幽默感,她让我懂得,我们所能达到的最高形式的理解,乃是笑声和人类的同情。

超人的求知欲望、如痴如醉的热情、独立思考的习惯、艰苦工作的献身精神和强烈的荣誉感,是杰出的科学家的精神品质。

贝弗里奇

杰出科学家的特征

建设一座大教堂需要很多熟练的工匠,但只需要很少几名建筑师;类似这种情况,建立一座科学的大厦需要很多合格的科学家,但只需要很少几名具有高度创造性的人物。在科学工作中,各种不同工作者之间的高低差别并不是截然可分的。不过,让人们都接受这种观点——科学家有不同的类别,倒是必要的。人们在书籍报刊中读到的科学家几乎全都是卓越的人物,是他们所研究的领域中的领袖。不过,这些人并不是作为一个整体的科学共同体的典型,他们是建筑师,人们应该向他们学习,从他们那里得到教益和启发。但是,如果认为所有的科学家都是这种样子,或者都应该是这种样子,那就错了。

一般地说,大部分受人敬重的科学家都有自己的性格特征,这一点与其他行业的情况是一样的。当然,他们是他们所在团体中的佼佼者。但是,那些成就格外卓著的科学家(开拓新领域的先驱们)确实都具有他们的同行和其他人所不具备的某些特点。我

文本选自《发现的种子——〈科学研究的艺术〉续篇》,科学出版社 1987 年版。作者贝弗里奇系英国动物病理学家。

认为,这些杰出人物的性格有下述五大特征。

第一,他们都有超人的求知欲和好奇心。这一点在所有杰出科学家身上都表现得十分明显。他们都渴望了解已观察到的现象的本质是什么,出现这些现象的根本原因是什么。他们以探索精神研究事物,渴望探究未知世界。他们的求知欲联系着创新的激情,不仅是为了满足自己的好奇心,更是为了满足创造出某种完全属于自己独创性东西的强烈愿望——或者是一个新理论,或者是对一个实际问题的解决办法。

第二,他们如醉似痴地热衷于自己的工作。他们从自己的工作中享受到真正的乐趣,为自己的工作进展而激动万分。这种近乎狂热的情绪很有感染力,使他们可以成为研究小组鼓舞人心的领导和导师。

第三,他们都有良好的独立思考习惯。作为领袖人物,对于问题的看法应该来自自己对于证据的判断,而不应过多地受到其他人的影响。他们对自己的观点充满自信,并具有总是对问题提出疑问的习惯。有时候,他们会给人留下过分傲慢或骄傲自大的印象,显得对别人的观点不够尊重。在遇到一些似乎无法逾越的障碍,或者同事们的劝阻,或者批评意见时,他们常常十分执拗地坚持自己的观点。萨宾(**Albert Sabin**)[①]博士曾经说过:“无论你是何等聪慧,如果你没有学会在挫折中生活,那你就不能成为一位科学家。”他指出,一名优秀的科学家可能要经受一百次失败才得到一次成功,而一位平庸的科学家要想得到一次成功,也许必须经受一千次失败。创新需要勇气,甚至需要有点造反精神。当科学家遭到激烈反对、辱骂甚至迫害的时候,他们的勇气就来自于自己坚定的科学信念。所以,真正的革新家有时是很孤立的,是一位“孤独者”。

第四,他们喜欢并有能力长时间艰苦工作,他们常常没有时间

① 萨宾系美国病毒学家。

顾及家庭生活,也没有时间消遣娱乐。据说,目前美国一些杰出的科学家一般都每周工作一百二十个小时。他们都心甘情愿地献身于工作,把它看成是生活中最重要的事。正像许多伟大的艺术家和探险家一样,他们被一种强大的力量所驱动,但丝毫没有追求个人物质利益的动机。

第五,他们有强烈的荣誉感,勇于为自己的成功去争取和得到荣誉。他们认为,如果做出了一项发现,最重要的就是确立发表这一结果的优先权,以及得到人们对这一优先权的认可。如果这一发现得到同行们的重视,那就是很高的奖赏了。他们对自己的工作很有感情,常常会过高地评价自己的想法。少数人(绝不是全部,恐怕也不会是最伟大的)有一种狭隘敏感的女人脾气;他们满怀猜忌地保护着对他们的创造和对他们的那一点荣誉的要求。

当然,对于杰出的科学家,我们还能列出许多其他的特点来,诸如他们有造福人类的良好愿望,有使世界变得更美好的理想,他们有竞争力,有理智而活跃的想象力,等等。但是,这些特征在科学界之外的领袖人物身上也常常能见到。科学家常常会表现出音乐才能,这可能与科学本身具有艺术性和创造性两个方面有关。

付诸巨大的努力成为合格的物理工作者是值得的。

杰尔居埃

老师,伟人
——纪念奥本海默

我于1938年8月至1942年1月在加州大学物理系攻读研究生。初到时,我只听到过罗伯特·奥本海默(**J. Robert Oppenheimer**)这个名字,对于这个人的情况一无所知。可是通过听他的课,我很快就对他熟悉起来。他的每一堂课都展现出他独特的教学风格。

奥本海默摄于20世纪40年代初

奥本海默从不安排期末考或小测验。他给我们布置甚多的作业,其中很多问题指导性很强,并非只是习题。他的课程都没有指定的课本,如果我们想要找课本或者解释性材料,那只能靠我们自己。

本文是美国彼兹堡大学退休物理教授杰尔居埃(**Edward Gerjuoy**)于2004年6月26日在美国洛斯·阿拉莫斯国家实验室(**Los Alamos National Laboratory**)举行的“奥本海默与曼哈顿计划”学术会议上的讲演。由翁帆译,杨振宁先生注释并作后记。

他不愿意指定课本有其原因。例如,他上电磁学课时,许多材料都用于介绍电磁学中新形成的、仍在发展中的量子理论。这些超前的资料不可能出现在当时我们可找到的电磁学理论教材中。

同样,在薛定谔(**Schrödinger**)发现他的波动力学方程式后10年里,没有任何英文教材可用于教授波动力学。

奥本海默每一堂课都是一次快速的演讲,伴随着许多他在黑板上飞快写下的方程式。他动作神速,计算却极少有差错。我唯一可能保存这些资料的方法是一边听一边速记。下课后,趁着记忆犹新时,尽快把这些潦草的字迹整理成完整的笔记。我敢肯定每一位认真的学生都这样做。很多时候,我们几位学生会在黑板上争辩着他刚讲过些什么。奥本海默的每堂课,比起我念研究生时其他课程,需要我花更多的时间,而我所学到的也远远不是和其他课程学到的能相比的。

在我印象中,奥本海默从不主动与班上的学生进行苏格拉底式的对话,我也记不起他曾经在计算过程中停下来问学生接着应该如何做。如果学生想问问题,可以随时打断他。奥本海默总是很耐心地回答,除非问题很愚蠢,他的反应才可能会很不客气。不幸的是,他耐心的回答通常并不能解释清楚问题,因为他不善于从学生的角度去考虑,没有意识到对他来说很清晰的东西学生并不清楚。学生若是追问下去就有可能会被他嘲弄。不过,他对曾使他厌烦的学生并没有长期的恶意。

奥本海默上课时最突出的特点可能是不停地抽烟。一支香烟刚刚烧成灰烬时,他几乎可以以同一个动作就能一面熄灭一支香烟,一面又点燃另一支香烟。我今天依然可以看到他站在黑板前,一手握着粉笔,另一手夹着香烟,脑袋笼罩在烟雾里。

虽然他最大的兴趣在于做研究,但是他对教学十分认真。他不辞辛苦地革新课程,让学生可以最快地进入物理学研究,这一点很值得我们赞赏。

更生动的记忆是关于我做他博士生的时期。1939 年春天我加入他的队伍,他没有立即给我一个研究题目,当时我在加州大学还不到两个学期。我只参加了他每周举行的理论物理研讨班。他虽然有时让人畏惧,却没有一点架子。他不介意别人叫他“奥匹”(**Oppy**),我就一直这样叫他。

量子力学兴起于欧洲,一直是极难懂的学科。到1926年薛定谔写出著名的方程式,才使得我这类非天才人物可以进入这个领域。

美国理论物理学家中只有少数几位有幸于1926年前后在欧洲学习量子力学,又有足够的天分把所学的带回美国。奥匹就是其中之一。[①]

奥匹师从于玻恩(**Max Born**),于1927年在德国哥廷根大学获得博士学位。两年后,他成为加州大学物理系一员。[②]

1929年至1935年,在许多伟大的欧洲物理学家为逃避希特勒,到美国创建自己的现代理论物理研究小组前,那些不愿去国外又想做前沿理论物理研究的学生就在加州大学物理系师从奥匹,因为当时美国其他教授很少人在积极从事这方面的研究。

奥匹很高,出奇地瘦。他很少静止不动,没有其他动作时,他总是喷吸着香烟,或是一边说话一边挥舞着它。他受过很好的教育,博览群书,我们都听说过他能够引述梵文原始资料。他的面部表情丰富,喜怒哀乐尽现。我认识他时,他大概是35岁至40岁之间,毫无疑问那时他的物理学研究能力和思考能力正处于巅峰。

他与学生的关系出奇地随便。他允许学生随时到他办公室参阅他私人图书室里的物理学书籍。他的办公室长长的、还算宽,只有靠着一面墙的几个书架和一块长黑板,显得空荡荡。他没有固定的办公时间。他有时很情绪化,他独自一人时,我可以轻易从他的

---

① 这一段文字所叙述的是美国物理学史上一件大事。20世纪30年代至40年代初,奥本海默(1904—1967)在美国所训练出来的几十位研究生与博士后很多于战后成为美国理论物理学各专业的带头人。

② 奥匹同时也是加州理工学院的教授,对两校的物理系都有巨大影响。

样子判断是否应该跟他说话。如果他愿意谈话,你根本不需要先跟他预约。即使觉得他不介意被别人打搅,可是这也并不是说研究生就会毫无顾虑地向他请教物理学问题。对于他认为是愚蠢的问题,他的反应会是十分刻薄,你有可能会非常沮丧地离开他的办公室。

研讨班是奥匹的领土,也是奥匹的王国。他挑选演讲者,除了少数几次以外他完全控制着研讨班的进程。与他上课时截然不同,他在研讨班上几乎从不自己上台演讲。他宁愿坐在第一排不时向发言者提出问题。除非他已经安排组外的人演讲,他总是让恰好在加州大学访问的杰出理论物理学家演讲,这样,奥匹自己组里事先安排好的发言人只能推迟。

在那些年里,加州大学的回旋加速器是世界七大物理奇迹之一。著名的物理学家从世界各地到加州大学访问。费米(**Enrico Fermi**)于 1940 年做过一系列的演讲,泡利(**Wolfgang Pauli**)于 1941 年到加州大学访问。奥匹说服这些访问学者在他的研讨班上演讲,使我们可以直接从专家口中了解到前沿理论物理学的情况。①

通常,学生会就自己刚完成、即将写出文章的研究做演讲。偶尔,奥匹让学生讨论一些已发表的、他认为有讨论价值的论文。如果找不到这样的学生,发言的任务就会落在奥匹的研究员身上。奥匹的惯例是每年给他的研究员一个很广的题目,几乎相当于一门课程。如果没有人演讲,他的研究员就要继续讨论这个题目。

奥匹在研讨班上喜欢扮演的角色是向演讲者提问。要是奥匹对回答不满意,他就会提出自己的看法;他也会把发言人扫到一边,自己冲上讲台发言。

很可惜,他的回答并不总能说明当时讨论的问题。我清楚地记得有许多次,在奥匹回答后,就听到"可是,奥本海默",这带着

① 毫无疑问从 30 年代至"二战"初期,美国的理论物理学中心是环绕在奥本海默的周围。

德国口音的叫声出自斯坦福的布洛赫(**Felix Bloch**)教授口中。他大概每个月会从帕洛·阿图市(**Palo Alto**)开车来参加一次研讨班。我们学生都很欣赏布洛赫对奥匹的不满,我们喜欢说布洛赫是奥匹最资深的学生。直到第二次世界大战后,我才意识到布洛赫是一位非常杰出的物理学家。他于1952年获诺贝尔奖。①

奥匹是一位有礼貌的人,他尽量避免在研讨班上让外来的演讲者不高兴。可是对自己的学生,他的提问方式咄咄逼人,常常不留情面。②

物理学家布洛赫

我不认为奥匹有虐待他人的倾向,他可以称得上善良。我相信奥匹向学生提问并不是存心让学生难堪,而是为了阐明问题,而且常常是为听众着想。我认为当奥匹听到错误或模糊的物理学理论时,他穷追不舍地提问只不过是一种消除难受的自然反应,就像搔痒一样。

遗憾的是,一旦他先前的问题把演讲的学生吓成战战兢兢的枯叶,不能再回答新的问题时,他不能体会学生的感受而顾全体面。

当奥匹的研究员希夫(**Leonard Schiff**)演讲时,奥匹对他的态度也并不会比对学生演讲者好。好几次希夫很明显差点让奥匹弄哭了。奥匹对希夫的态度影响到学生对希夫的才干的看法,就像学生对布洛赫的看法一样。我们当然没有想到希夫后来会这么

---

① 布洛赫(1905—1983)是第一流的物理学家,是量子固态物理理论的奠基人之一。他在德国获得博士学位后即到帕洛·阿图市的斯坦福大学任教。后于20世纪50年代初曾短期任欧洲 **CERN** 的所长。他因在核磁共振(**Nuclear Magnetic Resonance**)方面的工作获得1952年诺贝尔物理学奖。这一段文章十分生动地描述了奥本海默当时的咄咄逼人,常常不很客气的作风。

② 作者在这一段中的记忆不太正确。20世纪50年代在普林斯顿我(杨振宁)就曾亲眼看到过多次奥匹使外来的演讲者难堪。据说在20世纪30年代他更不客气。

成功。①

我忍不住要比较一下奥匹对希夫和对施温格（**Julian Schwinger**）的态度。施温格于20世纪40年代替希夫成为奥匹的研究员。那时我们饶有兴趣地等待着施温格的第一次研讨班。其他学生都在猜测施温格能招架几回奥匹的提问，我却在猜想着奥匹对施温格的对抗会有什么反应，我在纽约城市大学念学士时就已经领教过施温格的才能。

物理学家希夫

施温格第一次参加研讨班的遭遇果然跟我预料的一样。施温格刚开始讲话，奥匹就提了一个问题，施温格回答了他。奥匹又来一个问题，施温格也回答了。接着有更多的问题，施温格一一作答。施温格大概回答了十几个问题，仍然应付自如，奥匹就没有再提问，让他一直讲完。以后在施温格的研讨班上，奥匹再也没有随便用问题打断施温格的讲话。奥匹没有再提问是因为很明显施温格知道自己在讲什么，他不需要别人启发就能够充分讨论讲题中的所有微妙之处。②

物理学家施温格

奥匹密切参与大部分学生的博士研究工作。他对很多学生的研究工作都发生兴趣。在不少情况下，他还亲自与学生一起工作。即使他对某些学生的研究成果不十分感兴趣，但是他给他们的工作都具有研究价值的指导，且都与现代物理学密切相关。做完研究的每一位学生，比起刚刚开始研究工

① 希夫（1915—1971）是重要的理论物理学家。战后曾先后任宾州大学与斯坦福大学的物理系主任。在他任期内，斯坦福大学物理系发展成为一个世界物理学中心。

② 施温格（1918—1994）是有名的天才，与费曼（**Feynman**，1918—1988）同岁，两人同时于1965年获得诺贝尔物理学奖。

作时,都是更加合格的物理学研究工作者。

当然,我相信当代任何一位物理学大师的学生在评论他们的导师时也会重复我的话语。例如,奥匹本人就是玻恩的博士生。

奥匹用少有的热情研究物理学、讨论物理学。他生活在物理学中。他这种热情激励了他的学生们,当然也激励了我。

虽然我们忍受了奥匹无情的提问和他那些使人难堪的嘲讽,可是我们这些学生都爱戴他,感激他的教导。奥匹狂热地喜爱物理学,显然把物理学放在首位,知道这一点有助于我们建立一种信仰:付诸巨大的努力成为合格的物理学工作者是值得的。特别是在战前经济萧条那个年代里,当时"物理学"这个词还没得到重视,理论物理学者很难寻找生计。对于他给予我这一信念,我至今仍然敬爱他,感恩于他。

奥本海默 1962 年摄于日内瓦

后记:这是一篇很有价值的文章,对奥本海默 20 世纪 30 年代与研究生的关系作了很生动的描述。奥本海默后来被任命为美国原子弹设计实验室(洛斯·阿拉莫斯实验室)主任。在他的主持下,美国成功地制造出了世界上第一颗原子弹,也使他成为 20 世纪人类历史上一位名人。

奥本海默是一位天才的、个性十分复杂的人物,迄今他的传记已出版了十多本,2005 年会再出版至少两本。他的成功与他的失败、他的长处与他的短处,他的复杂的个性的成因都变成许多人钻研的问题。

本文作者对奥本海默的记忆显然也是十分复杂,有极正面的部分,也有极负面的痛苦的部分。文中的许多故事在美国学术界流传很广,作者写了下来,成为第一手的历史资料。

人只不过是一根芦草，是自然界最脆弱的东西。

——帕斯卡

蔡天新

异样的天才：笛卡尔与帕斯卡

从外省到巴黎

在欧洲历史上，17 世纪被认为是“路易十四的世纪”（伏尔泰语），也可以说是法兰西作为一个大国兴起的世纪。在科学史上，怀特海则把 17 世纪称为“天才的世纪”。在这个世纪里，法国贡献出了三位科学天才，即笛卡尔、费马和帕斯卡。众所周知，费马的兴趣主要在纯粹数学方面，尤以久而未决并最终在 20 世纪末被攻克的“费马大定理”闻名于世，而笛卡尔和帕斯卡因为多才多艺，并一度生活在巴黎，他们在世时就已声名显赫了。

有意思的是，以上三位天才人物不约而同地降生在外省，其中笛卡尔出生在中西部的安德尔-卢瓦尔省，费马出生在南部的塔恩-加龙省，帕斯卡出生在中部的多姆山省，这三个省份里都没有什么有名的城市，离开巴黎的距离分别有三百至一千公里，而他们的出生地分别是村庄、小镇和省会（法国有 96 个省）。这一点似乎再次证实了笔者早先的一个论断，即大都市不容易产生天才人物。

本文选自《自然杂志》2006 年第 3 期。作者蔡天新系浙江大学数学系教授。

为了更好地围绕主题，我们把费马撇下不谈。作为跨越科学与人文两个领域的天才，笔者发现，笛卡尔和帕斯卡有着相似的童年经历，即幼年丧母，自小体弱多病。笛卡尔出生 14 个月后，母亲就因患肺结核去世，并把这个病传染给了他；帕斯卡同样也是体质虚弱，在他三岁的时候母亲就去世了。幸运的是，两个人的父亲既有钱又受人尊敬，尽管对待子女的态度截然不同。

笛卡尔的父亲和费马一样，是地方议会的一名顾问，他在笛卡尔的母亲去世以后，移居他乡并再婚，把儿子留给他的外祖母带大，此后父子俩很少见面。不过，在经济上这位父亲比较慷慨，这使得笛卡尔受到了良好的教育，有机会进入国王创办的贵族学校读书。毕业以后，笛卡尔到离巴黎更远的普瓦捷大学攻读法律。三年后，由于对职业的选择举棋不定，也为了看世界，他加入了荷兰军队，后来又转到德国。

26 岁那年，笛卡尔变卖掉父亲留下的家产，这笔钱可以让他舒心地生活，从此能够自由自在地做自己想做的事情了。他先用四年的时间游历欧洲，其中有两年滞留意大利，然后选择巴黎定居。正是在那一年，即笛卡尔的而立之年，帕斯卡的母亲去世，丢下三个幼小的儿女。幸亏拉丁语学者兼数学家的父亲（帕斯卡螺线就是他的发现）有一颗仁慈的心，他早早地从法院税务案主审官这个位置上退下来，举家迁往巴黎，为了教育孩子，尤其是体弱多病而又高度敏感的儿子，他没有再婚。

老帕斯卡的教学方法注重解决问题，而不是材料的灌输，从而培养了小帕斯卡一种好奇和冒险的精神，使他的动手和实验能力也相当出色。与此同时，考虑到儿子的体质，做父亲的侧重于语言教育，至于数学方面，他只讲授了一些基本的原理。这反而使得儿子对这门学科更为好奇和敏感，据说帕斯卡 12 岁那年，从未受过相关训练的他独自推导出了几何学中的一条定理，即三角形的三个内角和等于两个直角之和。

从那以后，老帕斯卡开始教授儿子欧几里得几何，不久父子俩一同参加了梅森神父组织的每周一次的数学沙龙,这个沙龙是法兰西科学院的雏形。梅森神父是 17 世纪法国数学界不可或缺的人物,通过组织沙龙和秘密旅行,他同时与三位最顶尖且个性鲜明的同行——笛卡尔、帕斯卡和费马保持密切而良好的关系。此外,他本人也以梅森素数(**Mersenne prime**)在数学史上留芳。

相比之下,笛卡尔对数学的兴趣来得比较晚,他是在荷兰当兵期间,看到军营公告栏上用佛莱芒语写的数学问题征答,才有了兴趣。幸运的是,当时在旁边替他翻译的另一位士兵在数学和物理学方面有着较高的造诣,并很快成为笛卡尔的导师。四个月以后,笛卡尔写信给这位战友,“你是将我从冷漠中唤醒的人……”,并兴奋地告之,经过六天紧张的工作,他在数学上有了四个重大的发现。

数学和科学成就

聪颖的笛卡尔很早就意识到,数学方法的本质是以命题为起点,这些命题能够通过直觉清晰地得知是真实的,进而可以通过演绎逐步推导出其他结论。也就是说,他既考虑到数学(可以延伸到科学)内部的严密性,同时又没有忽视感性知觉。这样一来,就消除了存在已久的权威,使人们在自我探寻方面获得解放,这是一种非经验主义的方法,相比亚里士多德三段论式的形式化,它提供了一种崭新的时代精神。

正如笛卡尔指出的,三段论法则“只是在交流已经知道的事情时才有用,并不能帮助我们发现未知的事情”。也正由于经院哲学的权威性,笛卡尔的方法论后来缓慢地通过非正式的渠道流传西欧。在英国,他启迪了还在剑桥大学念书的牛顿。牛顿后来在自己家的农场里,从一只落地的苹果获得启示,悟出并得到了万有引力定律,不能不说是内心里接受笛卡尔新思想的结果。至于数学上的成就,笛卡尔的主要贡献是在几何学方面。

今天我们无法知道,笛卡尔当初给他的战友兼导师信里提到的那四个重大发现究竟是什么。不过，在由于受伽利略被宗教法庭判决有罪的影响有意推迟出版的《方法论》的附录里，笛卡尔给出了一些几何学上的发现，其中如二次曲线的分类法、曲线的切线作法以及高次方程的解法等均已经过时。如果让笔者来归纳笛卡尔对数学的主要贡献，可能是以下四点：

其一，算术的符号化，比如我们现在普遍使用的已知数 a，b，c……和未知数 x，y，z……以及指数表达式就是由笛卡尔率先使用的。其二，从某个原点出发，延伸出 x 轴和 y 轴，建立了历史上第一个倾斜坐标系，并给出直角坐标系的例子，解析几何由此得以诞生。其三，凸多面体的顶点数 v、边数 e 和面数 f 之间的关系：$v-e+f=2$，后人称之为欧拉-笛卡尔公式。最后，笛卡尔叶形线，如今在微积分学教程里经常可见。

不难发现，笛卡尔对数学的热情主要来源于方法论的需要。在他看来，知识需要确定性，而数学正好提供了这一点。因此，在短暂的激情之后，笛卡尔便把兴趣转向更为广泛的问题，即为全部科学找到解决问题的方法。事实上，笛卡尔一度对数学也寄予厚望，正如毕达哥拉斯钟情于自然数（他的一句名言是“万物皆数”），他认为任何问题都可以归结为数学问题，而数学问题又可以通过代数问题归结为方程问题。

相比笛卡尔对直觉和演绎的依恋，帕斯卡的数学更多来自经验和实践。17 岁那年，他发表了《论圆锥曲线》，不久此文失传，直到一个多世纪以后才被发现，文中证明了射影几何学中几个深奥的结果，包括今天被称为帕斯卡定理的一个结论：圆锥曲线的内接六边形三组对边的交点共线。尽管这项工作当年曾经遭到笛卡尔的嘲讽，如今它仍然是整个几何学中最丰满的一个结果。

两年以后，为了帮助重新出山担任鲁昂地方长官的父亲计算税款，帕斯卡开始研制计算机并获得成功，这是人类研制成功的第一台计算机，虽然笨重异常，但可以进行八位数的四则运算。此后十年，帕斯卡继续改良并使之完善，陆续造出了五十来台计算机，可惜在广告营销方面不甚得力，留存下来的八台机器中有一台为 **IBM** 公司所拥有。为了纪念帕斯卡，20 世纪 70 年代初诞生于美国的一种计算机语言就用他的名字命名。

在帕斯卡对计算机的热情告一段落后不久，有个嗜赌如命的骑士向他讨教赌博输赢的概率问题，由此引导他深入研究，并与地处偏远南方山区的费马频频通信。数学史家一般认为，正是这两个法国人的通信，奠定了概率论这一数学分支的基础。随后，打赌的论证也进入他最重要的散文著作《思想录》，成为其中最长最有名的片段之一。他的出发点是，上帝要么存在要么不存在，这是一个与打赌一样非此即彼的问题。

作为概率论研究的副产品，帕斯卡还获得了二项式展开系数之间的相互关系，这个系数按升幂排列的形状在西方叫帕斯卡尔三角，它是组合数学的基本结论。其实，这个三角图在北宋数学家杨辉的著作里就已出现了，而杨辉称他的结果出自已经失传的贾宪的著作（早杨辉两个多世纪）。因此，它在中国的教科书里被命名为“贾宪三角”或“杨辉三角”，至于它是否是贾宪本人亲自发现并论证，就不得而知了。

无论帕斯卡还是笛卡尔，在数学以外的其他科学中都有杰出的贡献。帕斯卡定律是流体力学中的一条重要定律，说的是封闭容器中流体的某一部分压强如发生变化，将毫无损失地传递至其他部分和容器壁；同时，压强等于作用力除以作用面积。帕斯卡也成了国际通用的压强单位，简称“帕”。在天气预报中，我们经常会听到台风或龙卷风中心的气压有多少千帕的说法（气压越低风力越强）。

笛卡尔的兴趣更为广泛（这方面被后来的歌德效仿），他在光学、气象学和生理学等方面都有涉足。例如，在气象学上，他试图用自己建立起来的光的折射理论解释彩虹现象，并通过元素微粒的旋转速度来分析颜色。在生理学方面，他的野心就更大了，消化、呼吸、血液循环和神经系统都是他考虑的范围，他还研究喷嚏、咳嗽和哈欠的原理，知觉的机理以及眼球的晶状体，甚至购买尸体用于解剖。可是，有关心脏功能的描述受到哈维的责难，正如罗素所言，他在这些学科上的工作远不如在数学和哲学方面出色。

异样的怀疑主义

在笛卡尔的所有著作中，我们都能发现一种寻求知识统一的努力，他认为各门科学既相互联系又各自独立。例如，《论世界》一书就包含了热、光、潮汐、地球的形成、彗星的特性等自然法则，他试图将所有知识都归纳到建立在少数简单原理之上的某个体系或科学之中，其目的是使自然界变得更为清晰。他在笔记中写道："如果能明白科学是如何联系在一起的话，我们就不难发现，掌握它们并不比记住一串数字更难。"

相比之下，帕斯卡并不具备这种雄心，这或许是从小在父亲的呵护下的缘故，他与两个姐妹的关系也十分亲密，她们分别在物质和精神方面给予他无微不至的关怀。加上健康状况不如笛卡尔，年纪轻轻医生便建议他不要过多地从事脑力劳动，消遣和娱乐成了两贴良药，于是乎跳舞、打球、狩猎、赌博就成了治疗手段，他这才有机会认识赌友并研究概率。可以说，帕斯卡的天才使得他攻无不克，同时也妨碍他思考数学和自然科学的统一问题。

数学家、哲学家
笛卡尔(1596—1650)

随着年龄的增长，笛卡尔和帕斯卡不约而同地把对物质世界的兴趣转向精神世界。笛卡尔写出了《方法论》《论世界》《沉思录》和《哲学原理》；帕斯卡则留下了《致外省人书》和《思想录》。不同的是，由于伽利略的受审和被判定罪，使笛卡尔更多地沉湎于形而上学的抽象，这对哲学有利而对科学不利；帕斯卡由于笃信宗教和爱情的缺失，字里行间蕴涵了更多的虔诚和情愫。

如同前一节开头所引述的,笛卡尔是把哲学思想从传统的经院哲学的束缚中解放出来的第一人,黑格尔等后辈尊其为“近代哲学之父”。作为彻底的二元论者,笛卡尔明确地把心灵和肉体区分开来,其中心灵的作用如同其著名的哲学命题所表达的——“我思,故我在”。尽管这一气度不凡的表达受到了罗素等人的质疑,它仍不失为哲学史上最有力的命题之一。

相反,帕斯卡对人类的局限性有着充分的理解,他很早就意识到人类的脆弱和过失,他对世界的思考意在克服内心的焦虑,寻求一种确定性,如同笛卡尔在数学中寻找确定性那样。而对帕斯卡来说,无穷的小或无穷的大都让他感到惊诧和敬畏,他的数学发现是在有限的空间里得到的。谈到宇宙时他写道,“这些无限空间的永恒沉默使我恐惧”,而微小的寄生虫又使之如临“新的深渊”。

帕斯卡是那样地笃信上帝,《思想录》原来的书名叫《辩护》,因为此书是在他去世后才出版的,编辑替他改了书名(这一修改现在被证明是正确的,否则它的影响力肯定要大大降低)。在这部堪称法国文学的精品里,帕斯卡是这样劝告那些怀疑论者打消疑虑的,“如果上帝不存在,则你们相信他也不会失去什么;而如果上帝存在,则你们相信他就可以获得永生”。

在《思想录》里,有一段论及父亲之死的文字,“如果没有耶稣基督,死亡是可怕的,是令人憎恶的,是自然界丑陋的一面。然而,在有了耶稣基督之后,一切全然改变了,死亡是那样的仁慈、神圣,是信仰者的欢愉。”尽管如此,帕斯卡仍把怀疑主义看成是信仰的序曲。当然,他的怀疑主义更多是建设性的,而非破坏性的。他认为,真正的宗教必须比其竞争对手更好地诠释人类的处境。

笛卡尔也有宗教信仰,并且不厌其烦地用多种方法证明上帝的存在,就像高斯对同余理论中二次互反律的痴迷一样。他的确自认为已经证明了,只是使用的方法并不如他在数学中那么漂亮,尽管他的文笔是用迷人的个性化手法写下的,但按照罗素的说法,基本上是属于经院哲学的套路(罗素本人则回避了信仰问题)。

更有甚者,其中一个本体论的证明后来受到了康德的严厉批评。

笛卡尔认为,人的心灵基本上是健全的,是获得真理的唯一手段。因此,他对待上帝的态度是可疑的,甚至有可能像蒙田一样,仅仅出于习俗的原因才有信仰。而在思维或方法论上,笛卡尔则是一个彻底的怀疑主义者,对他来说,怀疑是一种必要的手段,是哲学和心理学方法中的一个工具。他认为,我们从童年时代起就有了许多偏见,如果得不到纠正,会持续到成年。他进一步指出,“怀疑是一门艺术,它使我们脱离感觉的影响获得解放”。

隐姓埋名的绅士

尽管笛卡尔和帕斯卡的年龄相差 27 岁,两人共同旅居巴黎的时间也十分有限,他们仍在某种意义上构成理性和智慧上的对手。1647 年的一个秋日,大名鼎鼎的笛卡尔探望了年轻的帕斯卡,对后者发明制造的计算机表示赞赏。一般认为,这是他俩唯一的一次会晤,笛卡尔还给正在遭受疾病折磨的帕斯卡一些医学上的教导和嘱托。

可是,对帕斯卡关于真空存在问题的实验和研究,笛卡尔却不以为然,他认为真空是不存在的,强调在真理的发现中起决定性作用的并非实验。事实表明,笛卡尔的否定是错误的,真空在一定的条件下是存在的。与此同时,帕斯卡也批驳了笛卡尔的某些哲学观念,如对科学过于倚重,强调理智不能认识人生。帕斯卡认为:“心灵有其自己的思维方式,那是理智所不能把握的。”这一点并不奇怪,就像笛卡尔在旅途中所发现的,“各地习俗之不同,犹如哲学家见解之各异”。

无论如何,笛卡尔和帕斯卡之间的论争是在理智和学术的范围内进行的。事实上,他们两个人都不爱抛头露面。笛卡尔成年以后,大部分时光居住在荷兰,在这个多处地方低于海平面的国家,他不愿意把自己的住处告诉别人,包括一些亲近的朋友,为此还多次更换寓所。他的座右铭是:“隐居得越深,生活得越好。”

帕斯卡既没有进过学校,也没有谋求公职,他去得最多的或许是梅森神父的沙龙,他一度频繁光顾社交场所也是听从医生的建议。

值得一提的是,在17世纪的法国,类似梅森神父那种研讨科学和哲学的沙龙在上流社会中非常流行,就如同今日中国(步美国的后尘)的文化媒介每每聚焦于娱乐和商业明星,那个时代的理性生活才是巴黎人瞩目的中心。一方面,因为经历了无限风光和令人羡慕的生活之后,笛卡尔和帕斯卡才想过另一种避世的生活。另一方面,比他们稍早的法国同胞、人文主义作家蒙田也曾在37岁的时候卖掉自己的官职,退出社交生活,回归自己的庄园。

1655年新年刚过,31岁的帕斯卡继妹妹之后,进了巴黎郊外的波尔罗尼亚修道院。此后,他只是在别人请求时才写作,再也不用自己的名字发表(包括数学论文),他的两部散文名作都是在这个修道院隐居期间写成的。在一个牙痛难忍的夜晚,他还研究了摆线的运动规律,并得出了一系列结果。所谓摆线是指通过在一条平坦的大道上沿直线滚动的车轮圆周上一点的运动轨迹,它有着"几何学中的海伦"的美誉。

数学家、物理学家
帕斯卡(1623—1662)

从某种意义上讲,笛卡尔和帕斯卡的生活处于两个极端。一个从小特立独行,另一个自幼得到家庭成员的溺爱;一个周游列国,另一个似乎从未离开过法国。对于帕斯卡是否体验过爱情的滋味,持肯定态度的人只能从他的散文作品里寻找线索,而笛卡尔生活中的两个女人和一个夭折的女儿是公开的秘密。不过,大凡天才的思想家都只需要一小会儿炽热的恋情,最好是可望而不可即的那种。

在这两个法国人的生命中,必须要提及的两件事是,笛卡尔的幻觉和帕斯卡的皈依。1623年冬天的一个夜晚,随军驻扎在德国乌尔姆(爱因斯坦的出生地)的笛卡尔产生了一系列的幻觉或梦想，归纳起来，可以理解为揭示人生使命的一种启示，即他的著作应该根据几何学原理将所有的知识统一起来。在这之后，笛卡尔才决心变卖掉他父亲留下的家产，以便集中精力做自己想做的事。

帕斯卡的两次皈依则相隔了八年时光，第一次使他说服全家加入了宿命论的冉森主义，第二次使他背弃早先的意愿进入波尔罗尼亚修道院。这两次皈依起因于偶然事件，其结果虽然没有让他完全放弃科学研究，但至少那已不再是他渴求的东西；另一方面，法国文学却因此添加了两部杰作。据说帕斯卡自小擅长辞令，说话幽默风趣，这可能是他的著作留传后世的一个原因。对笛卡尔而言也是如此，他成为近代哲学的开山鼻祖，不能不说是与那几个梦有关。

笛卡尔人到中年的时候，五岁的女儿死于热病，他的幸福时光戛然而止。此后，他爱上一个比他年轻二十多岁的贵族小姐，从此陷入一种无法摆脱的甜蜜和精神折磨，直到另一个至高无上的女人出现，那便是瑞典女王克利斯蒂娜。女王派出一艘军舰把笛卡尔邀至斯德哥尔摩，于是在那个寒冷的冬天，从小爱睡懒觉的法国人不得不每周三次在凌晨时分来到王宫，为她讲授哲学。几个月以后，笛卡尔因为肺炎复发死在异乡。

“人只不过是一根芦草，是自然界最脆弱的东西。”帕斯卡在波尔罗尼亚修道院里这样写道，“但他是一根会思想的芦草”。帕斯卡的苦行僧生活极其严格，当他发现自己说话太多，便把一条带有铁钉的布带子绑在身上以示惩罚。但帕斯卡有一颗博爱的心，在他短促的生命最后一年，亲手为巴黎市民设计了第一辆公共马车，并建议成立了一家公司来运作这种新的交通工具，这大概是今天所有公交汽车公司的前身。

科学史表明，在每一个发现中通常都在成就和机遇中间存在一种特殊的联系，而许多不完全了解事实的人，可能会倾向于把这一特殊事例大部分归功于机遇。

——普鲁士科学院给伦琴的贺信

佚　名

X射线的发现者

X射线发现者威廉·康拉德·伦琴教授1845年3月27日生于德国莱纳普，1923年2月10日卒于慕尼黑。他在维尔茨堡进行研究工作共十余年。1895年11月8日夜，年过半百的伦琴终于成功地发现了一种造福于全人类的东西——X射线。他艰辛而卓越的研究工作使他于1901年光荣地被授予第一个诺贝尔物理学奖，这无疑是对他所付出的辛勤劳动的一种充分的肯定。于是，伦琴这个名字在世纪之交时便代表着现代自然科学的“魔力”。一时间X射线被多种传播媒介大肆渲染，它甚至被描述成病人的幻影或来自精神世界的顿悟。

物理学家伦琴

本文由李逸徽、李媛译自慕尼黑玛丽昂出版公司1983年版的《德国名人传》。

威廉·康拉德·伦琴出生于一个商人家庭,他的父亲是一名纺织商。1848 年那场轰轰烈烈的欧洲革命不可避免地影响到这个普通之家。这一年,年仅 3 岁的小伦琴跟随父母从他的出生地莱纳普迁往荷兰的艾培多恩,紧接着又迁往乌德勒支。在乌德勒支,伦琴进了中学。就在伦琴毕业前夕,发生了一件意想不到的事,且正是这件事改变了他往后的人生之路。

事情经过是这样的:在伦琴的任课教师中,有一位很严厉的老师,尽管他的学术水平不高,课也上得实在不怎么样,听他的课就像在听催眠曲,但他惩罚起学生来却那么狠又那么辣。尽管大家对他"恨之入骨",却又为他的"威严"所震慑,敢怒而不敢言。有一天,课间休息时,班里的一位同学拿起粉笔,在黑板上迅速地勾画出了这位教师的"怪脸"。上课铃响了,大家虽觉得解气但仍不由得为这位同学捏着一把汗。那位老师踱着方步走进教室,摊开课本,清了清嗓子,正准备开始他那索然无味的说教,一转身却发现了这样一幅有损他形象的漫画来,不禁勃然大怒,一拍桌子,大喝一声:"谁画的?"大家相互交换了一下眼神,谁也不作声。盛怒的老师又连吼了两声:"谁画的就快点站出来!否则可别怪我不客气!"除了带着怒气的回声,教室里一片寂静,连呼吸声都听得见。在这样一种紧张万分的气氛中,突然冒出一个声音:"是我。"大家的目光刷的一下子被吸引了过去:原来是小伦琴!为了保护那位勇敢地表达出大家心声的同学,他勇敢地承担了这份本不属于他的责任。但伦琴站起来时绝没有料到,他将为此付出怎样的代价!为了安抚余怒未消的老师,校方对伦琴作出了这样的决定:立即开除!在一番努力失败之后,伦琴只能退而求其次,试图作为一名校外旁听生参加中学毕业考试。但由于这位"可恶"的老师对这件事一直耿耿于怀,他对伦琴的这一要求百般刁难和阻挠,伦琴的愿望又落空了。于是这一恶作剧连同它的结果,便在以后数十年内像精神与肉体的双重惩罚,沉闷地笼罩着伦琴,以至于他不得不在现实面前认真地考虑放弃正规的升学之路了。

经过一番辗转迁徙,伦琴来到了瑞士——这个他从此便深爱的国度。他最好的朋友住在这儿,后来他还与一位美丽而且善良的瑞士姑娘相爱并结为终身伴侣。在瑞士的这段时间成了他生活的又一个转折点。伦琴是个登山爱好者与打猎迷,而瑞士得天独厚的自然条件更使他如鱼得水,可以尽情地过过打猎瘾,也可以随兴作一次艰难的远足,从中得到身心的极大解放并享受到独有的乐趣。同时,由于瑞士不像德国那般死板,经过一番周折之后,伦琴终于说服了苏黎世的一家综合性科技学校的校长,被允许在没有中学毕业证书的情况下进行深造。当然,通融也是有限度的,伦琴是在通过一次很严格的入学考试之后,才得到这个继续深造的机会的。功夫不负有心人,三年后他终于拿到了机械工程师的大学毕业文凭。从此以后的求学之路就比较平坦了。1869 年,伦琴以《煤气研究》这篇论文通过答辩获得了博士学位,并作为助教跟随他的导师——著名物理学教授奥古斯特·康特到了德国维尔茨堡大学。与康特教授结识并成为挚友,是他事业上的又一个重大转折,康特教授成为他人生之路上的引航人。

奥古斯特·康特教授是一位治学严谨而又真诚善良的学者。他不仅在物理学研究方面取得很多成果,而且十分关心并爱护学生,能大力培养学生,是一位难得的好"伯乐",伦琴的幸运也就在于此。伦琴在实验方面的天赋、他的敏锐的观察力以及富有批判精神的独到科学见解都被康特教授看在眼里。经过很短的一段时间的合作之后,康特便建议他的助手——伦琴努力争取获得在大学授课的资格。只有这样,伦琴才能独立开展自己的教学活动。但当时的德国规定,在大学授课的教师必须接受过正规的学校教育,而伦琴却因为那个该死的事件偏偏缺少了一张中学毕业文凭;维尔茨堡大学的大学评议会的教授、学者们便以此为理由拒绝破格给予伦琴教师的职务。这对于伦琴无疑又是一次沉重的打击。但也许是上帝的旨意,二十多年以后又出现了一个戏剧性的结局:伦琴被选为该校校长!这对于伦琴来说可谓是一种恢复名誉的令人振奋的事情。

1872 年,普法战争之后,他的老师康特教授受聘于新成立的斯特拉斯堡的帝国大学,他也继续跟随老师来到帝国大学。在这儿,康特教授经过一番艰苦努力,用伦琴大量的研究成果说服了大学评议会,以事实为依据,给予伦琴在大学授课的资格。从此,伦琴如虎添翼,尽情地施展着他非凡的才能。他曾在符腾堡的霍恩海姆农学院任教,又到吉森去做精彩的物理学讲座。1885 年深秋,伦琴突然接到康特教授从维尔茨堡大学寄来的信,说自己的健康状况恶化了,希望他立即赶到维尔茨堡大学接替他的职位,于是他又回到了维尔茨堡大学。此时的他早已不是一位小助教了,人们不得不对他刮目相看,并聘他为正教授,来表示对他的卓越才能的认同。

以后的 12 年,即 1888 年至 1900 年,伦琴在维尔茨堡有了一个舒适的治学环境,这 12 年对于伦琴来说是一个颇有成效而又顺利的时期。他的大约 60 篇物理学论文,特别是有关热能方面的论文便是在这段时间写成的。此时正值伦琴精力旺盛的中年时期。柏林的亥姆霍兹科学研究院亦于此间发表了伦琴的划时代的研究成果,即关于不稳电介体,也就是电的不良导体在电场中受磁作用的研究。

1895 年是划时代的一年。伦琴也下定决心,独立对阴极射线作进一步的研究、试验。由于教学任务繁重等原因,伦琴便常常感到时间不够用。直到 10 月底他才能够将大部分时间和精力花在这一现象的研究上。

在那个已变得著名的冬夜——1895 年 11 月 8 日晚至 9 日凌晨,伦琴教授在他的实验室里继续用高真空放电管——希尔托夫管做着光学试验(该管是由英国科学家希尔托夫研制成功的,因而以其名字命名该放电管)。11 月 8 日傍晚时分,他用不透光的黑色防护纸将一只梨状的希尔托夫管严严实实地包了起来,并关上了所有的门窗,想看看它在黑暗中是否漏光。当他接通高压电源时,奇迹发生了:附近的一条板凳上竟射出了一束绿色的荧光!他赶忙切断电源,荧光立即消失了。他反复多次竟都是如此。这是什么原因引起的呢?他惊喜地划着了一根火柴,仔细地瞧了瞧凳子,原来凳子上有一块硬纸板,上面镀了一层氰亚铂酸钡晶体材料。“为什么接通电源后,这块硬纸板就会发出绿色的荧光呢?”他不禁问自己,“是希尔托夫管中有某种未知的射线射到纸板上引起的吗?”想到这里,他立即接通了电源,随手拿起一本书,挡在管与纸板之间,看是否还会发光?实验的结果证实:这一设想是正确的,晶体又发出了光!

伦琴欣喜若狂,几乎达到了无法控制自己的地步。此后数日,他一直把自己关在实验室里,忘记了吃饭,忘记了休息。他脑子里只有一个念头——试验,试验,再试验……他试验了木头又试验玻璃,试验了玻璃又试验硬橡胶,这些物体都挡不住这种神秘的射线。接着他试验了各种金属,除了铅和铂以外,其他的金属均可被这种射线穿透。他还发现,如果把照相底片放在管与纸板之间,底片还能感光。

伦琴再也抑制不住自己的激情,赶忙提笔写信把这一新的发现告诉自己的良师益友奥古斯特·康特(康特教授于伦琴重返维尔茨堡大学前即已移居山区养病了),让他分享自己的快乐。这时,夜深人静,只有他那支笔在纸上沙沙作响。他在信中写道:

“……我高兴极了!等明年开春,我要到山里去,当面试给你看……教授!老友!贤师!我经过这么多年的试验……唯恐自己是在做梦!……但现在,亲爱的奥古斯特,我终于发现了一种奇妙的光,我也不晓得是什么光,但我可以肯定,这是完全不同于阴极射线的另一种神秘的东西……无以名之,姑且把它叫作 X 光吧!”

伦琴发现了 X 光!可是他痛哭了!因为他的这封长信被退了回来,他的生平好友康特教授在深山里已经病逝了。成功的喜悦由于这一噩耗而荡然无存,可以说,没有康特教授便没有伦琴的今天。此时,与康特教授初次见面的情景又一次清晰地浮现于伦琴的眼前：

> 年幼的伦琴被许多物理现象所深深吸引，决心为之奋斗终生，于是，他终于没能满足父母对他的期望，成为一名水利工程师，而是毅然选择了物理学。在苏黎世的学习生涯结束后，当时大学的一般物理学课程，已远远不能满足这位如饥似渴的求知者的要求。就在这时，德国维尔茨堡大学的奥古斯特·康特教授，即发现气体中光速的著名物理学家，他的成就引起了伦琴的强烈兴趣。他决心登门求教，拜康特为师。

一天，在德国维尔茨堡大学的教室里，学生们正在静静地上课。一位行色匆匆，连胡子也没刮的青年在教室外面的走廊里东张西望，似乎在急于找什么人。

"您找谁？"一位年轻的教授走过来问。

"我是来投奔康特教授的。"伦琴急切地回答说。

"啊，我就是，"康特教授一边挽着他走进办公室，一边说："你是从瑞士回国来的威廉·伦琴？我的信你收到了吧？威廉，你的论文和证件都还在我的抽屉里放着。我奇怪，你早年为什么会跑到荷兰去念书？"

伦琴对教授介绍了一番自己的经历，然后说："承您的情，虽然我们过去从未见过面，您竟答应我做您的助教，您不觉得我太年轻幼稚了吗？我今年才 25 岁。"

康特教授亲切地拍了拍他的肩头，鼓励他说："啊！我也只不过 31 岁而已。"

就这样，伦琴当上了康特教授的助教，也就从这里开始，伦琴一步步走向今天的成功。如今，这位良师益友已静静地去了，再也无法看到这一重大发现了，再也不能与学生一起分享成功的喜悦了，这怎不叫人伤心？！

让我们再回到伦琴发现 X 射线的艰难历程中去吧。

1895 年 11 月 8 日后，伦琴一连好几天待在实验室里。他在简陋的实验室里搭了一张小床，废寝忘食地继续着他的伟大实验。这件事引起了他妻子的怀疑和恼怒，要他说清楚几日不归的原因。一向沉默寡言的伦琴，这时更难于应付了，他只好把妻子带到实验室，让她亲自看看他不归的“秘密”所在。他还将一张用纸包好的照相底片放在妻子的手掌底下，为她拍了一张 X 光相片。这就是历史上最著名的一张相片——伦琴夫人的手骨结构。

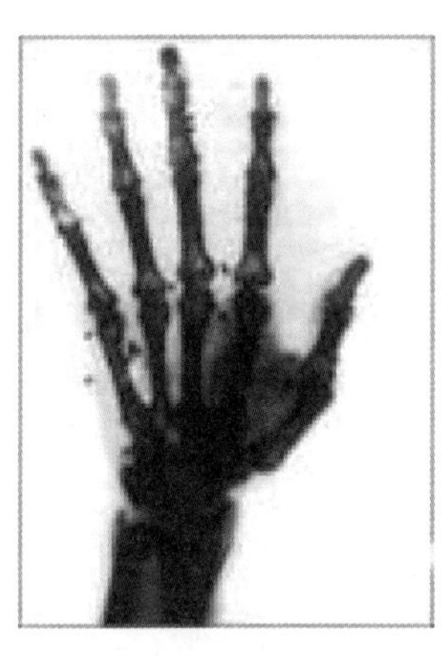

第一张 X 光照——伦琴夫人的手骨结构

妻子的疑虑打消了。伦琴的发现却在当时的社会上引起了一场轩然大波。由于知识的局限，人们对伦琴夫人的手骨照片进行了种种非难和攻击。有的报纸骇人听闻地警告女士们，今后穿什么衣服都不安全。投机商乘机大做广告，招徕顾客去买他们的“X 光保险服”。一位德国报纸的编辑看到自己头部的 X 射线照片后，竟害怕得彻夜难眠。美国新泽西州的一名议员竟扬言要制订法律禁止使用 X 射线。

但在科学界，伦琴的发现引起了一种完全不同的狂热——“X 射线热”。12 月 28 日，伦琴那篇长达 10 页、含 17 项主要内容的优秀论文——《论一种新的射线》由维尔茨堡物理医学协会发表了。欧洲几乎所有的实验室都立即用希尔托夫管来进行试验、拍照；数以百计的科学家一夜间变成了 X 射线的“专家”；报刊上塞满了各种 X 射线照片，如头骨、手骨、脚骨照片等。几个星期之后，医学家就应用 X 射线准确地显示了人体内断骨的位置。这在当时是一项多么了不起的成就啊！

伦琴的发现，震动了德国，震动了全世界，引起了物理学历史上的一场伟大的变革。为了表彰他的这一杰出贡献，瑞典皇家科学院于 1901 年 12 月 10 日在斯德哥尔摩将该年度的诺贝尔物理学奖(也是第一年颁发的诺贝尔奖)连同一枚奖章和证书,授予了伦琴教授。

在这些令人目眩的荣誉面前,伦琴始终将这一切与他的那位良师益友联系在一起。1896 年,当伦琴在接受皇家伦福奖金时,眼含热泪地对与会的学者说:“我今日的这份荣誉应归功于在天的康特教授……当年我做助教时,他始终鼓励我;即使我错了,也从不使我泄气……朋友们,一个人研究学问犹如在黑暗中摸索,多么需要温暖、友谊和帮助啊!”

榜样的力量是无穷的。伦琴也像他的老师康特教授一样,非常热爱青年。给青年讲学,他从不吝惜自己的时间和知识。他循循善诱、助人为乐。在光学和电学上作出重大贡献的物理学家菲力浦·罗伯特,就接受过他的言传身教。

伦琴为人类作出的贡献是多方面的。除了发现 X 射线之外,他还在物理学的弹力、气体比热、晶体热力、压电现象、毛细管作用、极光旋转电磁性等方面取得了许多重要的成就。

1923 年 3 月 10 日,这位物理学界的巨人与世长辞了,享年 78 岁。但伦琴所发现的 X 射线却一直被应用于科研和医学领域,造福着全人类。

中国男儿　中国男儿
要将双手撑天空
长江大河亚洲之东　巍巍昆仑
古今多少奇丈夫
碎首黄尘燕然勒功　至今热血犹殷红

杨振宁

邓稼先

从“任人宰割”到“站起来了”

100年以前，甲午战争和八国联军的时代，恐怕是中华民族5000年历史上最黑暗最悲惨的时代，只举1898年为例：

德国强占山东胶州湾，“租借”99年；

俄国强占辽宁旅顺大连，“租借”25年；

法国强占广东广州湾，“租借”99年；

英国强占山东威海卫与香港新界，前者“租借”25年，后者“租借”99年。

那是任人宰割的时代，是有亡国灭种的危险的时代。

今天，一个世纪以后，中国人站起来了。

这是千千万万人努力的结果，是许许多多可歌可泣的英雄人

本文选自1993年8月21日《人民日报》。邓稼先系杰出的核科学家，为中国自主研制原子弹、氢弹和新型核武器作出了重大贡献，是中国研制和发展核武器在技术上的主要组织领导者之一，被誉为“两弹一星元勋”。作者杨振宁系杰出的物理学家，1957年因发现在弱相互作用下宇称不守恒定律，与李政道教授共获诺贝尔物理学奖。

物创造出来的，在20世纪人类历史上可能是最重要的，影响最深远的巨大转变。

对这巨大转变作出了巨大贡献的有一位长期以来鲜为人知的科学家——邓稼先（1924—1986）。

两弹元勋

邓稼先于1924年出生在安徽省怀宁县。在北平上小学和中学以后，于1945年自昆明西南联大[①]毕业。1948到1950年在美国普渡大学（**Purdue University**）读理论物理，得到博士学位后立即乘船回国。1950年10月到中国科学院工作。1958年8月被任命带领几十位大学毕业生开始原子弹制造的理论研究。

这以后28年间邓稼先始终站在中国原子武器设计制造和研究的第一线，领导许多学者和技术人员，成功地设计了中国的原子弹和氢弹，把中华民族国防自卫武器引导到了世界先进水平：

邓稼先（中）与杨振宁（左）兄弟俩在美国留学时合影

① “西南联大”全称“西南联合大学”。抗日战争时期，由北京大学、清华大学和南开大学三校流亡到西南地区临时组成的联校。

1964 年 10 月 16 日中国爆炸了第一颗原子弹。

1967 年 6 月 17 日中国爆炸了第一颗氢弹。

这些日子是中华民族五千年历史上的重要日子,是中华民族完全摆脱任人宰割时代的新生日子!

1967 年以后邓稼先继续他的工作,至死不懈,对国防武器作出了许多新的巨大贡献。

1985 年 8 月邓稼先做了切除直肠癌的手术。次年 3 月又做了第二次手术。在这期间他和于敏联合署名写了一份关于中华人民共和国核武器发展的建议书。1986 年 5 月邓稼先再做了第三次手术,7 月 29 日因全身大出血而逝世。

"鞠躬尽瘁,死而后已。"正好准确地描述了他的一生。

邓稼先是中华民族核武器事业的奠基人和开拓者。张爱萍将军称他为"两弹元勋",他是当之无愧的。

邓稼先与奥本海默

1936 到 1937 年,稼先和我在北平崇德中学同学一年。后来抗战时期在西南联大我们又是同学。以后他在美国留学的两年期间我们曾住同屋,50 年的友谊,亲如兄弟。

1949 年到 1966 年,我在普林斯顿高等学术研究所工作,前后 17 年的时间里所长都是物理学家奥本海默(**Oppenheimer**, 1904—1967)。当时他是美国家喻户晓的人物,因为他曾成功地领导战时美国的原子弹制造工作。高等学术研究所是一个很小的研究所,物理教授最多的时候只有 5 个人,包括奥本海默,所以他和我很熟识。

奥本海默和邓稼先分别是美国和中国原子弹设计的领导人,各是两国的功臣,可是他们的性格和为人截然不同——甚至可以说他们走向了两个相反的极端。

奥本海默是一个拔尖的人物,锋芒毕露。他二十几岁的时候在德国哥廷根镇做玻恩(**Born**,1882—1970)的研究生。玻恩在他晚年所写的自传中说研究生奥本海默常常在别人做学术报告时(包括玻恩做学术报告时),打断报告,走上讲台拿起粉笔,说:“这可以用底下的办法做,会更好……”我认识奥本海默时他已四十多岁了,已经是家喻户晓的人物了,打断别人的报告,使演讲者难堪的事仍然不时出现,不过比起以前要少出现一些。

物理学家奥本海默(1904—1967)

奥本海默的演讲十分吸引人。他善于辞令,听者往往会着迷。1964年为了庆祝他60岁的生日,三位同事和我编辑了一期《近代物理评论》,在前言中我们写道:

> 他的文章不可以速读。它们包容了优雅的风格和节奏。它们描述了近世科学时代人类所面临的多种复杂的问题,详尽而奥妙。

像他的文章一样,奥本海默是一个复杂的人。佩服他、仰慕他的人很多,不喜欢他的人也不少。

邓稼先则是一个最不要引人注目的人物。和他谈话几分钟就看出他是忠厚平实的人。他真诚坦白,从不骄人。他没有小心眼儿,一生喜欢“纯”字所代表的品格。在我所认识的知识分子当中,包括中国人和外国人,他是最有中国农民的朴实气质的人。

我想邓稼先的气质和品格是他所以能成功地领导许许多多各阶层工作者为中华民族作了历史性贡献的原因:人们知道他没有私心,人们绝对相信他。

“文革”初期他所在的研究院(九院)成立了两派群众组织,对吵对打,和当时全国其他单位一样,而邓稼先竟有能力说服两派继续工作，于 1967 年 6 月成功地制成了氢弹。

1971 年，在他和他的同事们被“四人帮”批判围攻的时候，如果你和我去跟工宣队、军宣队讲理，恐怕要出惨案。邓稼先去了，竟能说服工宣队、军宣队的队员。这是真正的奇迹。

物理学家邓稼先

邓稼先是中国几千年传统文化所孕育出来的有最高奉献精神的儿子。

邓稼先是中国共产党的理想党员。

我以为邓稼先如果是美国人，不可能成功地领导美国原子弹工程；奥本海默如果是中国人，也不可能成功地领导中国原子弹工程。当初选聘他们的人，钱三强和葛罗夫斯（**Groves**）①，可谓真正有知人之明，而且对中国社会，美国社会各有深入的认识。

民族感情？友情？

1971 年我第一次访问中华人民共和国。在北京见到阔别了 22 年的稼先。在那以前，于 1964 年中国原子弹试爆以后，美国报章上就已经再三提到稼先是此事业的重要领导人。与此同时还有一些谣言说 1948 年 3 月去了中国的寒春（中文名字，原名 **Joan Hinton**）曾参与中国原子弹工程。寒春曾于 20 世纪 40 年代初在洛斯阿拉莫斯（**Los Alamos**）武器试验室做费米（**Fermi**）的助手，参加了美国原子弹的制造，那时她是年轻的研究生。

1971 年 8 月在北京我看到稼先时避免问他的工作地点。他

① 葛罗夫斯（1896—1970）系美国陆军中将，第二次世界大战期间，领导美国原子弹的研制工作。

自己说"在外地工作"。我就没有再问，但我曾问他，是不是寒春曾参加中国原子弹工作，像美国谣言所说的那样。他说他觉得没有，他会再去证实一下，然后告诉我。

1971年8月16日，在我离开上海经巴黎回美国的前夕，上海市领导人在上海大厦请我吃饭。席中有人送了一封信给我，是稼先写的，说他已证实了，中国原子武器工程中除了最早于1959年底以前曾得到苏联的极少"援助"以外，没有任何外国人参加。

此封短短的信给了我极大的感情震荡。一时热泪满眶，不得不起身去洗手间整容。事后我追想为什么会有那样大的感情震荡，为了民族的自豪？为了稼先而感到骄傲？——我始终想不清楚。

我不能走

青海、新疆、神秘的古罗布泊、马革裹尸的战场，不知道稼先有没有想起我们在昆明时一起背诵的《吊古战场文》[1]：

> 浩浩乎！平沙无垠。夐不见人。河水萦带，群山纠纷，黯兮惨悴，风悲日曛。蓬断草枯，凛若霜晨，鸟飞不下，兽铤亡群，亭长告余曰："此古战场也！常覆三军。往往鬼哭，天阴则闻！"

稼先在蓬断草枯的沙漠中埋葬同事，埋葬下属的时候不知是什么心情？

"粗估"参数的时候，要有物理直觉；筹划昼夜不断的计算时，要有数学见地；决定方案时，要有勇进的胆识，又要有稳健的判断。

---

① 《吊古战场文》是唐代散文家李华的骈文名篇。文中描述了古战场荒凉凄惨的景象，揭示了战争的残酷以及给人民造成的巨大痛苦，同时回顾了历史上对外战争得失成败的经验和教训，提出了行王道以安四夷，择良将而御边塞的主张。

可是理论是否够准确永远是一个问题，不知稼先在关键性的方案上签字的时候，手有没有颤抖？

戈壁滩上常常风沙呼啸，气温往往在零下三十多摄氏度。核武器试验时大大小小临时的问题必层出不穷。稼先虽有“福将”之称，意外总是不能免的。1982 年，他做了核武器研究院院长以后，一次井下突然有一个信号测不到了，大家十分焦虑，人们劝他回去，他只说了一句话：“我不能走。”

假如有一天哪位导演要摄制《邓稼先传》，我要向他建议背景音乐采用“五四”时代的一首歌，我儿时从父亲口中学到的：

中国男儿　中国男儿
要将双手撑天空
长江大河亚洲之东　巍巍昆仑
古今多少奇丈夫
碎首黄尘燕然勒功[①]至今热血犹殷红

我父亲诞生于 1896 年，那是中华民族仍陷于任人宰割的时代，他一生都喜欢这首歌曲。

永恒的骄傲

稼先逝世以后，在我写给他夫人许鹿希的电报与书信中有下面几段话：

——稼先为人忠诚纯正，是我最敬爱的挚友。他的无私的精神与巨大的贡献是你的也是我的永恒的骄傲。

---

① ［燕然勒(lè)功］在燕然山上刻石记功。燕然山，即今蒙古国境内的杭爱山。勒，刻。据《后汉书·窦宪传》载，东汉永元元年(公元 89)窦宪大破北单于，登燕然山，然后由班固作《封燕然山铭》，勒石记功。后人常用这件事来象征打败侵略者，捍卫了疆土和国家的独立。

——稼先去世的消息使我想起了他和我半个世纪的友情，我知道我将永远珍惜这些记忆。希望你在此沉痛的日子里多从长远的历史角度去看稼先和你的一生，只有真正永恒的才是有价值的。

——邓稼先的一生是有方向、有意识地前进的。没有彷徨，没有矛盾。

——是的，如果稼先再次选择他的途径的话，他仍会走他已走过的道路。这是他的性格与品质。能这样估价自己一生的人不多，我们应为稼先庆幸！

数学，如音乐一样，以奇才辈出而著称，这些人即便没有受过正规的教授也才华横溢。

龚　昇

他为中国现代数学研究指明了方向
——纪念罗庚师

今年(2000年)是数学大师华罗庚教授90诞辰及逝世15周年，作为华老的一名学生，我义不容辞要写篇纪念文章。

华老在国内可谓家喻户晓，在众多大、中、小学校园中，可以在教室里见到他的像，邮局发行过纪念他的邮票，有多本描写他生平的电视剧在中央电视台及各地电视台播放过，在中华世纪坛上有他的名字，有众多以他姓名命名的学校，在不少地方有他的铜像。例如，中国科学院数学与系统科学研究院、中国科学技术大学、清华大学以及他的家乡江苏金坛等。国内科学家中能享有这样盛誉的为数不多。

我们为什么要纪念他

因为他是中国现代数学的主要奠基人之一，“很难想象，如果他不曾回国，中国数学会怎么样”(**A. Selberg**语)。因为他是国际上一流数学家，对现代数学的发展，作出了很大的贡献，在国际上享有很高的声誉。因为他有崇高的品德，因为他走上了“不为

本文选自2000年第45期《科学新闻周刊》。作者龚昇(1930—2011)系中国科学技术大学教授，副校长，第五届华罗庚数学奖得主。

个人而为人民服务”(毛泽东主席致华罗庚信中语)的道路,永远值得我们学习。

思考中的华罗庚

已经有很多著名的数学家为华老写了传记,对他的工作作过评论。还有一些数学家写了悼念他的文章。至于他的整个学术成就,1983 年,**Springer-Verlag** 就已经出版了他的选集。据我所知,能在 **Springer-Verlag** 出版选集的中国数学家,实在寥寥无几,除了华老以外,大约只有陈省身与许宝騄。

要把这些数学家为华老写的传记以及对他的评论在这篇短文中作介绍,既不可能也无必要,但是这些数学家所写的文章,往往是客观公正地评价华老的最有力的佐证,所以在这篇短文中摘引一小部分内容以作为对华老的纪念。

他为中国现代数学研究指明了方向

最近,诺贝尔奖获得者杨振宁教授说道:“从过去发展的历史可以看出来,中国最早得到世界绝对第一流研究成果的,也是在数学领域,华罗庚先生、陈景润先生就是证明。”

在这方面说得更具体的有菲尔兹(**Fields**)奖获得者,数学大师丘成桐教授的如下的一段话:

> 中国近代数学能超越西方或与之并驾齐驱的主要有三个,当然我不是说其他工作不存在,主要是讲能够在数学历史上很出名的有三个:一个是陈省身教授在示性类方面的工作;一个是华罗庚在多复变函数方面的工作;一个是冯康在有限元计算方面的工作。我为什么单讲华先生在多复变函数方面的工作,这是我个人的偏见,华先生在数论方面的贡献是大的,可是华先生在数论方面的工

作不能左右全世界在数论方面的发展，他在这方面的工作基本上是从外面引进来的观点和方法，可是他在多复变函数方面的贡献比西方至少早了十年。海外的数学家都很尊重华先生在这方面的成就。所以，我们一定要找自己的方向，我想这是一个很重要的看法，我们要从数学的根本上找研究方向。我们近二十年来基本上跟着外国的潮流，我们没有把基本的想法搞清楚，所以始终达不到当年陈先生、华先生或冯先生他们的工作，我想我们一定要找自己的方向。可是我们在很多方面的知识还很缺乏，我们一定要在了解了其他方面的发展后才能发展自己的方向。

丘先生的这番话十分重要，不仅客观、公正地评价了华老，还为中国现代数学研究指明了方向，“一定要找自己的方向”，而这正是我们应该很好地向华老学习的地方。

必须熟悉华罗庚的一生

Stephon Salabb 写的华罗庚传记是 1977 年写的，当时国内正是“文化大革命”期间，这是西方数学家写的华老的传记中很好的一篇，他对华老学术上的评价客观正确，我想这是由于此文作者得到了丘成桐教授的帮助之故。不妨在此多引用一些他的文章中的段落，因为此文是反映西方数学家对华老评价的最有代表性的著作之一。文章的第一部分（Ⅰ、导言）开始就写道：“他的工作范围之广阔，使他堪称世界名列前茅的数学家之一。”这是发表于《美国数学会通讯》上的对中华人民共和国唯一的美国数学会会员——华罗庚的结论。“1910 年，华罗庚出生于江苏省，他的研究工作很大地丰富了数学的文库——在 1939 至 1965 年，他撰写的书与发表的论文被《数学评论》评论过 105 次。1950 年，他从美国回北京后，即活跃于中国的数学界，回国前，他在高等研究院与

Illinois 大学工作了三年之久。由于他突出的数学成就，在他还不到 40 岁时，就已经成为发展中国高等教育不可或缺的人才了，虽然在国外数学家以外的人士中，人们并不熟悉他，但他的名字在中国大陆的文学作品中，一直被作为骄傲而描写着，为了了解中国近代数学的贡献及近代科学的发展，人们必须熟悉华罗庚的一生。”

在该文第二部分(Ⅱ、1910—1950)中写道：“华罗庚毕业于他的家乡江苏省金坛市立初中(相当于中学的前两年)，然后进入上海中华职业学校，完成了两年制专业的前一年半的课程，迫于家境贫寒，在他 15 岁时就辍学回家乡金坛市，协助他父亲经营他的家庭小店，华罗庚的父亲对他的儿子专心于学习很不高兴。关于华罗庚的一个通俗传记上登载了一幅漫画：他父亲穿过店堂追赶他的儿子，小男孩恐惧地抱着胸前的几本数学书，父亲威胁要把他的书烧掉，画面上还有一张华罗庚帮助他父亲算账用的小桌子，桌子上还放着一个算盘。”

19 岁发表论文

“如同绝大多数数学家一样，华罗庚在很年轻的时候就显露出他的数学才华了，他开始自学现代数学。19 岁时，他就在上海《科学》杂志上发表论文并引起了注意，同一年华罗庚患了致命的伤寒病，接着又患了关节炎，使他的左腿终生受了残疾，但他忍住了病痛及以后在战争年代中的艰苦。华罗庚的著作受到了北平清华大学算学系主任熊庆来的注意，并企图提拔与安排上海的这篇文章的作者。起初清华大学算学系的教师与‘留学生协会’中都没有人知道华罗庚这个人，后来一位江苏省籍的教师告诉熊庆来：华罗庚不是大学毕业生，甚至不是高中毕业生，只是小村镇中的一个会计。为了‘发现’华罗庚，熊庆来不顾这些困难，亲自邀请他来北平工作。华罗庚是 1931 年夏到达清华大学的，他只能在算学系担任‘助理’职务。由于没有文凭，他只可能获得这样一个小职员工作。但不久之后，他被晋升为教员(相当于助理教授)……早在 30 年代，陈省身就是华罗庚在清华大学的同事之一。”

当今中国的领袖

华罗庚与陈省身被看作是当今中国的领袖数学家，为了达到这水平，他们都离开中国出国留学了。中国数学的简史说明了为什么那时中国年轻数学家都要出国去。

1936 年至 1938 年，华罗庚到美国参加了一个优秀数论集体，1945 年下半年他访苏，与 **Vinogradov** 进行了学术交流。1946 年，在闻一多被暗杀后，他去了美国，先在 **Princeton** 高等研究所，后在 **Illinois** 大学当教授，直到 1950 年回国。这段时间，他在数论、代数、几何与多复变函数等多个方面写了大量杰出的论文，而名震国际学术界。

这些年来，认识华罗庚的美国数学家都对他的清楚而直接的数学方法，知识的深度与他的天才，怀有深深的印象，他的兴趣很广，包括多复变函数论、自守函数与矩阵几何学。活跃的数学家们对于华罗庚的重要而又范围很广的贡献都很熟悉，因为他们经常不断地在引用华罗庚的结果。我对微分几何学家、代数学家与数论学家提起华罗庚这个名字，所有的人都立刻明白了，当一个群论学家听到我重复这个中国人名字时，他说我们有一个关于同构的定理，叫作“华氏定理”，那必定是同样一个华。

一个了解华罗庚的数学家告诉我：

> 华罗庚有抓住别人最好的工作的不可思议的能力，并能准确地指出这些结果中可以改进的地方，他有许多自己的技巧。他广泛阅读并掌握了 20 世纪数论的制高点，他的主要兴趣是改进整个领域，他试图推广他遇到的每一个结果。在某些方面，他的工作很像Ⅰ. **Schicr**，甚至 **Nolert Wiener**，他们两人都对数论作出过深刻的贡献，同时也将研究拓广到其他领域。

Lehmer 还指出,像华罗庚这样的"全才"的新的兴趣都是从他们过去的领域中引发出来的,例如用某种幂级数的系数给出的数论方程的解数估计,事实上就可以想象为华罗庚从解析数论到复分析所架起的桥梁。

他对祖国的献身是无条件的

S. Salabb 的传记对华罗庚的生平及研究工作的特点写得十分生动与深刻。1950 年,在中华人民共和国刚成立时,他就抛弃了美国的优越条件而回国,担负起建立现代数学的重任。之后在历次运动中,他受到了不少委曲,尤其在"文化大革命"中,他始终能正确对待。

1986 年,**H. Halberstan** 在悼念华罗庚的文章中有这样一段话:

> 如果华罗庚曾经懊悔在他才华的高峰和思想敏锐时离开了美国的话,那么他后来重访西方时,他不能收回失落的时光,而他对祖国的献身是无条件的和坚定不移的。

事实上,据我与华老几十年的朝夕相处,他从未懊悔过,即使在最困难的"文化大革命"中也是如此,其原因就在于"他对自己祖国的献身是无条件的和坚定不移的",这正是华罗庚伟大所在。

如果他不曾回国

G. B. Kolata 在文章中的最后一段话是这样写的:"经过所有这些努力,华罗庚终于在西方世界驰名,也对中国数学产生巨大的影响。贝尔电话公司的 **Ronald Gnahaiu** 是华罗庚这次美国之行的东道主之一,他说,他与历史上任何一位数学家相比,受他直接影响的人可能更多,他善于推销数学。**Afle Selberg** 深思熟虑地说,要是华罗庚像他的许多同胞那样,在第二次世界大战之后仍然留在美国的话，毫无疑问，他本来会对数学作出更多的贡献；我认为，他回国对中国数学也是十分重要的，很难想象，如果他不曾回国，中国数学会怎么样！”

Kolata 的文章写于 1980 年，说的是“文革”后华罗庚访美，我想 **Fieles** 奖与 **Wolb** 奖获得者 **A. Selberg** 教授对华罗庚的评价十分深刻，他指出了华罗庚伟大的地方，的确，“如果他不曾回国，中国数学会怎么样！”因之，**Kolata** 文章的题目干脆叫作“华罗庚形成中国的数学”。在文章开始第一段，他写道：“数学，如音乐一样，以奇才辈出而著称，这些人即便没有受过正规的教授也才华横溢。虽然华罗庚谦逊地避免了使用奇才这个词，它却恰当地描述了这位杰出的中国数学家。华罗庚一直没有得过任何学位（直到 1979 年才由法国 **Nancy** 大学授予名誉博士学位），然而他成了数学界的大人物。他在有声誉的刊物上发表了 150 篇文章，写了 9 本专著”。**Columbia** 大学的数学家 **Lipman Bers** 说：“他绝对是第一流的数学家，他是极有天赋的人。”

他有很多成就却没有一个学位

说到数学奇才，人们很容易想起著名的印度数学家 **S. Ramanujan**，**P. T. Bateman** 在文中写了如下的一段非常有意义的对他们两人的比较。

华罗庚与潘承洞在探讨

“华罗庚的经历是近代数学史中最令人感兴趣的事情之一，他出身贫寒，只受过 9 年正规教育，但他成功地从自学数学的天才青年成才为造诣高深、有多方面创造的数学大师。此外，他又是推动将数学工具最大限度地用于实际，强调好的数学教学法的重要性的带头人,以他自己的研究方向在美国与中国产生了巨大的影响,而且,他一直是中华人民共和国第一流的科学巨人之一。”

“将华罗庚与老一代著名的印度数学家史罗尼瓦沙·拉马努将相比较是很自然的,他们既有惊人的类似之处,同时又有明显的差异。一方面,两人主要都是自学成才的,都得益于在哈代领导之下,在英国从事过一段时间的研究工作,对沟通东方与西方的差异,并使其祖国步入数学研究的天地,各自起了相当大的作用,他们像爱因斯坦在美国一样,最后成为本国传奇式的科学家。另一方面,他们两人之间又有截然不同之处,拉马努将并没有全部完成由一个自学天才到一个成熟与训练有素的数学家的转变,他在某种程度上保留了数学的原始性,甚至保留了一定程度的猜谜性质。然而,华罗庚在其数学生涯的早期就已是居主流地位的数学家了。其次,拉马努将与哈代的接触更直接,更有决定性意义。”

是的,华罗庚是“生存者”,因为他是强者,他的确“能够适应各种不同的学术、政治与饮食条件”。即使他在受到极不公正待遇的时候,他的学术研究领域,早已超过了 **Hardy** 学派的影响,而他“在其数学生涯的早期就已是居主流地位的数学家了”,这些正是华罗庚在学术上伟大的地方。

中国古代有立德、立功、立言之说，在当今科技界也应该“立德、立功、立言”。

李政道

杰出的科技帅才

一

这次回国(2004年)正赶上10月16日——中国第一颗原子弹爆炸成功40周年纪念日，使我不禁回忆起许多往事。

核物理学家朱光亚

1945年8月，美国在日本广岛和长崎投下原子弹，震惊了全世界。抗战胜利后，当时的国民政府主席蒋介石也想在中国制造原子弹，他请兵工署署长俞大维找到西南联大的物理教授吴大猷、化学教授曾昭抡和数学教授华罗庚商量。三位教授建议在理、化、数三个领域各选两位年轻学者，与他们一起赴美考察，学习原子弹的相关技术。经蒋同意后，吴大猷先生

本文选自《科学改变人生——中国科学院院士心路》。本文传主朱光亚系核物理学家。1924年12月25日生于湖北宜昌，原籍湖北汉阳。1980年当选为中国科学院学部委员(院士)。1994年当选为中国工程院院长。第八届全国政协副主席。作为中国核科学事业主要开拓者之一，1999年被授予“两弹一星功勋”奖章。2011年2月26日逝于北京。

挑选了朱光亚和我,曾昭抡先生挑选了唐敖庆、王瑞酰,华罗庚先生挑选了孙本旺(到美国后又选了徐贤修)。然而,1946 年夏,我们赴美国后被告知,美国不会向其他任何国家开放原子弹研制技术,加之抗战胜利后,国内形势很快发生巨变,我们这个考察组只好解散。国民政府制造原子弹的事后来也就不了了之。

这件事从一个侧面说明,在旧中国不可能搞出自己的原子弹。1964 年 10 月 16 日新中国成功爆炸第一颗原子弹,成为当时世界上仅有的几个独立掌握先进核科学技术的国家。正是因为我亲身经历了上述旧中国这段特别的历史,我从内心深处感到激动和钦佩。我非常赞成邓小平先生的观点:“这些东西反映一个民族的能力,也是一个民族、一个国家兴旺发达的标志。”中国研制成功原子弹,不但为保卫国家安全起到了重大作用,而且反映了我们这个民族开始从落后走向强盛、走向复兴,这是所有炎黄子孙的荣耀与骄傲。

中国从 1959 年决定独立自主研制原子弹,到 1964 年第一颗原子弹爆炸成功仅仅用了五年时间,尔后只用了两年零八个月的时间又成功爆炸了第一颗氢弹,发展速度令全世界惊诧不已。中国原来的科技、经济都非常落后,为什么“两弹”技术能够获得如此快速的发展呢?当年,我与许多人一样对此迷惑不解。

我知道研制原子弹、氢弹是国家的秘密,因此尽管 1972 年以后我与国内的物理学家来往密切,但我从没有私下了解这方面的事情。直到 20 世纪 80 年代以后,随着一些内情的公开,我才逐渐明白了其中的若干原因。中国“两弹”技术之所以能够迅速发展,从大的方面讲,是因为国家最高层的果断决策、强有力的组织领导,是因为全国人力资源、物质资源的集中使用和大力协作;最直接的原因是组织了一支很了不起的科学家团队,是他们完成了“两弹”科学技术的攻关。

这支科学家团队之所以“了不起”,是因为其中包含了许多杰出的科学家,更重要的是这个团队整体效率很高、整体创造力发挥得特别好。记得曾经有人对比过中国、美国、苏联研制第一颗原子弹、氢弹的科学家团队,论名气,中国科学家团队的组成人员远不如美国、苏联,但在团队的整体效率上,中国却毫不逊色于两个超级大国,甚至比它们还要好。我觉得这是符合实际的。

从公开的资料中,我才知道,光亚在这个科学家团队中起了非常重要的作用。钱三强先生称赞他是“有本事的人”;王淦昌先生称赞他“真了不起”;彭桓武先生称赞他“细致安排争好省,全盘计划善沟通,周旋内外现玲珑”;程开甲先生称赞他“深思熟虑,把握航道”;他的上级领导刘杰、李觉则说他是“杰出的科技帅才”(见《朱光亚院士八十华诞文集》)。

二

我和光亚早在西南联大时就相识,对他的品行和才能了解很深。大学时期,他扎实的理论知识、出色的研究能力、严谨稳健的学风,深受吴大猷等导师们的赏识。1946 年,我和光亚跟随吴大猷先生去美国考察原子弹技术时,他刚大学毕业留校任助教,已经是一位优秀的年轻物理学家。到美国后考察组解散,光亚随吴大猷先生去安亚堡(**AnnArbor**)密歇根大学的物理系作研究生,从事核物理实验研究,不久便发表了《符合测量方法(Ⅰ) **b** 能谱》《符合测量方法(Ⅱ) 内变换》等论文,在核物理这门当时迅速发展的尖端科学里留下了自己探索的足迹。1949 年秋,25 岁的光亚通过了博士学位答辩,1950 年春就毅然从美国回到祖国北京,投入新中国创业的热潮中。

后来,从公开的资料中我又知道,光亚回国后做了许多有意义的工作。他先在北京大学、东北人民大学从事物理学的基础教学。在这期间,商务印书馆 1951 年出版了他的专著《原子能和原子武器》,这可能是国内较早介绍这方面知识的著作之一,说明光亚回国后一直没有放弃搞原子弹的志向。1955 年中国决定发展核科技工业时,光亚应召参与组建了北京大学物理研究室,培养了新中国第一批核物理专业人才。1957 年他奉调参与组织了苏联援建的研究性核反应堆建设并领导开展了堆物理实验。1959 年,年仅 35 岁的光亚,由钱三强先生提名推荐担任了中国研制核武器的科学技术领导人,为中国原子弹、氢弹的研制和发展作出了非常杰出的贡献。

1972 年后,我每次回到祖国都能见到光亚,但他对自己的成就和贡献从来只字不提。他总是在勤勤恳恳、踏踏实实、默默无闻地做事。我听说国内宣传科学家成就时,他经常列举别人,从不说自己。科技界的朋友都说他作风严谨、求实,为人谦虚、低调,从不迎合别人说大话、空话;说他善于从全局的角度考虑问题,善于在复杂的局面中抓住关键,善于综合大家的各种建议并形成正确的意见,善于引导大家沿着正确的方向推动科学技术稳步、快速、创新发展,是一位真正的战略科学家。钱三强先生 1983 年在《谈培养学术带头人》一文中,专门举了当年推荐光亚担任核武器研制的科学技术领导人的例子,称赞光亚:"第一,有较高的业务水平和判断事物的能力;第二,有较强的组织观念和科学组织能力;第三,能团结人,既与年长的科学家合作得很好,又受到青年科技人员的尊重;第四,年富力强,精力旺盛。"钱先生评价说:"实践证明,他不仅把担子挑起来了,很好地完成了任务,作出了贡献,而且现在已经成为我国国防科学技术工作的能干的组织者、领导者之一。"

中国古代有"立德、立功、立言"之说,在当今科技界也应该"立德、立功、立言"。光亚身上的优秀品质,可以说是现代科学精神与传统美德的结合。他有高水平的现代科技知识,又具有民主、协作、求实、创新、谦虚的作风,对于形成科学家团队的强大凝聚力、创造力是很重要的。正如古时诸葛亮所说:"良将之为政也,使人择之不自举,使法量功不自度。"好的领袖人才政绩斐然而不自以为是,循循善诱而不发号施令。光亚确实是科技界难得的优秀领袖人才。他十分精心地组织了王淦昌、彭桓武、郭永怀、程开甲、邓稼先、陈能宽、周光召、于敏、黄祖洽、陆祖荫等成千上万的祖国杰出科学家和工程技术人员进行了两弹研制。他在两弹的研制中是科技众帅之帅。

三

进入 21 世纪后，中国科学技术面临着历史上前所未有的发展机遇。国家正在制定中长期科学和技术发展纲要，如何实现科学和技术的快速发展，迅速跨到世界前列是大家共同关心的问题。经过几十年的积累，中国科学技术已经具备了很好的基础，现在中国科技人才的总量已处于世界的前列，这里面不乏优秀的科学家，关键是怎样才能把他们组织好，充分发挥他们的聪明才智。我觉得既要给他们提供必需的工作、生活条件，更要提倡一些高尚的精神，形成良好的风气。我希望年轻一代科技人才能像光亚那样，将现代科学精神与中国传统美德结合起来，谦虚谨慎、求真务实，远离浮躁、浮夸，少说些大话、空话，多做些扎扎实实创新发展的工作。我还希望能够发现和培养许多像光亚那样杰出的科技帅才，以便能在各个领域中引领一支支优秀的科学家团队，为科学技术的快速发展作出贡献。

神话中“千手观音”的一千只手是长在神仙自己身上的，而陈中伟却是用自己的双手，使成百上千人的手失而复得！

叶永烈

陈 中 伟

3月23日傍晚，当我打开《新民晚报》，第一版上《陈中伟院士今坠楼身亡》十个黑体字，使我深深地震惊！记得，不久前为了庆贺《文汇报》记者倪平先生康复，那天我和陈中伟院士都参加了在文新大楼的小聚，一起聊天、拍照，恍如昨日。

我与“断手再植之父”陈中伟院士相识，是在二十年前为了采写关于他的报告文学《千手观音》。那时候在他家中，他一本正经地谈，我一个劲儿地记。我所认识的，只是一个表情严肃的外科医生。

很偶然，后来有一回在北京出席会议，他和我都是代表，在报到时相遇，他说：“我们一起住吧！”于是，我和他住在一个房间。几天朝夕相处，我发觉，我心中的陈中伟形象变了，变得幽默风趣、有血有肉。

本文作者叶永烈(1940—2020)系上海作家协会一级作家、教授。1963年毕业于北京大学化学系。11岁起发表诗作，19岁发表第一本著作，20岁时成为《十万个为什么》主要作者，21岁写出《小灵通漫游未来》。除发表大量科普作品，还出版了数十部人物传记，曾荣获中国当代优秀传记文学作家奖。本文传主陈中伟(1929—2004)系世界著名手外科专家，被誉为“断肢再植之父”，中国科学院院士、第三世界科学院院士。

显微外科专家陈中伟(1929—2004)

清早,他那只放在床头柜上的电子表发出嘟嘟声,他就起床了。大冷天,他只穿着三角裤衩、背心,在屋里做起体操来。他的体操,似乎是自己“创作”的:先活动活动头颈,然后伸伸臂,弯弯腰,下蹲,起身,踢腿……作罢,这才戴上电子表,穿上外衣。

他很注意仪表。他每次穿好衣服,便从衣袋里掏出一把梳子,把头发往后梳得整整齐齐,一丝不乱。然后,用电动剃须刀把脸刮得干干净净。他穿中山装,领扣也总是扣得整整齐齐。接着,他开始整理床铺,床单拉得平平,没有一点折纹。

他身材颀长,动作敏捷。好几次,我们同入餐厅,可是等我回到房间,他早已坐在那里看书了。他很会利用时间。会议休息时,我常看见他回到房间伏案写作。一问,才知道他在用英文写作一篇论文,总结他的最新研究成果。他讲英语很流利。在国外,他用英语作过多次学术报告,人们对这位来自中华人民共和国的医学专家给予很高的评价,称他为“断手再植的奠基人”。他曾送给我一大本他写的显微外科专著。他说从小就把学问当作“桑叶”,认为只有不断吃进“桑叶”,才能“吐丝结茧”。他的这本厚厚的专著就是“茧”。

闲暇的时候，他爱聊天，非常健谈，常常边说边笑，眯起了眼角。我问他在西方访问了那么多国家，有什么感受。他用一句英语，非常精辟地形容资本主义世界：“**No money not told.**”（“没有钱就免开尊口。”）在那里，同行们常常问起，在中国做一次手术，医生有多少报酬？他们说，陈中伟如果在西方的话，早已成了“千万富翁”——因为那里手术费昂贵，尤其是名医，收入相当可观。陈中伟却坦然一笑：“我是新中国培养的医生，我的成功是属于我的祖国的。”

他喜欢文学，爱看电影、电视。有时，他已经上床，就躺在那里看电视。看罢，跟我说长道短，评论一番。

他精力充沛。他说，做断指、断肢再植手术，往往一口气要干五六个小时，没有健康的身体是无法胜任的。他身高一米八〇，上中学时曾获浙江省羽毛球双打冠军、单打亚军，还曾获宁波市铁饼第一名、标枪第二名。他是学校排球主力队员，游泳也很不错。

他也非常细心。他做手术所用的针、线，只有头发丝三分之一那么细，一掉在地上就找不到了！那针往布上一插，针尖也会碰断！在家里，他飞针走线，用他那双手巧妙地缝制衣服，还用他那双手切肉剖鱼。他连在做家务的时候，也始终没有忘记——把手锻炼得更加灵活，以便能做好手术。在动手术的时候，他的心比绣花女工还细，手比绣花女工还巧。因为手的血管非常细小，只有在显微镜下才能清楚、准确地进行手术。

聊起音乐，他颇在行。他自幼会拉小提琴，迄今在工作之余仍喜欢奏一曲。

他非常随和，跟谁都合得来。找他的人挺多。熟悉他的人，总是称他“陈医生”，他笑盈盈地答着。只有十分陌生的人，才称呼他“陈教授”“陈院士”，他反而显得拘束起来。

那时，他刚从美国回来。会议还没结束，上海来了电报，他匆匆离京。他告诉我，回上海办完急事，还要赶往别的地方。一年之中,他的工作节奏总是那样的紧张……

美国科学作家赫纳汉为美国《科学年鉴》撰写的《显微手术》一文中,高度评价了陈中伟的成就:“毫无疑问,断指、断肢再植成功的病例最多的是在中华人民共和国。中国的显微外科医生陈中伟在1964年首次成功地再植了断指。最早在一只手上再接上四个断指的也是他们……”

在中国古代神话中,据说有一位“千手观音”。然而,陈中伟才是真正的“千手观音”。神话中“千手观音”的一千只手是长在神仙自己身上的,而陈中伟却是用自己的双手,使成百上千人的手失而复得!

万万没有想到,这位“千手观音”在刚刚回国不久,由于一时的疏忽遭到如此不幸,不仅是中国医学的重大损失,也是世界医学的重大损失。

陈中伟夫妇(右)与叶永烈夫妇合影

问人家已经是等而下之了，你自己应该做什么你就去做好了！

李　平

谱写着医学的莫扎特旋律

见到这位耄耋老人，是在一个夏日的午后。盛夏的北京城散发着一股燥热，可吴旻的座右铭让我们清醒——

它不是一句话，而是一段关于莫扎特的小故事：

一位音乐神童演奏了一段小提琴曲，莫扎特听后十分赞赏，于是神童问："我什么时候可以自己谱曲？"

莫扎特答道："还早着哩！"

神童挺不满意，又问："您不是5岁就自己作曲了吗？我都10岁了！"

莫扎特答道："可我并没去问过谁呀！"

"问人家已经是等而下之了，你自己应该做什么你就去做好了！"他解释。

艰难求学他从来都是不甘人后

上大学时，吴旻穿着一套草绿色的土布中山装，是妈妈自缝自

本文选自《科学改变人生——中国科学院院士心路》。本文传主吴旻（1925—2017）系细胞生物学、医学遗传学家。1980年当选为中国科学院学部委员（院士）。

染做成的。而相比之下，大部分同学都出身豪门，衣着讲究。“那时候压力挺大呀！为了改善形象，我就发愤读书，别的地方没法比，读书我一定要争第一。”

生物学家吴旻

为此，他夜里在油灯下读大部头的专业书，大清早又起床到路灯下咿咿呀呀练习德文发音。吴老戏言，自己是“早起的鸟儿”。

后来在莫斯科留学，吴旻又下定决心要攻读博士学位。

“那时候复旦有一个搞数学的老师，得了个博士。我也来劲了：你得博士，我就不能？”

不过，用三年的时间得医学博士学位，即使在苏联，也没有先例。吴旻破了这个例。他从导师那里选了一个最难的课题，然后就常年奔波在图书馆—实验室—宿舍之间，如饥似渴地读书、实验。功夫不负有心人，在答辩会上，当18位来自苏联最高研究机构的资深专家全票通过了吴旻的博士学位时，会场上响起了经久不息的掌声，人们纷纷涌上来跟这位年轻的中国学者拥抱、亲吻。

“那时候伟大领袖在国内讲话：‘什么博士、硕士，都是资产阶级法权。我们一个都不要。’我却在国外拼死拼活争这东西。”吴老无奈地苦笑了一下。那天回到宿舍后，他关起门来大哭了一场。他知道，回国后，将难免遭到批判。

几天之后，他的夫人彭仁玲收到一封信，信上只有两句话：“学位委员会全票通过我博士和副博士两个学位，我要去睡觉了。”

迎接解放他放弃了心爱的专业

“我那时候是个进步青年！”吴老眉毛一挑，笑着对我们说，仿佛又回到了那段激情燃烧的岁月。

大学毕业后,他来到上海中美医院,师从号称国内“外科手术一把刀”的裘法祖教授学习外科。由于成绩优异,表现突出,裘教授有意要把他培养成自己的关门弟子,让他做自己的助教。但没想到他后来又转到了病理专业。

“为什么放弃自己心爱的专业呢?”

“为了迎接解放啊! 学外科上了手术台就不能下来,但学病理跟尸体打交道。”

原来上海还没解放,他就按照地下党的指示,监视住在中美医院的国民党官员。1949 年后,他参加了人民纠察队,为了能按时值勤,他只好放弃了心爱的外科专业。

打破权威他创造了神奇的童话

提到吴旻,就不能不提到医学遗传学和优生学。前者是吴旻在我国最先开创的一个研究领域,后者则是在吴旻的不懈努力下才得以正名并受到重视。而不管开创,还是正名,作为一名科学工作者,吴旻所表现出来的,不仅是智慧,还是勇气。

“遗传学是一门非常重要的科学。人在满足了生存之后,就会很自然地想到繁衍后代。就连我家的小狗都会考虑找个对象。”但在当时,这是一个禁区。在苏联李森科的统治下,经典遗传学以及所有关于基因、染色体的研究都被贴上唯心主义的标签,没人敢涉足。但吴旻冲破了这一禁区。他用现代方法研究胎儿细胞和肿瘤染色体,获得了许多数据,并提出了自己的见解。回国后,他又在国内首先开创了细胞遗传学领域。享有世界盛誉的苏联生物学者 **Chlopin** 盛赞他的工作:简直像一个神奇的童话!

“学位答辩时,他给学位委员会寄来一份评语,把我和我的研究热情洋溢地大加赞赏了一番。但当时他已经去世了。”吴老动情地回忆。他说,那是 **Chlopin** 在病重中写的最后一份评语。

挑战癌魔他付出了毕生的努力

食管癌，一个长期困扰人类的恶疾，肆虐我国北方地区。

“得了食管癌的人很可怜。别人吃饭的时候他们自己躲到一个小屋里，把饭菜全喂了小猫小狗。然后就活活饿死。”吴老这么向我们描述。

1973年10月，刚刚回到北京的吴旻受命组建医科院肿瘤所细胞生物室。除了恢复细胞遗传学的研究外，他又开始了一个新的研究领域：通过遗传学研究，探讨食管癌的病因和癌变原理，向食管癌宣战！

三十多年过去了，吴旻和他的课题组在这方面的研究走在了世界前列：他们在国际上率先应用体外细胞恶性转化系统验证了食管癌的可疑致癌物，又在深入现场调研的基础上提出并验证了“食管癌具有家族聚集性”。1983年在中美人类遗传学研讨会上，吴旻又率先提出在食管癌高发区通过检出易感人群进行肿瘤预防的策略。

现在，吴老的弟子已经接过征服食管癌的接力棒，但他说，他还在一如既往地密切关注着这个领域。

扶持新人他甘愿做无名的人梯

“一生中你会遇到几个对你影响特别大的人。对我来说，吴老师就是这么一个人。”吴老的门徒刘芝华这样对我们说。

她还清楚地记得，当她刚从美国归来时，吴旻拍着她的肩膀对她说：“我以一个70岁老人的名誉向你担保，一定帮你要一套房子，让你安居乐业。”刘芝华深深地感动了：“吴老师，没有房子我也回来！”

吴老扶持新人在整个科学界是颇有名气的。但是，他自己淡淡地说：“人老了总要退出历史舞台的，躲不开自然规律，那些事业一定得有年轻人接着做下去，是不是？”

杨焕明，一名年轻气盛的科学家，当英、法、美、德、日五国科学家决定联合实施人类基因组计划时,他只身跑到英国剑桥,争取了1% 的检测任务,从而使我国能够跻身这一尖端科研工程。然而,大概很少有人会知道,吴旻就是杨焕明的"后台"。当杨焕明前来征求吴旻的意见时,吴老坚定地鼓励他做下去;当杨焕明领回任务后,又是吴老力排众议,为他争取到了科研基金。

"他会尽心尽力为你提供一个绝好的科研环境,而从不在乎自己的得失。"为了鼓励优秀的海外青年科学家詹启敏回国,吴旻主动卸下实验室主任的位子,推举詹启敏承担。

高瞻远瞩他始终站在科技前沿

熟悉吴旻的人,无不佩服他的眼光和魄力。他总是高屋建瓴,盯着生物科技发展的前沿和方向,提出了一系列有战略意义的意见和见解。

优生学,原本是关注人类健康繁衍的一门科学,但自它诞生之日起,就浸染了意识形态的色彩而被扭曲。希特勒曾以优化人种为借口,屠杀了600 万犹太人。1949 年后,优生学在我国也被贴上"反动种族主义"的标签,成为令人谈虎色变的禁区。1979 年,吴旻在国内率先呼吁为优生学正名。现在,优生优育已成为我国的基本国策。

"我国拥有占世界 1/5 的人口,这么重要的一个工程,没有中国的参与是不行的。"提到中国的"人类基因组计划",吴老很认真地对我们说。这位老人的不懈努力,为我国在这一研究领域中争得了一席之地。

当人类基因组计划在世界范围内兴起时,中国要不要参加这一项耗时耗资耗力的巨大工程? 有人唱起了"造船不如买船"的调子。但吴旻以一位科学家和战略家的睿智指出:"中国应该为人类基因组研究作出自己的贡献。"

1992 年底,在自然科学基金委的全委会上,吴旻带病参加答辩,历经周折,终于立项,当年就成立了南、北两个基因中心。而吴旻则退居二线,把陈竺、强伯勤等一批优秀科研人才推上了领导岗位。

人是要有信仰的，而信仰两字都是人字旁，这就决定了信仰的宗旨是为人类服务。

——郭申元

方鸿辉

还原一个名字

有的人死了，他还活着

2000年3月27日，是一个平凡得不能再平凡的日子，人们甚至很难从“历史上的今天”中挖掘出值得纪念的事件。可是，这一天却因为一名中国学子、一名被国际顶尖生化学家称为“非常杰出的科学家”的年轻人永远闭上疲倦的双眼而令人揪心，永远难忘。

这位年轻人叫郭申元，在为科学献身时，年仅29岁。美国科学院院士、哈佛大学理查森教授说：“郭博士的过早逝世，令人痛惜，他所作出的贡献要远远超出比他活得更长的人。”年过九旬的生命科学泰斗谈家桢院士痛苦地说：“从学校送来的报纸上看到弟子郭申元不幸被病魔夺去年轻生命的噩耗，不由得老泪纵横，悲思万千……长歌当哭，我既为科学事业失去一位年轻有为的英才而痛惜，也为科学界痛失一位品格卓然的后辈而扼腕。”

一个人死了，可是人们都说他没死，没有死，没有死……

有的人活着，他已经死了；

有的人死了，他还活着。

从悲痛的泪眼中,人们看到郭申元走过的科学道路,

从无尽的哀思中,人们触摸到郭申元美丽的心灵。

生命=时间+信仰

1970年6月12日,郭申元生在上海一户知识型劳动者家庭。郭申元父亲是学历史搞新闻出版的;母亲是学医学搞药剂的。诞生在这样一户文理结合、充满求知氛围家庭中的郭申元,从小耳濡目染,激发了强烈的求知与探索兴趣的欲望。父母的遗传基因在郭申元身上优化地组合起来,连父母的职业特征也在郭申元身上组装了起来。

郭申元初中就读于上海市南洋模范中学,高中就读于上海市上海中学,1988年直升复旦大学生命科学院。

1990年,郭申元踏上了美利坚国土,进俄亥俄州立大学生物系读本科,一头栽入抗癌基础理论学习。这一栽,就是整整10年,没喘一口气,没回一次家。

1992年,郭申元以全"**A**"成绩毕业于俄亥俄州立大学,并荣获"全美优秀生"殊荣。郭申元24岁那年,又相继获得俄亥俄州立大学生化硕士学位,并通过了博士资格考试。作为爱弗斯教授的关门弟子,郭申元全身披挂,朝着攻克癌症的征程进发。

1996年,郭申元加入了美国历史上最悠久的学术团体——**Phi Kappa Phi**,并成为终身会员。从那年起,郭申元独立主持了学术课题,在短短的5年内,相继在《细胞》《生物化学学报》和《美国科学院学报》等国际权威学术刊物上连续发表了5篇极具震撼力的生命科学前沿成果的论文。郭申元对生命科学作出了一系列贡献,已被国际生化学界认可,其核心部分——对**DNA**解旋酶的研究,已进入攻坚阶段。一旦突破,被称为"不治之症"的癌症有望获得治愈,全球每年近600万生灵也有望获救。

可是……可是……正在这节骨眼上,肝癌这个顽凶却跟攻克它的猛士开了个大玩笑:这位在人类抗癌研究的顶级赛跑中成绩特别优异并有望接近终点冲刺的年轻科学家,却毫无防备地遭受

癌症这一宿敌的攻击。

1999 年圣诞前一天，当郭申元被确诊为肝癌晚期时，他没有被这可恶的“生命作弄”击倒，反而更理智地要与时间赛跑，在人生跑至终点前，一定要让科研结出硕果。那天，他同往常一样，带着沉重步履走进了实验室，为防止干扰，竟把实验室的电话也拔掉了。那一夜，实验室的灯光一直未熄，他在跟时间赛跑，得抓紧分分秒秒，以顽强的意志，与生命抗争。人痛苦到极点，心理却坚强到极点，这种承受力非常人所能。郭申元就用这样的形式，送走了生命中最后一个圣诞夜。

郭申元坚信：生命 = 时间 + 信仰。这是郭申元的人生箴言，也是他对 29 年生命历程最深刻、最精粹的体验。

2000 年 1 月 3 日，根据权威医学专家的意见，郭申元接受了肝大部切除术。手术后，刚能坐起来，他又在病床上用手提电脑撰写论文了。不满两个月，他又固执地要回实验室工作。母亲竭力劝阻，郭申元平静地央求：“妈妈，我只有去实验室工作，才能恢复得快些……”至今在郭家留存一张催人泪下的照片：郭申元裹上厚厚的羽绒服，在母亲扶持下艰难地走向实验室……这是郭申元对“生命 = 时间 + 信仰”的最好注释；是一名勇士在战场上的最后冲刺。

手术后母亲搀扶郭申元去实验室

郭申元如此惜时如金,为的是早日攻克癌症,让全世界每天有上万人惨死于癌症的局面尽快得以改观,让各种肤色的人们生活质量更高。这是郭申元儿时的梦,为了实现这个梦,他赴美深造10年不归,常年不省亲,连父亲访美时带给他的衣服包裹都没有时间去拆开。

临终前,郭申元与父母的最后一句话是:“妈妈、爸爸,请不要为我难过。这些年来,我从来没有浪费过一分钟。我很开心,我活得实实在在……”

带着在生命科学史上很有建树的“郭氏猜想”,郭申元走完了29年短暂的一生,然而也是精粹的一生,他用生命谱写了追求科学的辉煌篇章。他生命短暂,精神却绵长永恒。诚如著名海洋科学家汪品先院士为纪念郭申元博士所题写的:“生命的价值,在于浓度而不在长度;在于奉献而不在获取。”

学成归国,立此存照

郭申元留下的不仅是生命科学研究的杰出成果,更是一大笔宝贵的人文财富,那就是郭申元为从事科研的人们所树立的路标——对科学造福于人类的永恒追求。这,才是科学家的心灵美,科学与艺术的结合美。

野性的学习

郭申元的家庭教育从来就很有艺术性。他的父亲认识到丹麦教育家力倡的“野性的学习”是一种很前沿的教学理念。“野性的学习”也是对中国传统“驯服”教育的颠覆,能还人以“野性”,开发人的学习主动性、积极性与创造性。“野性的学习”也充分体现了人的个性。一个人老是与他人一起没有思考地“齐步走”,往往会湮灭个性,缺乏探索热情,又怎能期盼他将来有创造性?郭申元的父母在热切关注郭申元智能成长的同时,也始终默默地鼓励并悄悄地保护着他的“野性的学习”。

“人的汗水和泪水是咸的!”郭申元神秘地告诉妈妈。

“你怎么知道的?”

“我尝过味道的呀!”郭申元煞有介事地回答。

“妈妈,鸡、鸭死了是闭眼睛的;鱼死了,为什么不闭眼睛呢?”

“爸爸,你知道动物会动脑筋吗?”

……

一个又一个越出课本知识外的“为什么”“怎么办”,在童年的郭申元脑际盘旋,做父母的常常是笑而不答,而是鼓励他自己从课外读物、从日常生活的观察与思考中去寻找答案。爱看书,肯动手,勤思考,善提问的少年郭申元果然长进很快。正是这种“野性的学习”构筑起郭申元通达知识与能力的金色桥梁。

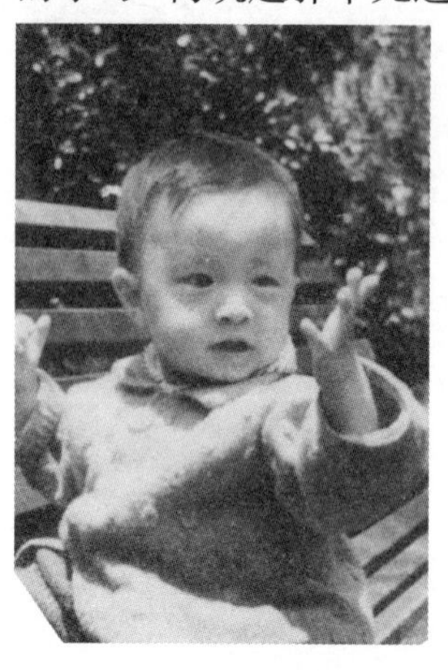

郭申元幼年时用手指学数数

有人提问:为什么稻谷成熟了,会有坚硬的芒刺?郭申元会脱口而出:“这是植物自卫能力的表现,使鸟类对稻谷不敢轻易下手呗!”

有人提问:为什么植物叶子总是扁平的?郭申元会肯定地说:“这是光合作用的适应性决定的,它能够以最大的理想面积来接受太阳光线的照射。”

有人提问:成语中的“急中生智”该怎么理解?郭申元会若有所思地娓娓道来:“当紧张事件出现时,人的心脏收缩会加快,血液循环加强,输送给大脑的氧气会大增,这样就使神经细胞的活力大大激活,让神经细胞间处于息息相通状态,思维分析有了信息基础,思考能力自然就强啰!”

……

难怪周围的人都戏称少年郭申元为“小科学家”“小博士”了。

善于“野性的学习”的郭申元早就不满足于书本知识，观察与实践已成了他探索知识的最好途径。还在读小学的时候，出于好奇，郭申元就仔细地观察了蚂蚁的社会行为，写出了生动逼真的《蚂蚁搬家》习作，由于有生活、有观察、有内容，必然能描述得淋漓尽致，得到师生一致好评。他常煞有介事地对妈妈说：“不要以为老师布置的题目才算作业，自然课上老师要我仔细观察动物、植物，这也是作业呀！”兴趣是探索的动力，郭申元以后还饲养了蚂蚁，揭了蚂蚁窝，并请教专家，查核《十万个为什么》，对蚂蚁的研究，真可称得上是一个小专家了。

“妈妈，你在肿瘤医院工作，你说说，蚂蚁身上分泌的抗生素有那么大的作用，能提高机体免疫力，还含有丰富的蛋白质，那它能否用来治病，治疗癌症呢？”小小年纪，想得多深。这些，正为日后郭申元钟情于“生化抗癌”播下了种子呢！

在整个初中阶段，除了学好南洋模范中学规定的书本知识，郭申元的课余时间几乎都沉浸于我行我素的“野性的学习”之中：研究知了，观察蛇类，饲养蚂蚁……最有趣的是，小学毕业前，由于蟑螂咬坏了他的课本，引起他对蟑螂的憎恨，并在捕杀蟑螂过程中引发了观察和研究的兴趣。以后，连续四年的寒暑假，都在孜孜以求地研究并分析蟑螂的习性及繁殖规律，在大量统计数据的基础上，写出了《上海的蟑螂数量将和纽约不相上下》的科研论文。发表在1989年第1期《自然与人》杂志上的这篇论文荣获上海市第三届优秀科普作品佳作奖，并得到生命科学泰斗谈家桢院士的褒奖：“一名中学生长年坚持观察蟑螂的习性，在捕杀的同时分析和研究蟑螂，这种探索和钻研精神极为可贵。此事告诉我们，中学生在向科学家挑战。”

郭申元向科学挑战的故事多着呢！在上海中学读高中时，郭申元在紧张的学习生活之余能在《中学科技》杂志上发表《我设计的一个航天飞机上的实验》科研小论文，提出在失重状态下研究油水混合物的课题和设想。中、美科学家都认为这是一项很有创意的实验课题。

为了解决油和水的混合问题,郭申元竟然将家里的小厨房作实验室,往烧得滚烫的油锅中浇水。结果可想而知,油花四溅,让妈妈足足忙乎了一个下午才收拾停当。他妈妈没有怨言,只是心痛地提醒他“注意安全”。多么宽容,多么理解儿子的求索精神。若父母对郭申元的探索举动横加阻挠,很可能将他的求索勇气和热情浇灭,日后的求知欲望兴许荡然无存。

那年头,上海中学的班主任获悉郭申元在如此紧张的学习生活中,依然“不务正业”地偷偷搞科研,并没有给予任何指责,倒是予以默认,甚至“纵容”。在整个高中乃至大学的最初一年,郭申元都曾忙里偷闲地为《世界科学》杂志等报刊译写,并发表了二十余篇最新学术动态与综述,还成为《世界科学》年龄最小的特约译者。郭申元的父亲回忆:“元元读中学时,不喜欢多做习题,却爱对习题作归纳。他认为,多做习题是重复劳动,浪费时间。他腾出大量时间读科普图书,寻找想象的钥匙。”

就是这种“野性的学习”,让郭申元从小热情地去拥抱大自然,本能地去感悟大自然的语言,熟悉大自然的思维方式,为日后与大自然的对话打下了坚实的基础。

心中有“以人为本”的太阳

听书法家说书道之深,着实莫测。历代权贵们为装点门面,都喜欢舞文弄墨,附庸风雅,他们花一辈子功夫,把“功、名、利、禄”几个字练得龙飞凤舞,而那个最简单的“人”字,却大都写得歪歪斜斜。而今,郭申元为我们写了一个大大正正的“人”字,用行动诠释了一名科学家的为人之道,奉献了一颗美丽的心灵。

事业有成的人都有一种崇高的信仰,而支撑信仰的要有一种“以人为本”的仁爱之心。郭申元说:“人是要有信仰的,而‘信仰’两字都是人字旁,这就决定了信仰的宗旨是为人类服务。”

郭申元从小就有一颗仁爱之心。小学四年级,父母欲激励他逻辑推理和空间想象力的发展,为他请了一位数学辅导老师,仅仅两个月的辅导,点拨了他的思维,数学成绩就上升为班里第一名。

郭申元也跟这位教学有方的老师成了“忘年交”。初中毕业那年暑假,郭申元去看望这位数学老师,知道老师患了胃癌,焦急的他一定要妈妈答应为老师请肿瘤医院最好的医生,然而无情的病魔还是夺走了老师的生命。追悼会上,郭申元的双眼哭得像两只红灯笼。当晚,小小少年的心灵怎么也平静不了,翻身起床,在日记本上写下:“可恨的癌症无情地夺走了我敬爱的老师。癌症这一恶疾每年要夺走世界上几百万人的生命,这真是个可恨的魔鬼!我从现在起,一定要好好读书,将来要付出全部精力去攻克癌症。”少年的志向,竟成了他一生的追求。

倔强的郭申元立下誓言后,义无反顾。1988 年,被保送到复旦大学后,他毅然选择生化系,并立志要为中国摘取一项诺贝尔自然科学奖。

1990 年 9 月赴美国俄亥俄州立大学读本科,他依然选择生化系,专事抗癌基础理论学习。谁知道,在俄亥俄听的第一堂课,给他来了个下马威。老师开门见山地说:“要吃这碗饭,把命交出来!”

怎么?搞生化竟有这么危险?

伴随学习的深入,郭申元才体会到老师说的确实如此。别的学科也许很快能出成果,可生化一年半载,甚至三年五年出不了成果是常有的事。搞生化的人注定要在单调、孤寂、清贫的实验室里苦挨。

这一切还算不上最可怕的,也还不至于“把命交出来”。可是,面对放射性物质的辐射,剧毒物质的渗出,病毒的感染,倒是性命攸关的。生化实验室是一个人为强化了的环境,其毒性、感染也是被强化了的。科研人员只要稍有不慎,就可能会引火烧身。做解剖实验,一不小心破划手指,病毒就可能侵入。谁能保证一辈子没有闪失?俗话说:“常在河边走,哪有不湿鞋?”

只要你走进实验室,死亡之神就与你为伴。因此,不少科研人员一旦有了一些科研资本,有了些许新的成果,也就洗手不干,敬而远之了。

郭申元没有。

他选择了这项自认为是伟大的、能拯救癌症病人生命的事业，就义无反顾甘愿冒险，一干 10 年——要不是英年早逝，他还会在这“把命交出来”的实验室继续干下去。因为郭申元从小就听妈妈描述过癌症病人的痛苦，全世界每天有几万人死于可恶的癌症。人等岁月，岁月不等人。攻克癌症刻不容缓，郭申元临危不惧地天天与杀人魔鬼打交道：提取它们的病变组织，培殖它们，观察它们，分析它们。因为郭申元心中有着一轮为全人类造福的不灭的太阳，他深信科学的真理，也不怀疑神话会被打破，科学的太阳必将取代神的太阳。而在攻克癌症的征途上，照亮郭申元前程的永远是“以人为本”的科学太阳。

当妈妈年复一年地在肿瘤病房目睹癌魔施虐逞威时，儿子却与这批世界上最杰出的科学家一道日日夜夜在生化实验室奋战，在寻求癌症发生机理，为锻造制服癌细胞的利器而攻关。因此，当郭申元函告父母“爸妈，你们不要希望儿子在美国赚钱”时，父母也是完全能理解的：只要郭申元对人类作出哪怕点滴贡献，也是对家庭的最好回报了。

为了实践这个伟大的信仰，郭申元有这样的自勉格言：

时间是金，时间是力量。
生命 = 时间 + 信仰。
中华是我根，
哺育我长大的是中华大地。
人在万里之外，祖国在我心中。

人人都有一次生命，这当然是一笔相当巨大的财富。当郭申元真切地理解到时间是生命的载体和人生的旅途后，他睿智的重心转向了：怎样精细地用好这笔属于自己的财富？怎样使这笔财富中的每一部分创造出最大的价值？他把华罗庚的“天才在于积累，聪明全在勤奋”作为座右铭，争分夺秒，勤奋努力。

1988 年 5 月,郭申元被保送复旦大学。这年暑期理应好好休息一下,为大学新生活做些思想和体能上的铺垫。周围的人都劝他去远足,可对惜时如金的郭申元来说,这样打发时间未免太奢侈了,他抓紧这段时间编译一本关于美国人养生的书稿,既学习了外语,熟悉了相关生化方面的基础知识,又锻炼了中文表达的能力。为了这本科普译著,他冒酷暑跑图书馆,走访专家……很充实地度过了中学时代最后一个暑期。这本书稿就是 1990 年 9 月出版的《美国人养生五百忌》。以后,这本书被我国台湾出版商买下了中文繁体字版权,还被德国贝塔斯曼集团买了版权。留美期间,郭申元的博士生导师和同事看了这本书,评价郭申元"为中美文化交流做了一件有意义的事"。

19 岁到美国去留学后的郭申元,为了适应快节奏的留学生涯,也为了早日实现"攻克癌症"造福全人类的夙愿,他的生命时钟拨得更快。在郭申元的人生辞典里:人最值钱、最宝贵的是时间,节省时间就是延长生命。

生命消灭了死亡

郭申元走了,他的不可估量的、精神的、科学的财富是不会被带走的,只会随着时间的延续而增殖,再增殖。

理查森教授诚邀郭申元加盟哈佛大学医学院生化实验室,就是由于郭申元在 **DNA** 复制机制研究上所取得的骄人成果以及他的研究潜力和人格魅力。当年理查森的评价是:

> 郭申元在俄亥俄州立大学的工作主要集中在对遗传物质基本构成材料,即脱氧核糖核酸(**DNA**)的关键酶之一。加盟我的实验室后,郭先生的计划(对协调 **DNA** 复制这一复杂过程的酶和分子的机制进行的研究)将会深入。我预测,郭申元的研究不仅能揭示分子复制机制的真相,还有可能揭示病毒和肿瘤细胞绕开它的宿主的控制,而以

失控的方式进行繁殖的过程。只有了解了这些过程,我们才有望研制能控制这种反常过程的治疗方法。我认为,郭申元是一位罕见的适合进行此项研究的人才。

郭申元果然不乎理查森和同事们所望,一步一个创新脚印,将科研工作推进得令人瞩目。

为了保持美国在癌症研究领域中的先进地位,美国科学界的专家竭力挽留郭申元继续在美国从事他的研究,他们说:“郭申元是在癌症化疗研究方面的顶级科学家之一。”并找来律师艾琳·常先生为郭申元申请在美永久居住权,律师从六个方面来证明郭申元是“杰出的特殊人才”:

一、郭申元持有高学历;二、郭申元因在生物化学领域内的杰出贡献和成就多次荣获美国和国际奖项及荣誉;三、郭申元在享有盛名且富权威的前沿科技杂志上发表了具有开拓性论文;四、郭申元作为一名生物化学界知名专家,尤其在癌症化疗研究方面,他的突破性的研究成果还不断被这一领域内的其他专家引用;五、郭申元在生物化学领域,特别是在癌症治疗研究方面的突破性发现和发展等成果,还得以在由该领域专家出席的专业会议上得到公开展示;六、郭申元卓越的技能和突破性成就得到他的同仁和业界的承认与赞扬。

哈佛大学医学院查尔斯·理查森教授说:“我认为郭申元所接受的学术训练,所作出的突破性研究和贡献以及将来的职业规划都远远超出美国国家利益豁免条件……”为了祖国的荣誉和科学地位,郭申元对“申请在美永久居住权”无动于衷。

进入哈佛后,郭申元的主攻方向是 **DNA** 解旋酶的结构和功能。**DNA** 解旋酶的功能就是通过“燃烧”细胞产生的高能分子,沿着**DNA** 链将双螺旋解开，如同拉开一条拉链，令肿瘤细胞再也不能复制。

多美的构想！

当然，这是一个世界性的新难题，没有人成功过，极少有经验可借鉴，只能摸着石头过河。郭申元凭着他深厚的学术功底，凭着他早日攻克癌症以造福人类的人文精神，将研究很快地推向前进，一连攻克了实验室多年来没有解决的难题，鉴定出了起到解旋酶功能的蛋白质部分，导致解旋酶晶体的制备成功以及三维结构的测定，还阐明解旋酶和引发酶两种重要复制酶的功能区，以及它们相互作用的连接位点。

这些成功都是连续几十天没吃上一餐像样的饭，睡上一个安稳的觉换来的。在获悉郭申元得了癌症后，悲痛欲绝的母亲从牙缝里迸出四个字“积劳成疾”。

在实验室中，郭申元经常干到凌晨两三点才回家，他却说：“我早回来了，就说明我的实验失败了；我回家晚就说明我的实验在继续，就有成功的希望。妈妈，你希望我早点回家还是晚点回家。”妈妈痛惜儿子的身体，妈妈当然也希望儿子成功。就连回上海这个家，郭申元都是很晚，很晚，整整过了 10 年，但回来才三天，这位才华横溢、胸怀全球的科学家就带着对事业的执着，带着对生命的深深眷恋而永远离开了热爱他的人们。哈佛的同事说：“郭申元的实验室还亮着灯；还醒着不屈的魂。郭申元没有走，他的座位还是温热的。”

1953 年发现 **DNA** 双螺旋模型的时候，诺贝尔奖得主沃森只有 25 岁，克里克也不过 37 岁。29 岁本该是意气风发的年代，对前程似锦的郭申元来说，刚展开辉煌的人生，却结束得如此令人扼腕。**DNA** 分子宛如一架通向解开生命奥秘的螺旋滑梯，数十年来，多少风流才俊在螺旋滑梯中激情冲浪，成就了英名。郭申元的激情冲浪短暂而辉煌，他渐渐远去的身影，已经与滑行在 **DNA** 上的解旋酶融为一体了。

理查森教授对郭志坤说："您儿子还在实验室，他的座位还热的。"

郭申元的英年早逝令人痛惜。这样一位风华正茂、才气横溢的科学家，一位令美国同行都折服的征服癌症的猛士，在与癌症的最后较量中，竟被对手夺去年轻的生命。耄耋的科学泰斗为郭申元的英灵老泪纵横，无数相识的与不相识的人们为郭申元的逝世悲惜长泣。人们不得不再次联想起研究放射性元素的居里夫人被击倒的悲剧。由此，更让人体悟到"为科学献青春"的真谛和"为科学献生命"的悲壮。

追悼会上，郭申元的导师、同事及校友也都发来唁电。

追悼会上，送别郭申元的是《常回家看看》，这是做父母的期盼，更是郭申元的愿望：

找点儿时间，找点儿空闲，陪同爱人，常回家看看。
带上笑容，带上祝愿，领着孩子，常回家看看。
妈妈准备了一些唠叨，爸爸张罗了一点好饭。
……

带着浓浓的乡愁，带着滚烫的亲情，儿子在大洋彼岸拼搏了整整10年，父母亲望眼欲穿呵，郭申元回来得确实迟了，可才只待了三天,却永远走了……

《波士顿纪事报》《光明日报》《新华每日电讯》《人民日报》《生化学报》(美国)等国内外数十家报刊都发了长篇通讯和报告文学。中国科学院及中国工程院130多名院士为郭申元题词,郭申元的母校——南洋模范中学、上海中学、复旦大学都举行了感人的郭申元事迹报告会,并相继授予他“优秀校友”“模范校友”的荣誉称号。

白发人送黑发人的悲痛欲绝古今中外都一样,可郭申元实在是一位太杰出的科学精英,更增添了他父母的悲痛。就连前美国总统克林顿闻讯后,也于2005年4月5日从大洋彼岸向郭申元父母表达了深深的悲痛和充满人性的关爱:

获悉你们爱子的不幸去世,我感到非常惋惜,希望你们知道我也在想念你们,并为你们祈祷。

对父母而言,世间没有比丧子更悲痛了。尤其是你们失去的儿子是一位如此富有天赋而又聪明有为的年轻人,更是一个让人难以承受的生命之重。

我真诚希望你们在这段艰难困苦的岁月,通过对申元往事的回忆,以及来自亲朋好友的关爱支持,能给你们带来一些力量与安慰。愿上帝保佑你们!

WILLIAM JEFFERSON CLINTON

April 5, 2005

Guo Zhikun and Xia Yunrui
Shanghai People's Publishing House
193 Fujian Zhong Road
Shanghai 200001

Dear Guo and Xia:

Thank you so much for your heartfelt letter. I was sorry to learn of your son's death, and I want you to know that you are in my thoughts and prayers.

There is no greater tragedy for a parent than the death of a child. The loss of a young man as inspirational and bright as your son is an especially heavy weight to bear.

I hope that your memories of Shenyuan and the loving support of your family and friends has provided some strength and solace during this difficult time. God bless you.

Sincerely,

美国前总统克林顿的信

郭申元去世后的2001年3月28日,美国《生物化学学报》杂志就郭申元的突破性研究成果发表了哈佛大学医学院理查森等6位专家学者题为《抗生素**T7**引发酶、解旋酶和**DNA**聚合酶的复合物为药物采用指明了方向》的长篇论文,题记写明:“谨以此篇论文纪念郭申元博士。”此时,正为郭申元逝世一周年之际,哈佛医学院以此文作为郭申元逝世的周年祭文。

2003年5月15日,哈佛大学校长劳伦斯·萨默斯(克林顿政府时的美国财政部长)代表哈佛大学致函郭申元父母,称“郭申元是一位无私奉献的杰出科学家,深得哈佛同事的尊敬和爱戴。郭申元博士所遗留下来的精神将会伴随着他的伟大成就以及他对科学界所作出的重要贡献而永存人世。”

2003年9月17日,郭申元的博士后导师理查森对访美的郭申元父亲说:“郭博士始终没有离开我们,他一直在实验室做实验。郭氏理论是实践性成果,对全人类来说是伟大的贡献,它一直为同行所用,并日益显现其作用。”至今,哈佛大学的郭申元实验室依然如郭申元生前那样保留着……

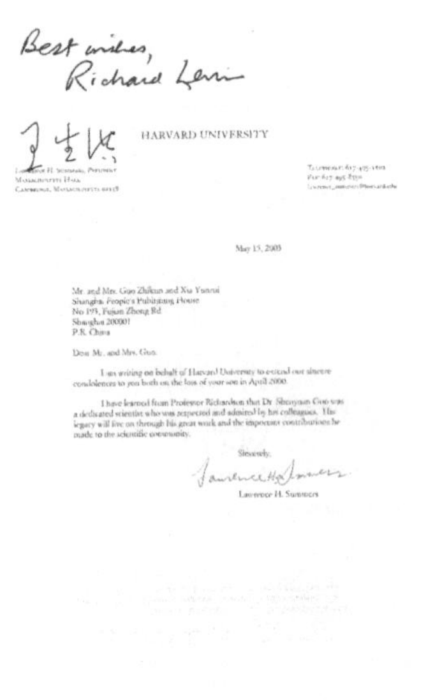

Best wishes,
Richard Levin

HARVARD UNIVERSITY

May 15, 2003

Mr. and Mrs. Guo Zhikun and Xia Yunrui
Shanghai People's Publishing House
No 193, Fujian Zhong Rd
Shanghai 200001
P.R. China

Dear Mr. and Mrs. Guo,

I am writing on behalf of Harvard University to extend our sincere condolences to you both on the loss of your son in April 2000.

I have learned from Professor Richardson that Dr. Shenyuan Guo was a dedicated scientist who was respected and admired by his colleagues. His legacy will live on through his great work and the important contributions he made to the scientific community.

Sincerely,

Lawrence H. Summers

哈佛大学校长信

2004年3月29日,郭申元父亲又一次收到哈佛大学萨默斯校长回信:“请接受我迟到的谢意,对您的来信,未能及时回复,甚感抱歉。关于在复旦大学和包括哈佛在内的美国大学之间,为促进学生交流而建立郭申元基金的构想,我非常赞赏您为此所作出的努力。这样做,将是对您儿子以及他为教育事业所作的贡献的一个多么美好的纪念方式啊!目前,哈佛尽管不与其他大学签署正式的交流学生项目协议,但是,我们十分欢迎来自世界各地像郭申元一样优秀的学生。您筹集的基金将会帮助那些或许根本没有能力到国外留学的学生,能有进入像哈佛这样的大学学习的机会。”

郭申元走了,郭申元的名字留下了,郭申元的精神留下了,郭申元的美丽心灵留下了。

还原一个名字

为了让我们的社会更和谐,为了让科学与人文的春风吹拂每个人的心田,也为了催生一派盎然生机,诗人大卫吟诵了一首心曲——《还原一个名字》,让人们不要忘记雷锋,让英雄天天都生活在我们中间。

如果一枚绿叶可以擦掉一场大雪
那么,这个比绿叶还要绿叶的名字
足以把整个冬天擦去

其实,那只是一个普通得不能再普通的名字
流转的岁月让它成为钻石
作为春天的另一种叫法
相信他既有许多形而上的想法
也有许多形而下的苦恼——
为何这么多年过去了
还有那么多的人需要向他学习
……
我们纪念他,是因为
他做的好事太多,还是因为
我们做的好事太少

我们学习他
是为了成为他
还是为了仅仅在行为上像他

诗人发聋振聩的设问,让每个人都陷入深深思考：学习雷锋究竟学什么？如果没有这个名字,是不是盲人就得独自过马路？迷路的孩子永远没人送回家？丢失的钱币怎么也找不到主人和警察叔叔？五保户的家里,也一直缺少一缸水？……学习雷锋,是不是仅仅为了让他的名字从名词变成一些像“让”“帮”“搀”“扶”一类的动词？

诗人大卫的“还原”,旨在让雷锋走下神坛,来到人们中间。在人类“后基因计划”的科研前沿应该有雷锋;在救治艾滋病的志愿者队伍中会有雷锋的身影;在地震、海啸、大火、泥石流等灾害中,冲在前沿的也会是雷锋;在国际反恐战场的弥漫硝烟里,更会有各种肤色舍生忘死的雷锋……时代呼唤着“还原一个名字”,一个鲜活的新时代的雷锋,才不至于让人们“像事先约好一般,只在每年三月才把他的名字拿出来擦拭一次”。

这就是我们试图“还原”的。其实,有这种境界,有这般光鲜,也有这份璀璨的当代青年偶像,当之无愧的是郭申元。

郭申元胸怀博大,实事求是,为拯救全球癌症病人,“明知山有虎,偏向虎山行”,是真的猛士;郭申元拼命工作,追求事业,敢与时间赛跑,是觉醒的中华雄狮。郭申元锐意进取,淡泊名利,视富贵为浮云;郭申元有为全人类作贡献的良知,而不图安逸和享乐;郭申元有品德、有修养、有知识,更有文化,心中装着让整个人类能高质量生存的幸福观,唯独没有自己;郭申元有奉献精神且有一颗善良而美丽的心……

郭申元青少年时代就是雷锋的崇拜者,他的行为处处闪耀出雷锋精神的光辉,并且顺应时势,以科学的作为将这种精神发扬光大,与时俱进。因此,可以确切地说,郭申元的精神就是知识经济时代的雷锋精神;郭申元是我们时代千呼万唤的伟大灵魂,是"地球村"优秀青年最光辉的形象。

他是我们时代的骄傲,他的精神是人类共同的财富。我们要还原的就是这样一个21世纪的雷锋的名字——郭申元。在阳光下背诵,在风雨中默念,让我们这个世界因为有了郭申元的精神而更加风和日丽。

(本文曾刊于2004年12月号《上海画报》,2005年3月20日出版的第6期《新华文摘》予以全文转摘。本文发表作了部分文字增删)

要想在科学研究上取得突破和成功,只有时间的付出和刻苦,还是不够的。批判性分析是必须具备的一种素养。

施一公

做诚实的学问　做正直的人

各位同学:大家下午好!

你们刚刚开启了自己的科学研究之路,一定对未来充满了美好的憧憬,也同时有一点点慌恐和不安,因为你们无法预测未来的科学研究是否会一帆风顺。

今天,我要和大家谈谈作为一位曾经的博士研究生、博士后和

本文作者施一公系结构生物学家。1967 年 5 月 5 日出生于河南郑州小郭庄。1984 年被保送至清华大学生物科学与技术系,1989 年提前一年毕业,获得学士学位。1995 年获美国约翰・霍普金斯大学医学院分子生物物理博士学位,随后在美国纪念斯隆 - 凯特琳癌症中心进行博士后研究。1998 年至 2008 年,历任美国普林斯顿大学分子生物学系助理教授、副教授、终身教授、**Warner-Lambert/Parke-Davis** 讲席教授。2003 年,由于在细胞凋亡和 **TGF** - 信号传导等领域的杰出工作,获得全球生物蛋白研究学会颁发的"鄂文西格青年研究家奖"。2008 年,婉拒了美国霍华德休斯医学中心(**HHMI**)研究员的邀请,全职回到清华大学工作,任清华大学生命科学学院院长,教授、博导。2010 年获赛克勒国际生物物理学奖。2013 年 4 月相继当选为美国艺术与科学学院院士、美国国家科学院外籍院士,同年当选中国科学院院士。2014 年因 15 年来运用 **X** 射线晶体学在细胞凋亡研究领域中作出的杰出贡献获瑞典皇家科学院爱明诺夫奖。2015 年 9 月出任清华大学副校长,2018 年 1 月请辞清华大学副校长职务并当选西湖大学首任校长。本文是 2018 年在全国科学道德和学风建设宣讲教育报告会上的报告。

已经培养了几十位博士生、博士后的相对资深的科研工作者，自己对学术品位、学术道德、学术道路的看法。我的观点都来源于自己的切身经历和感悟，所以个人色彩会比较强烈；根据以往经验，可能会引起个别人不舒服，先提前道歉。但是，也请大家记住：我的观点和世界上任何其他人的观点一样，都是主观的，也都是有局限性的，因此未必全然正确，更未必适用于具有不同成长经历、来自不同培养环境的你们中的每一位。所以我的讲述仅供大家参考，意在抛砖引玉，希望能够由此激发大家的独立思考。

时间的付出对优秀研究生是必需的

所有成功的科学家有一个共同的特点，那就是他们必须付出大量的时间和心血。

实际上，一个人无论从事哪一种职业，要想成为本行业中的佼佼者，都必须付出比常人更多的时间与心力。有时，个别优秀科学家在回答学生或媒体的问题时，轻描淡写地说自己的成功全凭借运气，不是苦干。这种客套的回答避重就轻，只是强调事业成功过程中的一种偶然因素，这常会对年轻学生造成很大的误导；一些幼稚的学生甚至会因此而投机取巧、不全力进取，总是等待所谓的“运气”。

说得极端一点：如果真有这样主要靠运气而不是靠时间和心力的付出而取得成功的科学家，那么他的成功倒很可能是攫取别人的成果，而自己十有八九不真正具备了在该领域有领先的学术水准。

神经生物学家蒲慕明先生在多个神经科学领域作出了重要贡献。十几年前，身处美国加州大学伯克利分校的蒲先生曾经写过一封很有见地的电子邮件在网上广为流传，这封邮件是蒲先生写给自己实验室所有博士生和博士后的，其中的观点我完全赞同。这封电子邮件语重心长，从中可以看出蒲先生的良苦用心。我把这封电子邮件转给了我实验室的所有学生。

其中的一段翻译过来是这样说的：

> 我认为最重要的事情就是在实验室里的工作时间，当今一名成功的年轻科学家平均每周要有60小时左右的时间投入实验室的研究工作……我建议每个人每天至少有6小时的紧张实验操作和2小时以上的与科研直接有关的阅读等。文献和书籍的阅读应该在这些工作时间之外进行。①

蒲慕明教授

这封邮件确实语重心长，用心良苦。其中的观点我完全赞同，无论是在普林斯顿还是在清华大学，我都把这封邮件的内容转告实验室的所有学生，让他们自己去体会。

我从小就特别贪玩，不喜欢学习，但来自学校和父母的教育与压力迫使自己尽量刻苦读书，被保送进了清华。尝到了甜头以后，我在大学阶段机械地保持了刻苦的传统，综合成绩全班第一并提前一年毕业。当然，这种应试和灌输教育的结果就是让我很少能够真正地独立思考，对专业也提不起兴趣。

---

① 蒲慕明，神经生物学家，美国国家科学院院士、中国科学院院士、香港科学院创院院士，美国加州大学伯克利分校 **Paul Licht** 杰出生物学讲座教授，中国科学院上海生命科学研究院神经科学研究所所长。

大学毕业后,我去美国留学。博士一年级时,因为对科研和专业没有兴趣,我内心有点浮躁而迷茫,无法继续刻苦,倒是花了很多时间在中餐馆打工并选修了计算机课程。第二年,我开始逐渐适应科研的“枯燥”,对科学研究有了一点儿兴趣,并开始有了一点儿自己的体会。有时,领会了一些精妙之处后,还会得意地产生“原来不过如此”的想法,但逐渐对自己的科研能力有了一点儿自信。这时,博士学位要求的课程已经全部修完,我每周五天从上午9点到晚上七八点都做实验,周末也会去干半天。到了第三年,我已经开始领会到科研的逻辑和奥妙,有点儿跃跃欲试的感觉。在组会上还会常常提问,而这种“入门”的感觉又让我对研究增加了更多兴趣,晚上常常干到11点多。1993年我曾经在自己的实验记录本的日期旁标注“这是我连续第21天在实验室工作”以激励自己。到第四年以后,我完全适应了实验室的科研环境,再也不会感到枯燥,时间安排则完全服从实验的需要。其实,这段时期的工作时间远多于刚刚进实验室的时候,但感觉上好多了。研究生阶段后期,我的刻苦在实验室是出了名的。

在纽约做博士后时期则是我这辈子最刻苦的两年。每天晚上做实验到半夜3点左右,回到住处躺下来睡觉时常常已是4点以后,但每天早晨8点钟都会被窗外街道上的汽车喧闹声吵醒,9点左右又回到实验室开始了新的一天。每天三餐也都在实验室,分别在上午9点、下午3点和晚上9点。这样的生活节奏整整持续了11天,从周一到第二周的周五,周五晚上乘坐灰狗长途汽车回到巴尔的摩(**Baltimore**)的家里,周末两天每

年轻的施一公(图源:互动百科)

天睡上近10个小时,弥补过去11天严重缺失的睡眠。周一早晨再开始下一个11天的奋斗。虽然很苦,但我心里很骄傲,我知道自己在用行动打造未来与创业。有时,我也会在日记里鼓励自己。我住在纽约市曼哈顿区65街与第一大道路口附近,离纽约著名的中心公园很近,那里也常常有文化娱乐活动,但在纽约工作整整两年,我从未迈进中心公园一步。

我常常把自己的这段经历告诉我实验室的学生,新生常常问我:“老师,您觉得自己苦吗?”我回答:“只有自己没有兴趣的时候觉得很苦。有兴趣以后一点也不觉得苦。”

是啊,一个精彩的实验带给我的享受比看一部美国大片强多了。现在回想起当时的刻苦,感觉仍很骄傲,很振奋!博士生和博士后阶段那7年半的努力进取,为我独立科研生涯的成功奠定了坚实的基础。

优秀的博士必须具备批判性思维

要想在科学研究上取得突破和成功,只有时间的付出和刻苦,还是不够的,批判性分析(**critical analysis**)是必须具备的一种素养。

研究生与本科生最大的区别:本科生以学习人类长期以来积累的知识为主,兼顾科学研究和技能训练;而博士生的本意是通过科学研究来发掘并创造新的知识,而探索新知识必须依靠批判性思维逻辑。

其实,整个大学和研究生阶段教育的很重要一部分就是培养**critical analysis**的能力,养成能够进行创新科研的方法论。这里的例子非常多,覆盖的范围也非常广,在此举几个让我难忘的例子。

1. 正确分析负面结果(**negative results**)是成功的关键

作为一名博士生,如果每一个实验都能很顺利地得到预期的结果,除个别研究领域外,一般可能只需要6至24个月就可以获得博士学位所需要的所有结果。然而,在美国,生命学科的一名博士研究生,平均需要6年左右的时间才能得到**PhD**学位。这一分析说明:绝大多数实验结果会与预料不符,或者是负面结果。很多低年级的博士生一看到负面结果就很沮丧,甚至不愿意仔细分析原因。

其实,对负面结果的分析是养成批判性思维最直接的途径之一。

只要有合适的对照实验,判断无误的负面实验结果往往是通往成功的必经之路。一般来说,任何一项探索型研究课题的每一步进展都有几种甚至十几种可能的途径,取得进展的过程就是排除不正确、找到正确方向的过程,很多情况下也就是将这几种甚至十几种可能的途径一一予以尝试、排除,直到找到一条可行之路的过程。在这个过程中,一个可靠的负面结果往往可以让我们信心饱满地放弃目前这一途径;如果运用得当,这种排除法会确保我们最终走上正确的实验途径。

非常遗憾的是,大多数学生的负面实验结果并不可靠,经不起逻辑的推敲!而这一点往往是阻碍课题进展的最大阻碍。比如,对照实验没有预期结果,或者缺乏相应的对照实验,或者是在实验结果的分析和判断上产生了失误,从而做出"负面结果"或"不确定"的结论,这种结论对整个课题进展的伤害非常大,常常让学生在今后的实验中不知所措,苦恼不堪。因此,我告诫并鼓励我所有的学生:只要你不断取得可靠的负面结果,你的课题很快就会走上正路;而在不断分析负面结果的过程中所掌握的强大的批判性分析能力也会使你很快成熟,逐渐成长为一名优秀的科学家。

我对一帆风顺且很少取得负面结果的学生总是很担心,因为他们没有真正经历过科研上批判性思维的训练。在我的实验室中,偶尔会有这样的学生,只用很短的时间(两年以内,有时甚至一年)就完成了博士论文所需要的结果;对这些学生,我一定会让他们继续承担一项富有挑战性的新课题,让他们经受负面结果的磨炼。没有这些磨炼,他们不仅很难真正具备批判性思维的能力,将来也很难成为可以独立领导一个实验室的优秀科学家。

2. 耗费大量时间的完美主义阻碍创新进取

尼古拉·帕瓦拉蒂奇(**Nikola Pavletich**)是我的博士后导师,对我影响非常大,他作出了一系列里程碑式的研究工作,享誉世界结构生物学界,31 岁时即升任正教授。1996 年 4 月,我刚到 **Nikola** 实验室不久,纯化一个表达量相当高的蛋白 **Smad**4。两天下来,蛋白虽然纯化了,但结果很不理想:得到的产量可能只有预期的 20% 左右。见到 **Nikola**,我不好意思地说:“产率很低,我计划继续优化蛋白的纯化方法,提高产率。”他反问我:“你为什么想提高产率?已有的蛋白不够你做初步的结晶实验吗?”我回敬道:“我虽然已有足够的蛋白做结晶筛选,但我需要优化产率以得到更多的蛋白。”他毫不客气地打断我:“不对。产率够高了,你的时间比产率重要。请尽快开始结晶。”实践证明了 **Nikola** 建议的价值。我用仅有的几毫克蛋白进行结晶实验,很快意识到这个蛋白的溶液生化性质并不理想,不适合结晶。我通过遗传工程除去其 **N** 端较柔性的几十个氨基酸之后,蛋白不仅表达量高,而且生化性质稳定,很快得到了有衍射能力的晶体。

在大刀阔斧进行创新实验的初期阶段,对每一步实验的设计当然要尽量仔细,但一旦按计划开始后,对中间步骤的实验结果不必追求完美,而是应该义无反顾地把实验一步步推到终点,看看可否得到大致与假设相符的总体结果。如果大体上相符,你才应该回过头仔细改进每一步的实验设计。如果大体不符,而总体实验设计和操作都没有错误,那你的假设很可能是有大问题的。这样一个来自批判性思维的方法论在每一天的实验中都会用到。

过去 20 年,我一直告诉实验室中所有学生:切忌一味追求完美主义。我把这个方法论推到极限:只要一个实验还能往前走,一定要做到终点,尽量看到每一步的结果,之后需要时再回头看,逐一解决中间遇到的问题。

3. 科研文献(**literature**)与学术讲座(**seminar**)的取与舍

在我的博士生阶段,我的导师 **Jeremy Berg** 非常重视相关科研文献的阅读,有每周一次的实验室文献讨论,讨论重要的相关科研进展及研究方法,作为学生,我受益匪浅。作为学生,我以为,所有的科学家在任何时期都需要博学多读。

刚到 **Nikola** 实验室,我试图表现一下自己读文献的功底,也想与 **Nikola** 讨论以得到他的真传。1996 年春季的一天,我精读了一篇《自然》周刊上发表的文章,午饭前遇到 **Nikola**,向他描述这篇文章的精妙,同时期待着他的评述。**Nikola** 面色尴尬地对我说:“对不起,我还没看过这篇文章。”我想:也许这篇文章太新,他还没有来得及读。过了几天,我精读了一篇几个月前发表于《科学》周刊的文章,又去找 **Nikola** 讨论,没想到他又说没看过。几次碰壁之后,我不解地问他:“你知识如此渊博,一定是广泛阅读了大量文献。你为什么没有读我提到的这几篇论文呢?”**Nikola** 看着我说:“我阅读不广泛。”我反问:“如果你不广泛阅读,你的科研怎么会这么好?你怎么能在自己的论文里引用这么多文献?”他的回答让我彻底意外,大意是“我只读与我的研究兴趣有直接关系的论文。并且只有在写论文时我才会大量阅读。”

我做博士后的单位纪念斯隆 - 凯特琳癌症中心(**Memorial Sloan-Kettering Cancer Center**)有一个优秀的系列学术讲座,常常会请来各个生命科学领域中的著名科学家来演讲。有一次,一位诺贝尔奖得主来讲,并且点名要与 **Nikola** 交谈。在绝大多数人看来,这可是一个不可多得的好机会去接近大人物、取得好印象。**Nikola** 告诉他的秘书:请你替我转达我的歉意,讲座那天我已有安排。我们也为 **Nikola** 遗憾。让我万万想不到的是,诺贝尔奖得主讲座的那天,**Nikola** 把自己关在办公室里,早晨来了以后直到傍晚一直没有出门,当然也没有去听讲座。以我们对他的了解,十有八九他是在写论文(**paper**)或者解结构。后来,我意识到,**Nikola** 常常如此。

在我离开 **Nikola** 实验室前，我带着始终没有完全解开的谜，问他："如果你不怎么读文献，又不怎么去听讲座，你怎么还能做一个如此出色的科学家?"他回答道(大意)：我的时间有限，每天只有 10 小时左右在实验室，权衡利弊之后，我只能把我的有限时间用在我认为最重要的事情上，如解析结构、分析结构、与学生讨论课题、写文章。如果没有足够的时间，我只能少读文章和少听讲座。

Nikola 的回答表述了一个简单的道理：一个人必须对他做的事情作些取舍，不可能面面俱到。无论是阅读科研文献还是听学术讲座，都是为了借鉴相关的经验，并更好地服务于自己的科研课题。

在博士生阶段，尤其是前两年，我认为必须花足够的时间去听相关领域的学术讲座，并进行科研文献的广泛阅读，打好批判性思维的基础；随着课题的深入，对文献阅读和学术讲座就需要有一定的针对性，也要开始权衡时间的分配了。

4．挑战传统思维

从我懂事开始，就受到教育：但凡失败都有其隐藏的道理，应该找到失败的原因后再重新开始尝试。直到 1996 年，我在实验上也遵循这一原则。但在 **Nikola** 的实验室，这一基本原则也受到有理有据的挑战。

有一次，一个比较复杂的实验失败了，我很沮丧，准备花几天时间多做一些对照实验找到问题所在。没想到，**Nikola** 阻止了我，他皱着眉头问我："告诉我，你为什么要搞明白实验为何失败?"我觉得这个问题太没道理，理直气壮地回答："我得分析明白哪里错了才能保证下一次可以成功。"**Nikola** 马上断言(大意)：不需要。你真正要做的是把实验重复一遍，但愿下次可以做成。与其花大把时间搞清楚一个实验为何失败，不如先重复一遍。面对一个失败了的复杂的一次性实验，最好的办法就是认认真真重新做一次。

后来，**Nikola** 又把他的观点升华：（大意）是否需要找到实验失败的原因是一个哲学决定；找到每一个不完美实验结果原因的传统做法未必是最佳做法。

仔细想想，这些话很有道理。并不是所有失败的实验都一定要找到其原因，尤其是生命科学的实验，过程烦琐复杂；大部分失败的实验是由简单的操作错误引起的，如 **PCR** 忘记加某种成分了，可以仔细重新做一遍；这样往往可以解决问题。只有那些关键的、不找到失败原因就无法前行的实验才需要刨根究源。

我选择的这些例子多少有点“极端”，但只有这样才能更好地起到震荡大家思维的作用。其实，在我自己的实验室中，这几个例子早已经给所有学生反复讲过多次了，而且每次讲完，我都会告诉大家打破迷信、怀疑成规，而关键的关键是：**Follow the logic!**（跟着逻辑走）这句话，我每天在实验室中注定会对不同的学生重复讲上几遍。严密的逻辑是批判性思维的根本。

科学家往往需要独立人格和一点点脾气

对社会人而言，科学研究是一件苦差事；对真正的科学家而言，科学研究实在是牵肠挂肚、茶饭不思、情有独钟、妙不可言。靠别人的劝说和宣讲来从事科学研究不太可行，自己真正从心里感兴趣直至着迷、一心一意持之以恒地探奇解惑，才有可能成为一流的科学家，正所谓“不疯魔、不成活”。在这个过程中，独立人格和脾气显得格外重要。所谓独立人格，就是对世界上的事物有自己独立的看法。恰恰是一些有脾气的人不会轻易随波逐流，可以保持自己的独立人格。因为时间关系，这里就不举例了。

不可触碰的学术道德底线

做学问的诚实反映在两方面。

首先是有一说一，实事求是，尊重原始实验数据的真实性。

在诚实做研究的前提下，对具体实验结果的分析、理解有偏差甚至错误是很常见的，这是科学发展的正常过程。可以说，绝大多数学术论文的分析、结论和讨论都存在不同程度的瑕疵或偏差，这种学术问题的争论往往是科学发展的重要动力之一。越是前沿的科学研究，越容易出现错误理解和错误结论。

比较有名的例子是著名物理学家费米（**Enrico Fermi**，1901—1954），他 1938 年获得诺贝尔奖，获奖的重要原因之一是发现了第 93 号元素。实际上，尽管费米在 1934 年曾报道用中子轰击第 92 号元素铀可以产生第 93 号元素，德国的化学家哈恩（**Otto Hahn**，1879—1968）在 1939 年 1 月发表论文，证明产生的元素根本不是 93 号元素，而是 56 号元素——钡！但这个错误并没有改变费米是杰出的物理学家的事实，也没有影响他继续在学术上的进取。费米很快提出后来用于制造原子弹的链式反应理论，并于 1941 年在芝加哥大学主持建成世界上第一座原子反应堆。

再举一个生命科学领域的例子，爱德蒙·费舍尔（**Edmond Fischer**）和埃德温·克雷布斯（**Edwin Krebs**）因为发现蛋白质的磷酸化于 1992 年获得了诺贝尔生理学或医学奖，但如果仔细阅读他们发表于 20 世纪 50 年代的几篇关键学术论文，你会发现他们当时对不少具体实验现象的理解和分析与我们现在的理解有一定差距，用今天的标准可以说不完全正确；但瑕不掩瑜，这些文章代表了当时最优秀最有创意的突破。

举这两个例子是希望大家区分 **error** 与 **misconduct** 的区别。比如，一个实验由于条件有限，作出了一个结论，后来别人用更高级的实验手段、更丰富的实验数据推翻这个结论，那么第一篇只要详实地报道了当时的实验条件，更重要的是基于这些描述其他实验室都可以重复出其报道的实验结果，就情有可原，无须撤稿。但如果明知实验证据不足，为了支持某个结论而编造实验条件或实验证据，这就是造假了，视为学术不端。

但诚实的学问还有另外一层重要含义：只有自己对具体实验课题作出了相应的贡献（**intellectual contribution**）后，才应该在相关学术论文中署名。

这一点，很多人做不到。“大老板”强势署名的事情屡见不鲜；更有甚者，利用其学术地位和影响力，使一些年轻学者不得不在文章里挂上自己的名字，有时还以许诺未来的科研基金来换取论文署名。这种做法不仅有失学术道德，更是会严重阻碍创新，对整个学术界风气的长远恶劣影响更甚于一般的造假。

不习惯的常识

1. 我们有限的认知不足以支撑一成不变的真理

你们在课堂里学到的所有定律、公理等，都是前人对自然现象的归纳和总结，是现状下最好的归纳和总结，可以有效解释这些现象，甚至预测一些还未发现的现象。也许这些定律和公理可以非常接近真理；但是，这些定律和公理仅仅是对现实的近似描述，都不是永恒的真理。随着人类对周围环境和宇宙认识的加深，这些定律和公理都会有失效的时候。这里最有代表性的例子应当是强大的牛顿万有引力定律，它可以解释太阳系行星围绕太阳的公转，但它无法完美解释水星近日点进动的问题，而需要引入爱因斯坦的广义相对论。所以，请同学们牢记：科学研究中没有绝对的真理，只有不断改进的人类对自然的认识！

2. 科学与民主是两个概念

科学研究是探寻未知，其结果是发现规律和定理；而民主通常是指在决策过程中每个人都有发言权的现象和过程。很遗憾，但也许很幸运，在科学研究的过程中，从来没有“少数服从多数”这一原则。实际上，在前沿和尖端的科学研究领域，常常是极少数人孤独地探索，作出一些有违常规的意外发现，这些发现也常常被大多数人排斥甚至攻击。但最终，极少数的这些科学探索者的发现还是会被学界和社会所接受。从苏格拉底到布鲁诺、哥白尼，这样的例子不胜枚举。

虽然科学真理最初往往被极少数人发现的道理人人知晓，但到了日常科学研究中，在各种噪声中，真正能够全力探索、冷静辨别真伪的又有多少人能真正做到呢？

其实，真正优秀的科学评价也不是简单的一人一票。我从霍普金斯大学读博士到普林斯顿大学做教授的这18年间，常常看到一个有趣的现象，那就是在一场激烈的学术讨论过程中，初始阶段大多数人坚持的观点逐渐被少数几个人的观点说服，成了实实在在的多数服从少数。这些少数人制胜的法宝就是精准的学术判断力和严密的逻辑。这种现象，在基金评审、科学奖项评审、重大科研课题讨论及评审等过程中也常常出现。

3. 科学是高尚的，但科学家未必高尚

走上科研的道路，每个人的动机都不同。有人可能是基于兴趣，有人可能是因为成就感，也有人就是把科研当成了追求名利，甚至仅仅是谋生的手段。所以，大家没有必要盲目崇拜所谓学术权威和盲目崇拜教授专家。

然而，在科学评价中，却是“论迹不论心”。也许以名利为手段的会最终心想事成，作出重大的科学成果并名利双收；也有清高淡泊而醉心学术者却因为种种原因一事无成的。这都是实实在在会发生的。

但不论每一个个体是以什么目的、什么动力在做科研，科学的本质就是求真，科研的目标就是不断拓展人类知识的边界，推动技术的进步。哪怕你的初衷只是把科研当成一份普通的工作，当成谋生的手段，如果你坚持走下去了，我也祝福你能够慢慢从日复一日的重复、无路可走的焦灼，到柳暗花明、灵光乍现的起伏中，逐渐体会到从事科研的幸福感、满足感和成就感。

真正的科研动力来自于内心的认同！真正的学术道德在完善科研管理体制之外，也有赖于每一个个体对于科研之道的认同而实现的自律。

谢谢大家。

科学历程

对真理的追求要比对真理的占有更为可贵。

——莱辛

爱因斯坦

我大学前后的学习和探索

1895年,在既未入学也无教师的情况下,跟我父母在米兰度过一年之后,我这个16岁的青年人从意大利来到苏黎世。我的目的是要上联邦工业大学(**Eidgenossische Technische Hochschule**),可是一点也不知道怎样才能达到这个目的。我是一个执意的而又有自知之明的年轻人,我的那一点零散的有关知识主要是靠自学得来的。热衷于深入理解,但很少去背诵,加以记忆

本文是爱因斯坦于1955年3月(即在他逝世前一个月)为纪念他的母校苏黎世工业大学成立100周年而写的回忆录,最初发表在1955年秋出版的《瑞士大学报》(***Schweizerische Hochschulzeitung***)上。这里译自卡尔·塞利希(**Carl Seelig**)编的文集《光明的时代—黑暗的时代,悼念阿耳伯特·爱因斯坦》(***Helle Zeit-Dunkle Zeit, in Memoriam Albert Einstein***),苏黎世,欧洲出版社,1956年版,9—17页。本文由何成钧译。

力又不强，所以我觉得上大学学习绝不是一件轻松的事。怀着一种根本没有把握的心情，我报名参加工程系的入学考试。这次考试可悲地显示了我过去所受的教育的残缺不全，尽管主持考试的人既有耐心又富有同情心。我认为我的失败是完全应该的。然而可以自慰的是，物理学家韦伯（**H. F. Weber**）让人告诉我，如果我留在苏黎世，可以去听他的课。但是，校长阿耳宾·赫尔措格（**Albin Herzog**）教授却推荐我到阿劳（**Aarau**）州立中学上学，我可以在那里学习一年来补齐功课。这个学校以它的自由精神和那些毫不仰赖外界权威的教师们的淳朴热情给我留下了难忘的印象；同我在一个处处使人感到受权威指导的德国中学的六年学习相对比，使我深切地感到，自由行动和自我负责的教育，比起那种依赖训练、外界权威和追求名利的教育来，是多么的优越呀。真正的民主绝不是虚幻的空想。

和蔼的爱因斯坦

在阿劳这一年中，我想到这样一个问题：倘使一个人以光速跟着光波跑，那么他就处在一个不随时间而改变的波场之中。但看来不会有这种事情！这是同狭义相对论有关的第一个朴素的理想实验。狭义相对论这一发现绝不是逻辑思维的成就，尽管最终的结果同逻辑形式有关。

1896年至1900年在苏黎世工业大学的师范系学习。我很快发现，我能成为一名有中等成绩的学生也就该心满意足了。要做一名好学生，必须有能力去很轻快地理解所学习的东西；要心甘情愿地把精力完全集中于人们所教给你的那些东西上；要遵守秩序，把课堂上讲解的东西用笔记下来，然后自觉地做好作业。遗憾的是,我发现这一切特性正是我最为欠缺的。于是,我逐渐学会抱着某种负疚的心情自由自在地生活,安排自己去学习那些适合于我的求知欲和兴趣的东西。我以极大的兴趣去听某些课。但是,我"刷掉了"很多课程,而以极大的热忱在家里向理论物理学的大师们学习。这样做是好的,并且显著地减轻了我的负疚心情,从而使我心境的平衡终于没有受到剧烈的扰乱。这种广泛的自学不过是原有习惯的继续;有一位塞尔维亚的女同学参加了这件事,她就是米列娃·玛丽琦(**Mileva Marić**),后来我同她结了婚。那时我热情而又努力地在韦伯教授的物理实验室里工作。盖塞(**Geiser**)教授关于微分几何的讲授也吸引了我,这是教学艺术的真正杰作,在我后来为建立广义相对论的努力中帮了我很大的忙。不过,在这些学习的年代,高等数学并未引起我很大的兴趣。我错误地认为,这是一个有那么多分支的领域,一个人在它的任何一个部门中都很容易消耗掉他的全部精力;而且由于我的无知,我还以为对于一名物理学家来说,只要明晰地掌握了数学基本概念以备应用,也就足够了,其余的东西对物理学家来说,不过是不会有什么结果的枝节问题。这是一个我后来才很难过地发现的错误。我的数学才能显然还不足以使我能够把中心的和基本的内容同那些没有原则重要性的表面部分区分开来。

在这些学习年代里,我同一位同学——马尔塞耳·格罗斯曼(**Marcel Grossmann**)建立了真正的友谊。每个星期我总同他去一次里马特河口的"都会"咖啡店,在那里,我同他不仅谈论学习,也谈论着睁着大眼的年轻人所感兴趣的一切。他不是像我这样一种流浪汉和离经叛道的怪人,而是一个浸透了瑞士风格同时又一点也没有丧失掉内心自主性的人。此外,他正好具有许多我所欠缺的才能:敏捷的理解能力,处理任何事情都井井有条。他不仅学习同我们有关的课程,而且学习得如此出色,以致人们看到他的笔记本都自叹弗如。在准备考试时,他把这些笔记本借给我,这对我来说,就像救命的锚;我怎么也不能设想,要是没有这些笔记本,我将会怎样。

虽然有了这种不可估量的帮助,尽管摆在我们面前的课程本身都是有意义的,可是我仍要花费很大的力气才能基本上学会这些东西。对于像我这样爱好沉思的人来说,大学教育并不总是有益的。无论多好的食物强迫吃下去,总有一天会把胃口和肚子搞坏的。纯真的好奇心的火花会渐渐地熄灭。幸运的是,对我来说,这种智力的低落在我学习年代的幸福结束之后只持续了一年。

马尔塞耳·格罗斯曼作为我的朋友给我最大的帮助是这样一件事:在我毕业后大约一年,他通过他的父亲把我介绍给瑞士专利局(当时还叫“精神财产局”)局长弗里德里希·哈勒(**Friedrich Haller**)。经过一次详尽的口试之后,哈勒先生把我安置在那儿了。这样,在我最富于创造性活动的1902年至1909年这几年当中,我就不用为生活而操心了。即使完全不提这一点,明确鉴定技术专利权的工作,对我来说也是一种真正的幸福。它迫使你从事多方面的思考,它对物理的思索也有重大的激励作用。总之,对我这样的人,一种实际工作的职业就是一种绝大的幸福。因为学院生活会把一位年轻人置于这样一种被动的地位:不得不去写大量科学论文——结果是趋于浅薄,这只有那些具有坚强意志的人才能顶得住。然而大多数实际工作完全不是这样,一位具有普通才能的人就能够完成人们所期待于他的工作。作为一个平民,他的日常生活并不靠特殊的智慧。如果他对科学深感兴趣,他就可以在他的本职工作之外埋头研究他所爱好的问题,也不必担心他的努力会毫无成果。我感谢马尔塞耳·格罗斯曼给我找到这么幸运的职位。

关于在伯尔尼的那些愉快的年代里的科学生涯,在这里我只谈一件事,它显示出我这一生中最富有成果的思想。狭义相对论问世已有好几年,相对性原理是不是只局限于惯性系(即彼此相对做匀速运动的坐标系)呢?形式的直觉回答说:“大概不!”然而，直到那时为止的全部力学的基础——惯性原理——看来不允许把相对性原理作任何推广。如果一个人实际上处于一个（相对于惯性系）加速运动的坐标系中，那么一个“孤立”质点的运动相对于这个人就不是沿着直线而匀速的。从窒息人的思维习惯中解放出来的人立即会问：这种行为能不能给我提供一个办法去分辨一个惯性系和一个非惯性系呢？他一定（至少是在直线等加速运动的情况下）会断定说：事情并非如此。因为人们也可以把相对于一个这样加速运动的坐标系的那种物体的力学行为解释为引力场作用的结果；这件事之所以可能，是由于这样的经验事实：在引力场中，各个物体的加速度同这些物体的性质无关，总都是相同的。这种知识（等效原理）不仅有可能使得自然规律对于一个普遍的变换群，正如对于洛伦兹变换群那样，必须是不变的（相对性原理的推广），而且也有可能使得这种推广导致一个深入的引力理论。这种思想在原则上是正确的，对此我没有丝毫怀疑。但是，要把它贯彻到底，看来会有几乎无法克服的困难。首先，产生了一个初步考虑：向一个更广义的变换群过渡，同那个开辟了狭义相对论道路的时空坐标系的直接物理解释不相容。其次，暂时还不能预见到怎样去选择推广的变换群。实际上，我在等效原理这个问题上走过弯路，这里就不必提它了。

1909 年至 1912 年，当我在苏黎世以及布拉格大学讲授理论物理学的时候，我不断地思考这个问题。1912 年，当我被聘请到苏黎世工业大学任教时，我已很接近于解决这个问题了。在这里，海尔曼·闵可夫斯基（**Hermann Minkowski**，1864—1909）关于狭义相对论形式基础的分析显得很重要。这种分析归结为这样一条定理：四维空间有一个（不变的）准欧几里得度规；它决定着实验上可证实的空间度规特性和惯性原理，从而又决定着洛伦兹不变的方程组的形式。在这个空间中有一种特选的坐标系，即准笛卡尔坐标系，它在这里是唯一“自然的”坐标系（惯性系）。

等效原理使我们在这样的空间中引进非线性坐标变换，也就

是非笛卡尔("曲线")坐标。这种准欧几里得度规因而具有普遍的形式:

$$ds^2 = \sum g_{ik} dx_i dx_k$$

关于下标 i 和 k 从 1 到 4 累加起来。这些 g_{ik} 是四个坐标的函数,根据等效原理,它们除了度规之外也描述引力场。后者在这里是同任何特性无关的。因为它可以通过变换取

$$-dx_1^2 - dx_2^2 - dx_3^2 + dx_4^2$$

这样的特殊形式,这是要求一种 g_{ik} 同坐标无关的形式。在这种情况下,用 g_{ik} 来描述的引力场就可以被"变换掉"。一个孤立物体的惯性行为在上述特殊形式中就表现为一条(类时)直线。在普遍的形式中,同这种行为相对应的则是"短程线"。

这种陈述方式固然还是只涉及准欧几里得空间的情况,但它也指明了如何达到一般的引力场的道路。在这里,引力场还是用一种度规,即用一个对称张量场 g_{ik} 来描述的。因此,进一步的推广就仅仅在于如何满足这样的要求:这个场通过一种单纯的坐标变换而能成为准欧几里得的。

这样,引力问题就归结为一个纯数学问题。对 g_{ik} 来说,是否存在着一个对非线性坐标变换能保持不变的微分方程呢?这样的微分方程,而且只有这样的微分方程才能是引力的场方程。后来,质点的运动定律就是由短程线的方程来规定的。

我头脑中带着这个问题,于 1912 年去找我的老同学马尔塞耳·格罗斯曼,那时他是苏黎世工业大学的数学教授。这立即引起他的兴趣,虽然作为一个纯数学家,他对物理学抱有一些怀疑的态度。当我们都还是大学生时,当我们在咖啡店里以习惯的方式相互交流思想时,他有一次曾经说过这样一句非常俏皮而又具有特色的话(我不能不在这里引用这句话):"我承认,我从学习物理学当中也得到了某些实际的好处。我从前坐在椅子上感觉到在我以前坐过这椅子的人所发出的热时,我总有点不舒服。但现在已经没有这种事了,因为物理学告诉我,热是某种非个人的

东西。”

就这样，他很乐意共同从事解决这个问题，但是附有一个条件：他对于任何物理学的论断和解释都不承担责任。他查阅了文献并且很快发现，上面所提到的这些数学问题早已专门由黎曼（**Riemann**）、里奇（**Ricci**）和勒维－契维塔（**Levi-Civita**）解决了。全部发展是同高斯（**Gauss**）的曲面理论有关的，在这理论中第一次系统地使用了广义坐标系。黎曼的贡献最大，他指出如何从张量 g_{ik} 的场推导出二阶微分。由此可以看出，引力的场方程应该是怎么回事——假如要求对于一切广义的连续坐标变换群都是不变的。但是，要看出这个要求是正确的，可并不那么容易，尽管我相信已经找到了根据。这个思想虽然是错误的，却产生了结果，即这个理论在1916年终于以它的最后的形式出现了。[①]

当我和我的老朋友热情地共同工作的时候，我们谁也没有想到，一场小小的疾病竟会那么快地夺去了这位优秀的人物。[②] 我需要在自己在世时至少再有一次机会来表达我对马尔塞耳·格罗斯曼的感激之情，这种必要性给了我写出这篇杂乱无章的自述的勇气。

自从引力理论这项工作结束以来，到现在四十年过去了。这些岁月我几乎全部用来为了从引力场理论推广到一个可以构成整个物理学基础的场论而绞尽脑汁。有许多人向着同一个目标而工作着。许多充满希望的推广我后来一个个放弃了。但是，最近十年终于找到一个在我看来是自然而又富有希望的理论。不过，我还是不能确信，我自己是否应当认为这个理论在物理学上是极有价值的，这是由于这个理论是以目前还不能克服的数学困难为基础的，而这种困难凡是应用任何非线性场论都会出现。此外，看来完全值得怀疑的是，一种场论是否能够解释物质的原子结构和辐

① 爱因斯坦最后完成引力的场方程是在1915年11月，不是1916年。

② 格罗斯曼1878年4月9日生于布达佩斯，1936年9月7日病逝于苏黎世。

射以及量子现象。大多数物理学家都是不假思索地用一个有把握的“否”字来回答,因为他们相信,量子问题在原则上要用另一类方法来解决。问题究竟怎样,我们想起莱辛(**Lessing**)的鼓舞人心的言辞:为寻求真理的努力所付出的代价,总是比不担风险地占有它要高昂得多。

知识不能单从经验中得出，而只能从理智的发明同观察到的事实两者的比较中得出。

爱因斯坦

牛顿力学及其对理论物理学发展的影响

正好在二百年前牛顿闭上了他的眼睛。我们觉得有必要在这样的时刻来纪念这位杰出的天才，在他以前和以后，都还没有人能像他那样地决定着西方的思想、研究和实践的方向。他不仅作为某些关键性方法的发明者来说是杰出的，而且他在善于运用他那时的经验材料上也是独特的，同时他还对于数学和物理学的详细证明方法有惊人的创造才能。由于这些理由，他应当受到我们最深挚的尊敬。可是，牛顿之所以成为这样的人物，还有比他的天才所许可的更为重要的东西，那就是因为命运使他处在人类理智的历史转折点上。为了清晰地看到这一点，我们必须明白，在牛顿以前，并没有一个关于物理因果性的完整体系，能够表示经验世界的任何深刻特征。

本文是爱因斯坦于1927年为纪念牛顿逝世200周年而写的文章，最初发表在柏林《自然科学》周刊（***Die Naturwissenschaften***），15卷，273—276页。这里译自《思想和见解》，253—261页。

艾萨克·牛顿（**Isaac Newton**）系英国物理学家和数学家，生于1643年1月4日，卒于1727年3月31日。

物理学家牛顿
（1643—1727）

无疑，古代希腊伟大的唯物论者坚持主张：一切物质事件都应当归结为一系列完全有规律的原子运动，而不允许把任何生物的意志作为独立的原因。而且无疑笛卡尔按他自己的方式重新探索过这个问题。但在当时它始终不过是一个大胆的奢望，一个哲学学派的成问题的理想而已。在牛顿以前，还没有什么实际的结果来支持那种认为物理因果关系有完整链条的信念。

牛顿的目标是要回答这样的问题：有没有这样一条简单的规则，当所有天体在某一瞬间的运动状态已知时，能用这条规则完备地计算出我们所在的太阳系中天体的运动？他碰到的是开普勒（**Johnnes Kepler**）从第谷·布拉埃（**Tycho Brahe**）的观测结果推算出来的行星运动的经验定律，而这就需要解释。[①] 固然，这些定律对行星如何绕太阳运动的问题作了完满的回答：轨道的椭圆形，半径在相等时间内扫过相等的面积，长轴同公转周期之间的关系。但是，这些定律并不满足因果性解释的要求。它们是三条逻辑上独立的规则，并没有揭示内在的相互关系。第三条定律不能简单地、定量地移用到太阳以外的其他中心体上（比如，行星绕太阳公转的周期同卫星绕行星旋转的周期之间并无关系）。但是，最重要的一点是：这些定律涉及的是整个运动，而不是体系的运动状态怎样规定那个在时间上紧跟在它后面的运动状态；按我们现在的说法，它们是积分定律而不是微分定律。

只有微分定律的形式才能完全满足近代物理学家对因果性的

① 今天任何人都知道，要从这种经验上确定的轨道来发现这些定律，需要何等辛勤的劳动。但是很少有人仔细想过开普勒从表观的轨道——从地球上所观测到的运动——推出真实的轨道所用的卓绝的方法了。——原注

要求。微分定律的明晰概念是牛顿最伟大的理智成就之一。当时不仅需要这种概念,而且还需要一种数学的形式体系,这种形式体系当时只是一种初步的,还需要得到成体系的形式。牛顿在微积分里也找到了这种形式。在这里我们不必去考查莱布尼茨(**Gottfried Wilhelm Leibniz**)是否也独立地发现了这种数学方法。无论如何,对牛顿来说,把这种方法搞得更完善,是绝对必要的,因为只有这种方法才能为他提供表达他的思想的工具。

伽利略(**Galileo di Vincenzo Bonaulti de Galilei**)已经在认识运动定律上作了一个意义重大的开端。他发现了惯性定律和地球引力场中的自由落体定律:一个物体(更精确地说,是一个质点)在不受其他物体的作用时做匀速直线运动。自由落体在引力场中的竖直速度随着时间均匀增加。今天我们也许会以为从伽利略的发现到牛顿的运动定律只是走了很小的一步。但是应当注意,上面这两条陈述都是讲的整个运动,而牛顿的运动定律则回答这样的问题:在外力的作用下,质点的运动状态在一个无限短的时间内应该如何变化?只有考虑到在无限短的时间内发生了什么(微分定律),牛顿才得到一个适用于任何运动的公式。他从当时已经高度发展的静力学中取来了力的概念。只有在引进质量这个新概念之后,他才能把力和加速度联系起来。说来奇怪,这个新概念的支柱竟是一个虚构的定义。今天我们已经非常习惯于去形成那些相当于微商的概念,以致我们现在很难再理解那种由二次极限过程而得到普遍的微分定律所需要的非凡的抽象能力了;而在这个过程中,还必须创造出质量的概念。

物理学家伽利略
(1564—1642)

但是,运动的因果概念还远没有完成。因为只有在力是已知时才能由运动方程得出运动。牛顿设想,作用在一个物体上的力是由一切同该物体离得足够近的物体的位置所决定的，这种思想无疑是受了行星运动定律的启发。只有在这种关系建立起来以后，才得到关于运动的完整因果概念。大家都知道，牛顿怎样从开普勒的行星运动定律出发解决了引力问题，并且由此发现了作用在星球上的推动力和引力在本质上是相同的。正是这种

运动定律加引力定律

的结合构成了一个奇妙的思想结构，通过这个结构，就有可能根据在一特定瞬间所得到的体系的状态，计算出它在过去和未来的状态，只要一切事件都是限于在引力的影响下发生的。牛顿的概念体系在逻辑上的完备性就在于：一个体系中各个物体的加速度的唯一原因就是这些物体本身。

以这里所简要说明的基础为根据，牛顿成功地解释了行星、卫星和彗星的运动，直至其最微末的细节，同样也解释了潮汐和地球的进动——这是无比辉煌的演绎成就。天体运动的原因就是我们在日常生活中非常熟悉的引力，这个发现必然给人以特别深刻的印象。

但是牛顿的成就的重要性，并不限于为实际的力学科学创造了一个可用的和逻辑上令人满意的基础；直到 19 世纪末，它一直是理论物理学领域中每一位工作者的纲领。一切物理事件都要追溯到那些服从牛顿运动定律的物体，这只要把力的定律加以扩充，使之适应于被考查的情况就行了。牛顿自己曾试图把这个纲领用于光学，假定光由惯性微粒组成。在牛顿运动定律用到连续分布的物体以后，甚至连光的波动论也利用了牛顿运动定律。牛顿的运动方程也是热的分子运动论的唯一基础，这不仅为人们发现能量守恒定律做了思想准备，而且还导致一种直至最后的细节都已经证实了的气体理论，以及关于热力学第二定律的本质的一种更为深刻的看法。电学和磁学的发展也沿着牛顿的路线前进直至近代（带电的和磁性的实物，超距作用力）。甚至由法拉第和麦克斯韦所发动的电动力学和光学的革命，也完全是在牛顿思想的影响

下发生的,这一革命是牛顿以后理论物理学中第一次重大的基本进展。麦克斯韦、玻耳兹曼和开耳芬勋爵不厌其烦地把电磁场和它们的动力学相互作用归结为假想的连续分布质点的机械作用。但是,由于这些努力没有成效,或者至少没有任何显著的成效,所以从 19 世纪末叶以来,我们的基本观念便有了逐渐的变革;理论物理学越出了牛顿的框架,这个框架在将近二百年中给予科学以稳定性和思想指导。

牛顿的基本原理从逻辑的观点看来是如此完善,以至检验这些原理的动力只能来自经验事实的要求。在进入讨论以前,我必须强调指出,牛顿自己比他以后许多博学的科学家都更明白他的思想结构中固有的弱点。这一事实时常引起我对他的深挚的敬佩,因此我想花点时间来谈一谈这个问题。

(1) 牛顿处处都明显地尽力把他的体系表现为由经验必然地决定的,并且尽力减少那些不能直接涉及对象的概念的数目;尽管如此,他还是创立了绝对空间和绝对时间的概念。因为这个缘故,近年来他常常受到批评。在这一点上牛顿却始终不渝。他已经认识到,可观察的几何量(质点彼此之间的距离)和它们在时间中的进程,并不能从物理方面完备地表征运动。他以著名的旋转水桶实验来证明这一点。因此,除了物体和随时间变化的距离以外,还必须有另一种决定运动的东西。他认为,这种“东西”就是对于“绝对空间”的关系。他晓得,如果他的运动定律要有任何意义,空间就必须具有一种物理的实在性,就像质点和它们的距离的实在性一样。

对这一点的清楚了解,既显示了牛顿的智慧,也暴露了他的理论的弱点。因为这一理论的逻辑结构,如果没有这个虚幻的概念,无疑会更加令人满意;在那种情况下,只有那些同知觉的关系完全清楚的东西(质点、距离)才会进入这些定律。

(2) 引入那种直接的和即时传递的超距作用力来表示引力的效应,是同我们在日常生活中熟悉的大多数过程不相符的。对于这个反对意见，牛顿指出：他的引力相互作用定律，不应被认为是最终的解释，而只是从经验中归纳出来的一条规则。

(3) 物体的重量和惯性是由同一个量（它的质量）来决定的，对于这个极其值得注意的事实，牛顿的理论并没有作出解释。牛顿自己意识到这一事实是很奇特的。

这三点没有一点能算作对这个理论的逻辑上的反驳。在某种意义上来说，在努力地对自然现象加以完整、统一的概念式把握过程中，科学家的头脑中并没有得到满足的愿望。

被认为是整个理论物理学纲领的牛顿运动理论，从麦克斯韦的电学理论那里受到了第一次打击。人们已经明白，物体之间的电的和磁的相互作用，并不是即时传递的超距作用，而是由一种以有限速度通过空间传播的过程所引起。按照法拉第的概念，除了质点及其运动以外，还有一种新的物理实在，那就是“场”。最初人们坚持力学的观点，试图把“场”解释为一种充满空间的假想媒质（以太）的力学状态（运动的或者应力的状态）。但是当这种解释虽经顽强的努力而仍然无效时，人们便逐渐地习惯于这样的观念了，即认为“电磁场”是物理实在的最终的不能再简化的成分。我们应当感谢赫兹，因为他使场的概念干脆摆脱了由力学的概念武库而来的一切障碍。我们也应当感谢洛伦兹，因为他使场的概念摆脱了物质的基体。按照洛伦兹，唯一留下来可以作为场的基体的东西就是物理上的空虚空间（或以太），而这个空间即使在牛顿力学中也不是完全没有物理作用的。认识到这一点以后，再

思考是爱因斯坦一生的爱好

也没有人相信直接而即时的超距作用了,甚至在引力的范围内也是如此,虽然由于缺乏足够的实际知识,关于引力的场论还没有清楚地揭示出来。牛顿的超距作用力的假说一旦被抛弃,电磁场理论的发展也就导致了这样的企图:想以电磁的路线来解释牛顿的运动定律,也就是想用一个以“场论”为基础的更加精确的运动定律来代替牛顿运动定律。虽然这种努力当时尚未完全成功,但是力学的基本概念已经不再被认为是物理世界体系(**physical cosmos**)的基本组成了。

麦克斯韦和洛伦兹的理论不可避免地会导致狭义相对论,狭义相对论既然放弃了绝对同时性观念,也就排除了超距作用力的存在。由这一理论可知:质量不是一个不变的量,而是依赖于(实际上是相当于)所含的能量。它也表明,牛顿的运动定律只能认为是对低速才有效的极限定律;它建立了一条新的运动定律来代替牛顿定律,在这条新定律中,真空中的光速是极限速度。

广义相对论成了场论纲领发展中的最后一步。从量上来说,它对牛顿的学说只作了很小的修改,但是在质上是很深刻的。惯性、引力,以及物体和时钟的度规性状,都归结为单一的场的性质;这个场本身也假设是取决于物体的。牛顿的引力定律的推广,或者说得更恰当些,像泊松(**Simeon-Denis Poisson**)所表述的对应牛顿的场定律的推广。因此空间和时间被剥夺了的并不是它们的实在性,而是它们的因果的绝对性——即只起影响而不受影响的这种绝对性——牛顿为了用公式表述当时已知的定律,不得不把这种绝对性强加给它们。广义的惯性定律取代了牛顿运动定律的作用。这个简短的说明足以表明,牛顿理论的元素怎样让位给广义相对论,上述三个缺点从而怎样得到克服的。在广义相对论的框架里,运动定律看来似乎能够从相当于牛顿的引力定律的场定律推出来。只有当这个目标完全达到了,才有可能谈到纯粹的场论。

在一种较为形式的意义上来说,牛顿力学也为场论开辟了道路。把牛顿力学应用于连续分布的质量,必然会导致偏微分方程的发现和应用,这种方程第一次为场论的定律准备了语言。就这种形式而论,牛顿的微分定律概念为后来的发展构成了第一个决定性的步骤。

到此为止,我们所说的是我们关于自然过程的观念的全部进展,它可以认为是牛顿思想的一种有系统的发展。但是,当改善场论的过程还在积极进行的时候,热辐射、光谱、放射性等事实,已经显示出这整个概念体系适用的局限性,尽管这个体系在许多事例中已经取得巨大成就,今天我们仍然认为这个局限性实际上是无法克服的。许多物理学家断言——而且有许多有利于他们的有力论据——在这些事实面前,不仅微分定律,而且因果律本身(直到现在,这是一切自然科学的终极的基本假设)也已经破产了。甚至连要建立一个能同物理事件无歧义地对应的空间-时间结构的可能性也被否定了。一个力学体系只能具有分立的稳定能量值或稳定状态——正如为经验几乎直接表明的那样——初看起来似乎很难从运用微分方程的场论中推导出来。德布罗意-薛定谔方法在某种意义上是具有场论的特征的,它确实推算出只存在分立的状态,这同经验事实取得惊人的一致。它得到这个结果,是由于在微分方程的基础上考虑了特殊的共振条件,但是它必须放弃质点的定域和严格的因果律。谁敢在今天断定这样的问题:因果律和微分定律,这两条牛顿的自然观的终极前提,是不是一定要被放弃呢?

知识愈浅薄的人，愈欲夸夸其谈；相反，学识丰富倒使人在判断某些新事物时，变得甚为优柔寡断。

伽利略

我们的知识是有限的

基于长期的经验，我似乎发现，人们在认识事物时处于此种境地：知识愈浅薄的人，愈欲夸夸其谈；相反，学识丰富倒使人在判断某些新事物时，变得甚为优柔寡断。

从前有一人，生在一个人迹罕至的地方，但他天资颖慧，生性好奇。他喂养了许多鸟雀，饶有兴味地欣赏其啁啾，聊以自娱。他极为惊异地发现，那些鸟儿运用巧妙之技，借助呼吸之气，能随心所欲地叫出各种声音，皆好听极了。一日晚间，他在家听到附近传来一种声音，十分悠扬，遂臆断为一只小鸟，出去捕之。路上，遇见一位牧童，正在吹着一根木管，他的手指在上面按动着，忽而捂住某些孔眼，忽而放开，使木管发出了那种响声，宛然喈喈鸟语，不过发音方式迥然不同。他惊诧不已，并在好奇心驱使下，送给牧童一头牛犊，换取了那支笛子。他通过思索意识到：假使牧童未从此地路过，他将永远不会晓得，自然界有两种产生声音和乐音的方法。他决定离家出走，意欲经历一些其他奇事……可当他后来观察到黄蜂、蚊子与苍蝇不是像鸟雀那样，靠气息发出断断续续的啼

本文作者伽利略（1564—1642）系意大利数学家、天文学家和物理学家。本文节选自《中学生知识画报》（江苏人民出版社）。由刘黎亭译。

叫声，而是靠翅膀的快速振动，发出一种不间断的嗡嗡声时，与其说他的好奇心越发强烈了，毋宁说他在如何产生声音的学问方面变得茫昧了，因为他的全部阅历俱不足以使他理解或相信：蟋蟀尽管不会飞，但能用振翅而非气息发出那般和谐且响亮的声音。嗣后，当他以为除了上述发声方式之外，几乎已不可能另有他法时，他又知悉了各式各样的风琴、喇叭、笛子和弦乐器，种类繁多，直至那种含在嘴里、以口腔作为共鸣体、以气息作为声音媒介物的奇特方式而吹奏的铁簧片。这时他以为自己无所不晓了，可当他捉到一只蝉后，却又陷入了前所未有的无知和愕然之中：无论堵住蝉口还是按住蝉翅，他都甚至无法减弱蝉那极其尖锐的鸣叫声，而不见蝉颤动躯壳或其他什么部位。他把蝉体翻转过来，看见胸部下方有几片硬而薄的软骨，以为响声发自软骨的振动，便将其折断，欲止住蝉鸣。但是一切终归徒然；乃至他用针刺透了蝉壳，也没有将蝉连同其声音一道被窒息。最后，他依然未能断定，那鸣声是否发自软骨。从此，他感到自己的知识太贫乏了。当人们问他声音是如何产生的，他坦率地说仅知道某些方法，但他笃信还会有上百种人所不知的、难以想象的方法。

我还可以试举另外许多例子，来阐释大自然在生成其事物中的丰富性，其方式在感觉与经验尚未向我们启示之时，都是我们无法设想的，即便经验有时仍不足以弥补我们的无能。故此，倘若我不能准确地断定彗星的形成之因，那么我是应当受到宽宥的，况且我从未声言能够做到这一点，因为我懂得它会以某种不同于我们任何臆度的方式形成。对于握在我们手心的蝉儿，都难以弄明白其鸣声生自何处，因而对于处在遥远天际的彗星，不了解其成因何在，更应予以谅解了。

爱因斯坦没有错失重点是因为他对于时空有更自由的眼光。孤持、距离、自由眼光是互相联系的特征,是所有科学、艺术与文学创造活动中一个必要因素。

杨振宁

机遇与眼光

一、更自由的眼光使他抓住了时代的机遇

1905年通常称为阿尔伯特·爱因斯坦的“奇迹年”。在那一年,爱因斯坦引发了人类关于物理世界的基本概念(时间、空间、能量、光和物质)的三大革命。一名26岁、默默无闻的专利局职员如何能引起如此深远的观念变革,因而打开了通往现代科技时代之门?当然没有人能够回答这个问题。可是,我们也许可以分析他成为这一历史性人物的一些必要因素。

首先,爱因斯坦极其幸运:他出生于合适的时代,当物理学界面

本文选自2005年8月21日《文汇报·每周讲演》,这是杨振宁先生2005年7月24日在第22届国际科学史大会上所作的演讲,讲稿为英文,中文稿系翁帆女士翻译。小标题为编者所加。全文刊于《科学文化评论》第2卷第4期(2005)。作者杨振宁系著名物理学家。历任芝加哥大学讲师、普林斯顿高级研究院研究员、纽约州立大学石溪分校教授兼物理研究所所长,是美国科学院院士、英国皇家学会会员、中国科学院外籍院士。与李政道合作,提出弱相互作用中宇称不守恒理论,共同获1957年诺贝尔物理学奖。他提出非阿贝尔规范场理论,大大促进了四种基本相互作用的研究;在粒子物理方面做了大量的开拓性工作。现为清华大学与香港中文大学的黄济北-陆开群讲座教授。

20 世纪 30 年代，爱因斯坦摄于柏林寓所

临着重重危机时，他的创造力正处于巅峰。换句话说，他有机会改写物理学的进程，这也许是自从牛顿时代以来独一无二的机遇。这种机遇少之又少。贝尔（**E. T. Bell**）的《数学精英》引用了拉格朗日（**J. L. Lagrange**，1736—1813）的话：

> 虽然牛顿确实是杰出的天才，但是我们必须承认他也是最幸运的人：人类只有一次机会去建立世界的体系。

这里，拉格朗日引用的是牛顿的巨著《自然哲学的数学原理》中第三卷（即最后一卷）前言中的话：

> 现在我要演示世界体系的框架。

显然，拉格朗日非常嫉妒牛顿的机遇。可是，爱因斯坦对牛顿的公开评价给我们不一样的感觉：

> 幸运的牛顿，幸福的科学童年……他既融实验者、理论家、机械师为一体，又是阐释的艺术家。他屹立在我们面前，坚强、自信、独一无二。

爱因斯坦有机会修正二百多年前牛顿所创建的体系。可是这个机会当然也对同时代所有科学家开放。的确，自从 1881 年迈克尔逊-莫雷(**Michelson-Morley**)首次实验以及1887年第二次实验以来,运动系统中的电动力学一直是许多人在钻研的热门课题。令人惊奇的是,当爱因斯坦仍在苏黎世念书时,他已经对这个题目发生了浓厚的兴趣。1899年他曾写信给他后来的太太米列娃:

> 我还了赫姆霍兹的书,现正在非常仔细地重读赫兹的电力传播工作,因为我以前没能明白赫姆霍兹关于电动力学中最小作用量原理的论述。我越来越相信今天所了解的运动物体的电动力学与实际并不相符,而且可能有更简单的理解方式。

他追寻此更简单的理解方式,六年以后引导出了狭义相对论。

当时许多科学家对这个科目也极感兴趣。庞加莱(**L. H. Poincaré**,1854—1912)是当时两位最伟大的数学家之一,他也正在钻研同一个问题。事实上,相对性(**relativity**)这一名词的发明者并不是爱因斯坦,而是庞加莱。庞加莱在1905年的前一年的演讲《新世纪的物理学》中有这样一段:

> 根据相对性原则,物理现象的规律应该是同样的,无论是对固定不动的观察者,或是对做匀速运动的观察者。这样我们不能,也不可能,辨别我们是否正处于这样一个运动状态。

这一段不仅介绍了相对性这个概念,而且显示出了异常的哲学洞察力。然而,庞加莱没有完全理解这段话在物理上的意义:同一演讲的后几段证明他没有抓住同时性的相对性(**relativity of simultaneity**)这个关键性、革命性的思想。

爱因斯坦也不是首位写下伟大的转换公式的人:

$$x' = (x - Vt)\eta,$$
$$y' = y,$$
$$z' = z,$$
$$t' = [t - (V/c^2)x]\eta, \quad \eta = \frac{1}{\sqrt{1 - V^2/c^2}}$$

之前,洛伦兹(**H. A. Lorentz**,1853—1928)曾写出这个公式,所以当时这个公式以洛伦兹命名,现在仍然是这样。可是洛伦兹也没能抓住同时性的相对性这个革命性思想。1915 年他写道:

> 我失败的主要原因是我死守一个观念:只有变量 t 才能作为真正的时间,而我的当地时间 t' 仅能作为辅助的数学量。

这就是说,洛伦兹有数学,但没有物理学;庞加莱有哲学,但也没有物理学。正是 26 岁的爱因斯坦敢于质疑人类关于时间的原始观念,坚持同时性是相对的,才打开了通向微观世界的新物理学之门。

几乎今天所有的物理学家都同意是爱因斯坦创建了狭义相对论。这对庞加莱和洛伦兹是否公平?要讨论这个问题,让我们先引用怀特海(**A. N. Whitehead**)的话:

> 科学的历史告诉我们:非常接近真理和真正懂得它的意义是两回事。每一个重要的理论都被它的发现者之前的人说过。

洛伦兹和庞加莱都没有抓住那个时代的机遇。他们致力于当时最重要的问题之一,即运动系统中的电动力学。可是他们都错失其重点,因为他们死守着旧观念,正如洛伦兹自己后来所说的一样。爱因斯坦没有错失重点是因为他对时空有更自由的眼光。

要有自由的眼光(**free perception**),必须能够同时近观和远看同一课题。远距离眼光(**distant perception**)这一常用词就显示了保持一定距离在任何研究工作中的必要性。可是只有远距离眼光还不够,必须与近距离的探索相结合。正是这种能自由调节、评价与比较远近观察的结果的能力形成了自由的眼光。按照这一比喻,我们可以说洛伦兹失败了是因为他只有近距离眼光,而庞加莱失败了是因为他只有远距离眼光。

中国伟大的美学家朱光潜(1897—1986)强调过“心理距离”在艺术和文学创作上的重要性。我认为他的观念与上述的远距离眼光是一致的,只是在不同的学术领域而已。在最权威的爱因斯坦的科学传记 ***Subtle Is the Lord*** 中,作者选择这样一个词来描写爱因斯坦的性格:孤持(**apartness**),并且在第三章开始时引述道:

> 与其他人保持距离;单独地、孤立地、独自地。
>
> (《牛津英文词典》)

的确,孤持、距离、自由眼光是互相联系的特征,是所有科学、艺术与文学创造活动中一个必要因素。

1905 年爱因斯坦另一个具有历史意义的成果是他于 3 月间写的论文《关于光的产生和转化的一个启发性观点》。这篇文章首次提出了光是带分立能量 hv 的量子。常数 h 由普朗克于 1900 年在其大胆的关于黑体辐射的理论研究中提出。然而,在接下来的几年里,普朗克变得胆怯,开始退缩。1905 年,爱因斯坦不仅没有退缩,还勇敢地提出关于光量子的“启发性观点”。这一大胆的观点当时完全没有受到人们的赞赏,从以下的几句话就可以看出这一点:八年后,当普朗克、能斯特(**W. H. Nernst**)、鲁本斯(**Heinrich Rubens**)、瓦尔堡(**O. H. Warburg**)提名爱因斯坦为普

鲁士科学院院士时,推荐书上写道:

> 总之,我们可以说几乎没有一个现代物理学的重要问题是爱因斯坦没有作过巨大贡献的。当然他有时在创新思维中会错过目标,例如,他对光-量子的假设。可是我们不应该过分批评他,因为即使在最准确的科学里,要提出真正新的观点而不冒任何风险是不可能的。

这封推荐书写于 1913 年,其中被嘲笑的“光-量子假设”(**hypothesis of light-quanta**)指的就是上述爱因斯坦于 1905 年大胆提出的想法。可是,爱因斯坦不理这些嘲笑,继续把他的想法向前推进,于 1916 年至 1917 年确定了光量子的动量,进而发展为 1924 年对康普顿效应(**Compton effect**)的划时代的认识。

光量子这一革命性之观点产生的历史可以总结为:

> 1905 年,爱因斯坦关于 $\boldsymbol{E=h\nu}$ 的论文;
> 1916 年,爱因斯坦关于 $\boldsymbol{P=E/c}$ 的论文;
> 1924 年,康普顿效应。

在那些年里,在 1924 年康普顿效应确立之前,爱因斯坦完全孤立,因为他对光量子的深邃眼光不被物理学界所接受。

二、广义相对论是他的一次纯粹的创造

1905 年至 1924 年,爱因斯坦的研究兴趣主要在广义相对论。作为科学革命,广义相对论在人类历史上是独一无二的。其设想宏伟、美妙、广邃,催生了令人敬畏的宇宙学,而且这是他一个人独自孕育并完成的,这一切让我想起《旧约》里的创世篇(不知爱因斯坦本人是否曾想起这个比较)。

当然,我们很自然也会想起其他的科学革命,如牛顿的巨著、

狭义相对论、量子力学。牛顿的工作确实是宏伟、美妙、广邃的，可是在他之前有伽利略（**Galileo**）、开普勒（**Kepler**），还有更早的数学家和哲学家们的成果，他也不是当时唯一在寻求万有引力定律的人。狭义相对论和量子力学也都是影响深远的革命。可是，它们是当时许多人研究的热门课题，都不是由一个人所创建的。

关于广义相对论，爱因斯坦没有抓住什么机遇，是他创造了这个机遇。他独自一人通过深邃的眼光，宏伟的设想，经过七八年孤独的奋斗，建立起一个难以想象的美妙体系。这是一次纯粹的创造。

三、他的新眼光改写了基础物理学的发展进程

广义相对论代表引力场的几何化，自然而然地使爱因斯坦接着提出电磁场的几何化，从而又产生了将所有自然力几何化的想

科学与艺术的创新是相通的

法，即统一场论。此发展成为他后半生的研究重点。例如，1949年至1950年在普林斯顿高等研究中心他最后的研讨会上，他尝试着把电磁场 $\boldsymbol{F}_{\mu\nu}$ 合并成不对称的度量 $\boldsymbol{g}_{\mu\nu}$。他这个尝试和他先前在同一方向所做出的努力一样，都没能成功。

由于没有成功，也由于自20世纪20年代初，爱因斯坦将其注意力几乎全部放在这项研究上而忽略了像固体物理学和核子物理学这些新发展的领域，他经常遭受批评，甚至被嘲笑。他对于统一场论的投入被描述为着魔（**obsession**）。这种批评的一个例子是拉比（**I. I. Rabi**，1898—1988）于1979年在普林斯顿举行的爱因斯坦百年纪念上所讲的话：

> 当你想起爱因斯坦于1903或1902年至1917年的工作时，那是极其多彩的，非常有创造力、非常接近物理学，有非常惊人的洞察力；然而，在他不得不学习数学，特别是各种形式的微分几何的时期以后，他就改变了。
>
> 他改变了他的想法。他的那种对物理学的伟大创意也随之改变了。

拉比是否正确呢？爱因斯坦有没有改变呢？

答案是：爱因斯坦的确改变了。改变的证据可以在他1933年的斯宾塞演讲《关于理论物理学的方法》中找到：

> ……理论物理学的公理基础不可能从经验中提取，而是必须自由地创造出来……经验可能提示适当的数学观念，可是它们绝对不能从经验中演绎而出……
>
> 但是创造源泉属于数学。因此，在某种意义上，我认为单纯的思考可以抓住现实，正如古人梦想的一样。

虽然你可以同意或反对这些非常简要的论点，但是你必须同意它们强有力地描述了爱因斯坦在 1933 年关于如何做基础理论物理学的想法，而且此想法相对于他早年的想法有极大的变化。

爱因斯坦自己对这一变化非常清楚。在他 70 岁出版的《自述》里，我们看到：

> ……作为一名学生我并不懂得获取物理学基本原理的深奥知识的方法是与最复杂的数学方法紧密相连的。在许多年独立的科学工作以后，我才渐渐明白了这一点。

很明显，在这一段里，“独立的科学工作”指的是他于 1908 年至 1915 年期间创建广义相对论的长期奋斗。长期奋斗改变了他。是否朝更好的方向改变了呢？拉比说，不是，他的新眼光变成徒劳无益的走火入魔。我们说，他的新眼光改写了基础物理日后的发展进程。

爱因斯坦逝世 50 年来，他的追求已经渗透了理论物理学基础研究的灵魂，这是他的勇敢、独立、倔强和深邃眼光的永久证明。

要实现你的目标的话，最重要的是要有好奇心，对自己所做的事情有兴趣，不能因为别人反对你就停止。

丁肇中

我所经历的20世纪实验物理学

物理学家丁肇中

在基础科学研究上，光与物质的相互作用是最早研究的课题之一，在公元前4世纪的《墨子》中就可以找到。在天文学上，中国作了第一个有关新星现象的文献记载。世界上关于新星的最先报道，就在公元前1300年左右的甲骨文上。直到16世纪，1572年的第谷（**Tycho Brahe**）、1604年的开普勒（**Johannes Kepler**）才有关于超新星的详细记载，这在西方国家是最早的。在中国最早的记载是在1054年关于超新星的报道。宋朝的邵雍主张，观察自然现象不应加入个人的主观臆想，这对学自然科学的人来说是非常重要的，他也是首先用“物理之学”这一名词的人。

本文节选自上海教育出版社2000年版《百年科技回顾与展望——中外著名学者学术报告》。作者丁肇中系华裔美籍物理学家。因首先发现**J**粒子而获1976年诺贝尔物理学奖。他长期从事高能物理实验，取得了一系列重大成果。

一、测量电子的半径

根据现代电磁学的要求,电子的半径应该等于零,这是1948年就建立的理论。1964年,哈佛大学和康奈尔大学的专家们做了一个实验,证明量子电动力学是错误的,电子半径为$10^{-14}\sim10^{-13}$厘米,这是一个非常重要的实验。那个时候哈佛大学和麻省理工学院在美国的剑桥做了一个大的电子加速器,周长1 000英尺。电子加速器能产生高能的光,打到电子上,就可以测量电子有没有半径。1964年物理学的最主要的成果,就是哈佛大学和康奈尔大学测量到电子的半径,实验结果与理论预言不符。理论预言说电子是没有半径的,这是费曼(**Feynman**)、施温格(**Schwinger**)和朝永振一郎在1948年所作的结论,而实验结果表明电子的半径在$10^{-14}\sim10^{-13}$厘米左右。

我那时候刚拿到博士学位,觉得这个实验太重要了,所以我想应该重复一下这个实验。可是在美国,所有人都认为这是第一流专家所做的实验,不必重复做,所以很不容易有机会来重复这个实验。1965年,我到德国的同步加速器实验室,用600亿电子伏的加速器来重复这个实验。

到了1966年,我们用不同的方法做了一个实验,结果发现电子的半径确实小得无法测量。我们的实验结果和理论的预言是完全符合的。完全符合就表示电子没有半径。所以,我要向年轻的科学家谈的第一个体会,就是不要盲从专家的结论。因为做这个实验的时候,我还从来没有做过这种实验,那些人(康奈尔大学、哈佛大学的)都是一辈子做这种实验的人。当年和我一起工作的人不多,他们现在绝大多数在美国的大学里当教授,或者用中国话说做领导工作。

二、发现新粒子

到了20世纪70年代,我们已经知道所有的基本粒子都可以归结成由三种夸克组成,如中子里面有三种夸克,质子里面有三种夸克。我的问题是,为什么只有三种夸克?为了寻找新夸克,我决定建造一个高灵敏度的探测器。当时我设计的实验对新夸克和已知夸克的灵敏度的比是100亿分之一。"100亿分之一"是什么意思呢?就好比在波士顿或在北京下雨的时候,每秒钟大概有100亿颗雨点,其中有一颗雨点是红颜色的,你要把这颗红色雨点找到,所以是相当困难的。因为这个实验比较困难,同时当时几乎所有人都认为只有三种夸克(因为三种夸克可以解释所有的现象),所以这个实验到费米国家实验室被拒绝了,到了欧洲核子研究中心也被拒绝了,所有的加速器都不愿意做这个实验,认为是不可能的。终于在1972年至1974年间,我们在布鲁克海文(**Brookhaven**)国家实验室,在一个比较低的能量加速器上用**AGS**来做这个实验。因为它能量比较低,实验变得更困难。我向大家解释一下它的困难程度。

假设你用100亿个质子,一秒钟打到一个靶上的话,就相当于每秒钟产生100亿个粒子,其中的强子你可以用5吨的铀、100吨的铅和10 000吨的混凝土来把它挡掉,剩下的就是软的中子。软的中子是很难挡掉的,唯一挡掉的办法是用肥皂,当时我觉得最困难的是向美国的能源部申请钱买5吨肥皂。就是在束流停了一小时以后,"靶区"的放射性还是5 **rad**,所以是非常危险的事情。

当我们完成在布鲁克海文国家实验室的实验时,我们发现了一个新的夸克。这种新夸克产生的粒子有两个不同的性质:第一,它的质量比所有粒子质量大;第二,寿命比较长,比所有以前知道的200种粒子的寿命长1 000倍。这是什么意思呢?比方说,世界上所有的人,寿命少于100岁,可是你忽然发现一个村庄,人的寿命是10 000岁的话,你就会觉得这些人可能有比较特异的性能。这就表示,以前说只有三种夸克的观念是错的,有第四种夸克。有了第四种,那就可能有第五种、第六种,把以前的观念改变了。当年发现"**J**粒子"的数据显示,在正负电子质量为3 **GeV**时候，忽然有很高的峰，就表示存在新的东西。当年参加那个实验的只有几个人，现在绝大多数在美国大学教书。所以我的第二个体会是：对自己应该有信心，做你自己认为是正确的事情。因为做这个实验的时候，所有大的国家实验室都反对。

三、发现胶子

光子是电子和原子核之间传送力的传送体，在夸克中间传送力的是胶子。1979年开始，我们到德国用正负电子对撞机来测量正负电子对撞中间所发生的现象。从1978年开始有大批中国科学家到我这儿工作，其中有唐孝威。当年的实验仪器，用现在的规模来说是很小的，只有一个人这么大。正负电子对撞时会产生很多的强子，有的强子在一个平面上产生，集合成"喷注"出射。假如有胶子存在的话，正负电子对撞可以产生夸克、反夸克和胶子。因为最初是在一条线上，所以产生后一定在一个平面上。从上面看起来可以有三个喷注：一个是反夸克；另一个是胶子；还有一个是夸克。从垂直其上一个方向看呢，一定只是一条线，这是因为有动量平衡的关系。当年中国科学家和我所做的实验，从上面看下来有夸克、反夸克和胶子的三个喷注，垂直看只有两个喷注。常常有人以为发生一个三喷注就是有胶子，这是完全错误的。最主要的是喷注的形状与量子色动力学(**QCD**)预期是完全符合的。根据胶子的能量，你可以慢慢看见三个喷注的成长过程，就是低能的、中能的、高能的。当年唐孝威教授、陈和生教授等所发现的事例发表在美国《今日物理》(***Physics Today***)上。

所以我的第三个体会是：对意外的现象要有充分的准备。因为我们开始做实验的时候，没有人想到会发现胶子。我们也同时继续测量电子的大小，分别在能量30 **GeV**、20 **GeV**和10 **GeV**，测量的数据和量子电动力学完全是符合的。表明电子、宇宙线的 μ 和另外一种叫 τ（比电子重4 000倍）的轻子，它的半径小于 10^{-16} 厘米。当年和我一起工作的部分科学家今天也在场，包括现在的中国科学院高能所的陈和生所长。根据这些实验和以后很多别人更重要的实验,我们就知道世界是由点粒子组成的,有 **u**、**d**、**s**、**c**、**b**、**t** 夸克,还有轻子,就是电子、μ 和 τ。有了这个以后呢,你就可以通过实验解决问题。

第一个问题是有多少种电子?为什么只有三种?它到底有多大?电子能不能分成更小的粒子?另外一个问题是有多少种夸克?为什么只有六种?它有多大?能不能分成更小的粒子?所以人们现在正在世界上最大的加速器上找这些物质,在为解决这一问题而工作。**LEP** 是周长为 27 千米的正负电子对撞机,在地下 50 米至 170 米,一部分在法国,另一部分在瑞士。加速器的原理非常简单,用 1 000 亿电子伏的电子跟 1 000 亿电子伏的正电子对撞,对撞时产生非常高的温度,是太阳表面温度的 4 000 亿倍,太阳表面的温度是 6 000 摄氏度。通常原子武器爆炸,就是太阳表面的温度。假使宇宙是由大爆炸形成的话,在实验室里就能知道宇宙刚刚开始时候的情况。

欧洲核子研究中心、周长为 27 千米的正负电子对撞机(**LEP**)的鸟瞰图

大家知道宇宙是由大爆炸形成的,最初有夸克和电子。我们

的实验室就制造宇宙刚开始时的情况，为了寻找宇宙初创时最基本的东西是什么。我们当时所做的L3实验，正负电子对撞在这儿有一个对撞点，有一个顶点探测器，有严东生教授给我们提供的特别的**BGO**晶体，然后有强子量能器，有**μ**探测器，然后有一个磁铁，这个磁铁是当年苏联给我们的。实验原理是非常简单的，我们用四种不同的探测器：电子、**μ**子、光子和强子，它们各自留下不同的径迹，这样就可以分辨不同的粒子。磁铁半径是14米×12米，5 000高斯，400万瓦功率。大家都记得在中学的时候用一个线圈就能产生磁场，这就是我们的线圈，总共有28个，每个大约重40吨，虽然这个线圈很大，磁场很高，总共大概有6层楼高，但精度要求很高。线圈内是**μ**探测器，**μ**探测器的体积是3 000立方英尺，精确度是30 **μ**，总共有25万根丝。

一个精密的仪器，除了它本身精密以外，装仪器的支架也必须非常精密，因为这个支架是放在磁铁里的，所以是用不锈钢来做的。支持那个磁铁的不锈钢支架的原料来自苏联，是在瑞典做的，长34米，重大约120吨，因为要放在地面下50米，所以把磁铁运到探测器所在地面以后，要慢慢放进去，差一点就放不进去。正负电子对撞以后产生光子、电子，用晶体来测量，剩下的强子只能测量它的能量，把它吸收掉。要吸收掉必须用密度很高的金属，密度最高的金属就是^{238}**U**，所以我们用了很多的^{238}**U**来吸收。**L3**最重要的部分就是在上海硅酸盐研究所做的**BGO**晶体。**BGO**晶体在我们做以前，世界上产量很有限，后来有机会碰见严东生，当时他是中国科学院副院长，他

严东生、殷之文院士在察看**BGO**晶体

说他们有把握做出 12 吨来，所以跟他们一起合作，果然做了出来。现在世界上已经大量地应用了。要做正负电子对撞，最精密的仪器就是顶点探测器，一立方米体积内精确度是 4 μ，这个当然只有瑞士人可以做。所以几乎所有的最精密的仪器，是在日内瓦和苏黎世高工做的。这个 **L3** 探测器是现在的高能加速器实验已经做成的探测器中最大的一个，重 10 000 吨，体积是 50 英尺 × 50 英尺 ×50 英尺，它的精确度是 4 μ，温度的精确度小于 1 摄氏度。很多人参加了这个实验，包括朝鲜、中国、印度、俄罗斯、瑞士和欧洲几乎所有国家，以及美国的很多大学。参加这个实验有很多中国同志，有唐孝威、陈和生等。这个实验在 20 世纪 80 年代的中期和末期是最大的合作项目，也是欧洲、美国、苏联和中国最大的合作项目。美国有很多学校参加，包括水平很高的学校，同时也包括足球很好的学校，还包括一些做武器的单位。不过我觉得最难得的并不是中国、苏联和美国的合作，最难得的是与瑞士的大学一起合作，据我了解这是苏黎世高工、**PSI** 等大学第一次在一起工作。这个实验在正负电子对撞以后产生很多事例。现在已经发表了大概接近 300 篇文章，这么厚，不过这些文章可能用一张纸就可以展示出来，就是说只有三种不同的中微子；电子、μ 和 τ 都已经找到了；电子是没有体积的，电子的半径是小于 10^{-17} 厘米，这就奇怪了，天天用电，永远找不着它到底是多大；夸克也是没有体积的，它的半径小于 10^{-17} 厘米。

1965 年，我们研究光子。那个时候只知道有三种夸克，知道电子的半径是小于 10^{-14} 厘米。在 20 世纪 70 年代，发现第四种夸克，发现胶子，知道电子半径小于 10^{-16} 厘米。到现在我们知道有六种夸克，电子有三个家族，知道电子的半径的上限缩小了 1 000 倍，可是还是不知道它到底有多大。现在我们继续和苏黎世高工、日内瓦大学以及中国科学院的高能所等努力合作。现在要解决的问题是：质量的本源是什么？为什么电子、质子、π 等有不同的质量？现在我们还继续在那儿工作。

四、寻找反物质组成的宇宙

反物质的存在是1927年由英国的科学家狄拉克(**Dirac**)提出来的。**1933**年12月10日他获得诺贝尔物理学奖。他注意到在相对论和量子力学中,质量都是成平方的,就表示可以 $\boldsymbol{m}\times\boldsymbol{m}$,也可以 $-\boldsymbol{m}\times-\boldsymbol{m}$,所以狄拉克就问:“$-\boldsymbol{m}$ 有什么意义?”从这儿就推测到反物质理论。这至少表明了这样两件事:第一表示拿诺贝尔物理学奖是非常容易的;第二表示一位天才与一位神经不正常的人的距离是很小的。

我们现在已经知道所有的粒子都有反粒子,其实这个反电子是当年赵忠尧先生等和安德森(**P. Anderson**)在加州最先发现的。所有的粒子都有反粒子,在加速器里都找到了,原子有反原子,原子核有反原子核,这并不奇怪,都已经找到了,我们要问的问题并不是这个,而是:在大爆炸理论中,宇宙起源的时候,温度非常高,因为在爆炸以前什么都没有,爆炸以后有粒子,应该有同样多的反粒子,问题是现在宇宙已经有150亿年了,反宇宙、反物质所组成的宇宙在什么地方?我们知道在太空中有氦,有铅,有很多很多的原子,所以假如反宇宙存在的话,什么地方有反氦和反铅的原子?我们要从实验弄明白:由反物质所组成的宇宙在什么地方?假使它存在的话,我们应该在太空中寻找反物质宇宙所产生的反铅和反氦原子。反铅和反氦原子不能在地面上找到,因为它们会被大气的原子湮灭掉。因为反物质的特性是,一旦与物质相遇,马上就变成能量,就变成光,你就找不到了。因为原子和反原子有相反的电荷,所以要寻找反原子必须用磁铁来测量其在磁场中的轨道,正的向左边转,负的向右边转。现在我们使用阿尔法磁谱仪(**AMS**)做一个在国际太空站上寻找反物质宇宙线和暗物质的实验。什么叫暗物质?就比如星,它有个轨道,这个轨道是万有引力和离心力的平衡,所以有轨道。万有引力是这个星的体积和其他的物质一起引来的,这一算的话,就发现算出的物质总量比能看到的物质要大10倍。换句话说,95%以上的物质是看不到的,因为看不到,可是又知道它一定存在,所以叫它暗物质。要不然的话,要是没有这个暗物质的话,所有的星球都不会有一个永远的轨道。这是正在建造的国际空间站,长100米,宽80米,重480吨,上面通常住6个人,**AMS**在图的正中偏左。

国际空间站上的阿尔法磁谱仪(**AMS**)

这个实验是空间站上唯一的一个物理实验,是美国、中国、俄罗斯、芬兰等国家的首次合作,也是在太空中用粒子物理实验的仪器和技术的首次实验。它有一个超导磁铁,还有各种探测器,测量速度,测量能量,测量动量,它的外壳是那个航天飞机货舱的大小,因为一定要用航天飞机把它带上去。

第一步是1998年6月2日用"发现号"航天飞机把这个装置带到天上去实验了10天。带上去的是一个同样大小的实验仪器,其中的磁铁由中国科学院电工所董教授和夏教授等一起做的。原理非常简单,大家都知道动量等于质量乘以速度,所以要知道质

阿尔法磁谱仪上中国制造的磁铁

量,你可以测量动量,具体就是测量在磁场中的轨道,然后测量飞行时间,你就知道速度,就知道质量。第一步的实验是1995年4月19日由美国宇航局和能源部批准的。1997年12月,在瑞士苏黎世高工完成组装,绝大部分的仪器在瑞士等国家做,电子仪器是美国和中国台湾合作制造的。刚才已经说了,磁铁由中国科学院电工所做,然后运到肯尼迪发射场送到天上去。很多国家的人参加了这个实验,德国有亚琛大学,以及慕尼黑的马普学会,还有很多航空航天的企业;更多的瑞士人参加这个实验,包括苏黎世高工、日内瓦大学,以及包括沃里肯等,这些都是世界上非常有名的航空航天科研机构;还有很多的意大利大学,如博洛尼亚(**Bologna**),佩鲁贾(**Perugia**)和米兰,以后有很多的航天企业参加;同时包括法国的归诺波和安纳西,以及很多的航天工业的机构;也包括西班牙和葡萄牙、芬兰的赫尔辛基和图尔库(**Turku**)大学,还有在北极圈以外的公司;中国的航天部一院、高能所和电工所,以及中国台湾中山科学院。中国参加的科研人员有夏平畴、顾文琪、严陆光、董增仁,航天部一院的陈振官、杨金宁、朱维增,中国科学院高能所陈和生、唐孝威等。美国主要以麻省理工学院为主,更重要的是美国的宇航局,因为这是第一次把磁谱仪带到天上去,是比较危险的事情,在安全上要引起足够重视,所以美国宇航局特别组织了一个机构来帮助我。因为有了这么多人参加,尤其是包括航空、航天的机构,而且造价十分昂贵,有人说:“你把钱直接放到太空上比你做这个实验还便宜。”磁铁是在电工所做的,磁铁是很不容易做出来的,除了这个磁铁以外有硅微条探测器,有3平方米,精确度是10 **μ**,是在苏黎世高工安装的。1998 年 1 月 28 日，我们用飞机把探测器运到美国国家航空和宇航局(**NASA**)的航天飞机降落的一个飞机场，然后用一个月的时间自己进行调试测量，第二个月的时间与2 000 千米以外的 **Johnson** 空间中心的控制室进行联合调试测量，最后一个月在肯尼迪发射场进行测量。4 月 16 日装到航天飞机上，6 月 2 日送上太空。

阿尔法磁谱仪搭载“发现号”航天飞机

这是搭载 **AMS** 的航天飞机。阿尔法磁谱仪重 5 吨，所以放在货舱后面。前面是放置要运到空间站上的水和食物，所以这架航天飞机这次有两项任务：一项任务是用三天的时间向空间站上运东西；另外一项任务是用 10 天时间让我们做实验。发射升空时的加速度是 3 $\boldsymbol{g}$，就是比地球的引力大三倍。货舱打开以后，第一个问题就是，电工所做的磁铁还能不能用。我们在硅探测器里放了一个激光束，升空以前有一个激光束的显示。到了空间以后，把舱打开了，我记得非常清楚，没有人说应不应该通电，因为大家都非常害怕。等到我来了以后，我就说把电源接通，把激光束打开，打开以后就发现这个测量值和地面的测量值在 1 $\boldsymbol{\mu}$ 左右，完全是符合的，所以磁铁工作正常。

因为这是人类第一次在天上测量带电粒子，所以发现很多想象不到的现象。我花了很多年测量光变成正负电子。光变成有同样多的正电子和负电子，所以你应该想象到在天空上正电子的数目和负电子的数目是一样多的。第一个不能想象的结果，能量达

3 **GeV** 时发现在赤道上面正电子数目是负电子数目的4倍！很难想象这是怎么回事，为什么正电子4倍于负电子？

第二个比较难以想象的是什么呢？大家都知道地球有磁场，所以当航天飞机离赤道近的时候，带电粒子运动方向和磁场垂直，所以只有能量很高的粒子可以进去，低能的粒子就被磁场排斥出去了。到了北极和南极的时候，带电粒子与磁场是平行的，所有的粒子都可以进来。

从赤道开始慢慢向北极走，看通量和粒子动能的关系怎样变化。离赤道很近的时候，在高能端能量越低，粒子数量越多，然后能量降到10 **GeV** 的时候，因为在赤道粒子运动方向是和磁场垂直的，所以低能粒子慢慢地被转弯掉了。到了北极和南极的时候，因为是和磁场平行的，所以所有能量很低的粒子也可以进来，这是很普通的现象，这是你应该想象得到的现象。可是你继续测下去，和预期的完全是两回事，更低能量的质子数反而增加了。质子的通量为两个不同的现象，第一个是你可以想象的，第二个是你完全想不到的，为什么还有第二个分布图？根据地球磁场的分布，这些是根本不应该存在的，在赤道附近根本不可能有非常低能的质子存在，因为会被磁场排斥出去。同时发现质子的通量由上向下和由下向上是同样大小，你把航天飞机转过来以后，没有引力你可以让它倒过来，你可以看到从下向上，或者从上向下一样多。这表示什么呢？表示在赤道上空有一个6 **GeV** 的质子环，离地面是400千米。在质子环中观测到等量地飞离地球和飞向地球的质子，就是离地面400千米、宽4 200千米、厚10千米、能量直到6 **GeV** 的质子环，进去的和出来的质子是一样多。很难解释这个现象。原因是什么呢？原因是过去40年里，我们所做的实验都是测光子的，光子的实验可以用人造卫星和地面站来测量。除了光子以外，有很多带电粒子，正电子、负电子，质子、反质子，不同的原子、反原子，这些东西不能在地面测量，因为带电马上就被地球吸收掉了。因此必须用到磁场，这是第一次测量这些带电粒子，所以你觉得很奇怪,可能再继续做下去,过了 10 年 20 年,了解这些事情以后就觉得不奇怪了。至少到现在为止,不能解释这是为什么。

美国宇航局已经决定在 2003 年 5 月 3 日再把 **AMS** 载到空间站上,作为第一个安装在空间站上的科学实验,原结构中由中国制造的永久磁铁将改成超导磁铁。之所以改成超导磁铁,是因为超

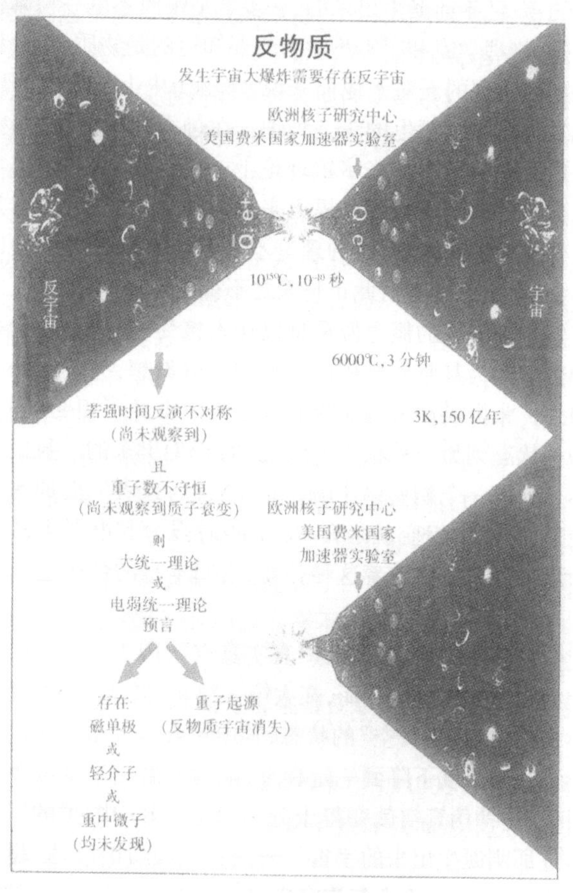

大爆炸宇宙概览

导磁铁灵敏度比永久磁铁大 10 倍,可进行 3 年至 5 年的实验。超导磁铁能够用到太空上是技术上高速发展的体现,就是不久以前

(包括到现在)很多人还认为是不可能的事。在英国牛津做的超导磁铁,到2000年年底做完。做完后就由航天飞机运到空间站去,做为期3年至5年的实验。所遇到的问题是:如果宇宙起源于大爆炸,宇宙的一半应该由正物质组成,另一半由反物质组成,反物质的宇宙在什么地方?

另一个问题是我刚才所说的,90%以上的宇宙是观察不到的,它们是由暗物质组成的,暗物质是什么?这些问题是我们难以想象的。

我有一个"理论"绝对正确,为了便于向大家介绍,必须先向大家报告加速器实验的发现史:50年以前美国的布鲁克海文国家实验室做加速器的时候,原定的目标是找 **π** 和质子相互作用,结果发现的是两种中微子,**CP** 破坏,第四种夸克就是 **J** 粒子;30年以前费米国家实验室制造加速器的时候,原来是做中微子物理,实际上发现的是第五种夸克、第六种夸克;斯坦福直线加速器原来是做量子电动力学和电子质量实验的,结果发现的是 **ψ** 粒子和 **τ** 轻子;在日内瓦的质子对撞机上,原来是找 **Z** 和 **W**,结果发现的是质子-质子反应总截面的增加;在德国的汉堡正负电子对撞机上,原来的目标是找第六种夸克,结果发现了我刚才所说的胶子的喷注。从这些你就可以看出,过去50年里,做加速器要用很多的经费,你写一个申请报告书,设定一个目标,说服政府的人,然后去做加速器。你实际发现的实验结果往往跟原来的目标根本没有关系。

我刚才花费了大家很多时间,解释我这个实验怎么重要,可以做暗物质、做反物质,根据以前的经验要是有发现的话,跟我刚才所说的可能一点关系也没有。因为这是第一个到太空中的磁谱仪,是探测一个全新的领域。所以我第四个体会是:要实现你的目标的话,最重要的是要有好奇心,对自己所做的事情有兴趣,不能因为别人反对你就停止。

费恩曼不止一次跟我说:“没有人真懂量子物理学,就连我自己也没搞懂。”

哈拉尔德·弗里奇

量子物理学的魅力

量子物理学是一门以分子、原子和原子核为研究对象的学科。正是利用这门学科,人们才得以制造出激光器、晶体管、隧道显微镜和移动电话。在当今世界,超过三分之一的国民生产总值源于量子物理学。从事宇宙学和天体物理学研究的物理学家运用量子物理学来探究宇宙的起源和恒星动力学。量子物理学也为基本粒子物理学奠定了基础。

1963 年,我进入莱比锡大学攻读物理学。我在第三学期上了经典力学课,教授所采用的是朗道(**Lev Davidovich Landau**)和栗弗席兹(**Evgenij Lifschitz**)的教材,非常好。这门课给我的印象是,任何物理现象都可以用经典力学精确计算出来,起码原则上如此。经典力学的方程相当简单,它们能够唯一地确定一个物理系统的未来。你可以用最小作用量原理推导出这些方程式。该原理指出,只要考虑到一个系统所有可能的变化并用一个作用量来描述它们(此作用量往往是一个简单的量),那么这个系统的时间演

本文节选自上海科技教育出版社 2012 年版,刑志忠等译的《你错了,爱因斯坦先生!》的“引言”,标题由选编者加。

化行为就完全确定。凡是在自然界可实现的演化事件,都由那个最小作用量决定。

一年后学习量子力学课程时,我感到很震惊。我发现物理世界并非像我当初所想象的那样确定而明了。现在什么都不确定了,只能用概率说话。概率是可以严格计算出来的,但不确定性依然存在。在量子力学中,最小作用量原理是无效的。我在理解量子物理学的细节方面遇到了很大困难。

几年之后,我来到位于美国帕萨迪纳的加州理工学院从事科学研究工作。在那里我经常与对量子物理学作出过很大贡献的费恩曼(**Richard Phillips Feynman**)讨论物理。费恩曼不止一次跟我说:“没有人真懂量子物理学,就连我自己也没搞懂。”

我因而意识到应该以更深刻的方式理解量子物理现象,并开始思考这门学科的根本所在。令我着迷的是,量子力学无法对一个物理事件作出断定,而只能给出它将发生的概率。这一点恰如原子和分子的稳定性这个事实可归因于概率解释。倘若什么都像经典力学描述的那样可以严格确定,分子和原子就不会有稳定的状态。

我觉得量子力学绝不仅仅令物理学家着迷。我试图通过这本书和读者分享量子力学的魅力。在物理学史上,始终存在一些举足轻重的发展阶段,使我们得以深入理解物质的结构及其动力学。

牛顿(**Isaac Newton**)意识到,苹果从树上落下与行星绕太阳运动的原因都可追溯到同一原理,即有质量的物体之间的引力效应。法拉第(**Michael Faraday**)和麦克斯韦(**James Clerk Maxwell**)解释了为什么电、磁和光现象也有相同的起源,即电磁场。爱因斯坦(**Albert Einstein**)在其相对论中指出,空间和时间具有相同的属性。在广义相对论(**general relativity**)中,爱因斯坦把这种想法用于引力,发现空间和时间都是弯曲的,并且引力其实不是力,而是时空弯曲的结果。这种关于引力现象的新观点给物理学家出了难题——迄今为止,量子引力理论实际上尚没有建立。

量子力学的建立也是物理学发展史上一个举足轻重的阶段，或许是最重要的阶段。在20世纪人类所取得的科学成就中，量子力学成就最大。物理学中的许多现象，诸如原子、分子和原子核的大小以及原子和原子核的化学键或稳定性，都无法在经典力学的框架内得到理解，但量子力学让我们搞明白了这些现象。

量子物理学是20世纪初由柏林洪堡大学的普朗克（**Max Plank**）开创的，历时20余年，但人们始终没有领会它的基本原理。随后一群为数不多但聪明绝顶的青年物理学家仅用了大约3年时间，就在普朗克、玻尔（**Niels Bohr**）和索末菲（**Arnold Sommerfield**）的思想基础上创立了描述原子和量子过程的新理论——量子力学。其中尤其要提到海森伯（**Werner Heisenbeng**）、泡利（**Wolfgang Pauli**）和薛定谔（**Erwin SchrÖdinger**）三位青年才俊，他们在1928年分别只有27岁、28岁和36岁。

学物理的学生要借助数学工具，特别是微分方程和泛函分析，来学习量子力学。在这样一本科普书中，当然不可能涉及很多数学，所以我对量子力学的描述不可能面面俱到。但是，我希望用这样一种方式把量子力学介绍给读者，使他或她能够理解该理论的基本特征。这是没有数学也可以做到的，故本书中几乎不采用数学公式。

有些过程在量子物理学中是允许的，但它们依照经典力学的定律却不可能发生。人们可以利用量子力学来计算这些过程，并发现这些理论结果与实验结果符合得极好。

量子物理学引入了一个新的自然常量，它就是普朗克（作用量）常量，通常用 $\boldsymbol{h}$ 表示，其测量值为 6.6×10^{-34} 焦·秒（焦 = 瓦×秒）。用诸如“焦”这样的宏观物理单位来表达普朗克常量，它的数值是非常小的。这就意味着量子物理现象在宏观世界不起任何作用。之所以称为“作用量常量”，是因为该常量描述了一个作用量，即能量与时间的乘积。这一点很容易理解，因为一个过程的作用量是由某一时间内起作用的能量来表征的。假如时间很短,那么作用量也就很小。

一个过程的作用量在经典力学中可以取任意值,但在量子物理学中却并非如此。量子物理学中的作用量只能是 $\boldsymbol{h}$ 的整数倍——作用量总是不连续的。不可能存在诸如 $\boldsymbol{h}/3$ 的作用量——自然界是以 $\boldsymbol{h}$ 为单位量子化的。普朗克发现了这种奇特的现象。他以一个振子为例,认定它的能量不可以任意变化,而只能取离散值。普朗克把这一假说用于炽热物体的辐射。把一块铁加热,它会开始发光发热。没有人能够用数学语言来描述这种辐射过程,但普朗克做到了。他找到了一个方程,成功地描述了该辐射现象。

爱因斯坦采纳了普朗克的假说,并于 1905 年指出,光是由量子组成的,这种量子是如今被称为光子的一类粒子。1905 年以前,光一直被认为是一种波动现象,而此时有必要把光既看成粒子又看成波。德布罗意(**Louis de Broglie**)甚至走得更远,他于 1923 年指出,所有的粒子同时也是波。

让我举个例子,以便把经典力学和量子力学之间的区别说清楚。地球到太阳的距离原则上可以是任意的,但这一点并不适合氢原子中电子的轨道。电子在确定的轨道上运动,也就是说,电子的轨道是量子化的。倘若电子获得相应的能量,它就可以从一条轨道跃迁到另一条轨道。量子世界不像经典力学,这里不存在连续的跃迁。我们以后会看到,电子甚至没有确定的轨道,有的只是概率分布。

量子力学中那些描述电子在原子里面运动的物理量,特别是电子的位置和速度,是无法被精确测量的。测量本身总是存在不确定性,它取决于海森伯所发现的不确定关系(**uncertainty relation**)。人们无法精确描述原子内部的物理过程,只能给出某个过程发生的概率有多大。

我们无法完全确定电子的位置和速度。倘若你想要相当精确地知道电子的位置,它的速度就很不确定;反之,如果你想要精确地知道电子的速度,它的位置就很不确定。不确定度的大小取决于不确定关系,特别是普朗克常量 $\boldsymbol{h}$。

对宏观物体而言,比如一辆运动的汽车,也存在不确定关系。但是,量子物理学所给出的不确定度太小了,以至于可以被忽略。这就解释了为什么在我们的宏观世界里可以完全不考虑物理现实的量子特性。

然而,在原子物理学中却做不到这一点。正是不确定度决定了氢原子的大小。在氢原子中,电子位置的不确定度可由氢原子的直径给出,大约等于 10^{-8}厘米。所有氢原子的大小都相同。

我现在考虑一个假想的氢原子,它比正常的氢原子要小得多,其内部电子的空间也更狭窄。由于不确定关系,该电子的速度具有更大的不确定度,所以平均而言,它比在正常氢原子中运动得快得多。该氢原子的能量比正常氢原子的能量要大一些。但是,在自然界中有一条重要的原则:每个物理系统都会尽量处在能量最低的状态。因此,假想的、尺寸较小的氢原子是不稳定的,它会释放能量,尺寸增大,直到它的大小达到正常氢原子的大小。

我们也可以考虑一个虚拟的、比正常原子大 100 倍左右的原子。要获得这样的原子,我们就不得不把电子拉得远离原子核,因而就不得不耗费能量。与上面的例子类似,虚拟的大原子要比正常的原子具有更高的能量,它也会释放能量而转变成正常的原子。正常的原子处于能量最低的状态,无法再强迫电子释放出更多的能量。所以不确定关系决定了原子的大小,具有普适性。这种普适性存在于宇宙的任何地方:地球上的氢原子和遥远星系中行星上的氢原子一样大。

出现在不确定关系中的物理量是动量而非速度。动量等于速度乘以粒子的质量,如电子的质量。因而原子的大小依赖于电子的质量。倘若电子的质量比它的实验观测值小 100 倍,原子的尺寸就会增大 100 倍。假如电子的质量仅为 0.5 电子伏,则氢原子的大小就会有 1/10 毫米那么大。

由于不确定关系,人们无法确定电子围绕原子核的运动。事实上,你不可能说清楚电子的运动轨迹,而只能描述在原子核周围某一区域发现这个电子的概率。处于基态的氢原子特别简单,其中电子的概率分布看起来根本不像一条轨道:它环绕着原子核呈对称状,而最大概率处就是质子所在的位置。

概率分布是由电子的波函数(**wave function**)来描述的。通过解量子力学方程,可以算出电子的波函数。波函数描述了原子的状态,而且通常是可以精确求解的。

如果利用经典力学方程来描述氢原子,电子就会有确定的角动量。但是在量子力学中,当氢原子处于基态时,电子没有角动量。它并非围绕着原子核在轨道上运动,而是在原子核附近振动。

量子物理学的另一个特征是存在激发态。倘若氢原子中的电子通过诸如光辐射等方式获取了能量,它就会在短时间内处于另一个能量较高的状态。这种状态叫作"激发态",与基态类似,具有特定的能量。处于激发态的电子会跃迁回基态,并以电磁波的形式释放出能量。在量子力学中,激发态的能量也是可计算的。

泡利在 1924 年发现了一个新原理,这个原理如今被称为"泡利不相容原理"(**Pauli exclusion principle**)。该原理断言,处于同一原子壳层的两个电子不可能具有相同的量子数。利用泡利不相容原理,可以解释原子的壳层结构,尤其是可以推导出门捷列夫(**Dmitri Mendeleev**)所制作的化学元素周期表。

如今量子力学在工业中已有很多应用。倘若没有量子力学,就不可能有现代固体物理学。量子理论对理解原子核也是至关重要的。

量子物理学并不局限于微观领域,它在我们日常生活中也扮演着重要角色。如果没有量子力学,就无法理解写字台的稳定性,而你此时此刻可能恰好坐在它旁边。量子力学对化学和分子生物学也十分重要。只有借助于量子力学,人们才可能理解原子是如何束缚在一起组成分子的。

在量子物理学中,你不得不放弃因果性(**causality**)原理。因果性在经典力学中是没有问题的。假如你在某一时刻准确地知道一个粒子的位置和动量,它的运动就由力学方程确定了。这一点在量子力学中是不对的。由于不确定关系,量子物理学的定律只具有统计意义。倘若你观测一个放射性原子核,你没有办法预测它什么时候会衰变。人们知道的只是原子核的平均寿命,比方说500 年。

100 年以前,人们对许多现象的原因毫不知情。人人都知道煤块加热之后会变红,然后变黄,但是没有人能够解释这种现象。为什么铜是红色的而银是白色的?为什么金属可以导电?为什么氧原子和氢原子结合在一起会产生水分子?为什么原子有确定的大小?

当物理学家开始研究原子时,他们遇到了很多悬而未决的难题。让我们考虑氖元素,它是一种没有任何化学活性的稀有气体。1 个氖原子含有 10 个电子。然而在元素周期表中氖元素之后的钠元素却在化学性质方面表现得相当活泼。钠原子含有11 个电子,比氖原子多 1 个电子。如果把 1 个电子加到氖原子中,它的化学性质就会发生巨变。这一点在量子物理学中很容易理解。

只要粒子速度相对于光速而言很小,量子力学对微观物理现象的描述就很成功。假如粒子速度接近光速,该理论就不再适用了,而必须被一种把量子力学和相对论结合在一起的理论所取代。海森伯和泡利做了这件事,他们提出了相对论性量子场论。

量子电动力学详细描述了电子和光子的相互作用。如今,我们用另外一种与量子电动力学很相似的量子场论来描述核子(即质子和中子)的相互作用,它就是量子色动力学。该理论描述了质子的组分(即夸克和胶子)是如何相互作用的。

对大多数人而言，量子力学是一门神秘莫测的学科，只有物理学家才能理解。但是，事实并非如此。其实每个人可以很容易地领会量子物理学的基本原理。在现代社会中，量子物理学至关重要，因而理应被公众所了解。

今人不见古时月，
今月曾经照古人。
古人今人若流水，
共看明月皆如此。
——[唐]李白

汪品先

编制地球的“万年历”

引言：四千岁还是四十亿岁

“今人不见古时月，今月曾经照古人”，说的是“人”和“月”虽然同时入诗入画，时间尺度上却大不相同。“朝菌不知晦朔，蟪蛄不知春秋”，说的是可怜的小型生物寿命有限，听不到晨钟暮鼓，看不见寒往暑来。其实，你我有幸生而为人，既识晦朔又历春秋，比朝菌蟪蛄神气得多；但要和月亮比起资格来，实在是无地自容。

现在知道，月亮和地球大体上同庚，都已经是四十多亿年的高龄。但这是现在的认识，几百年前，人类或者认为世界永恒、根本没有年龄这一说法，或者认为地球、世界的历史不过几千年。流传最广的是爱尔兰大主教 **James Ussher** 的说法，他在 1650 年指出世界是上帝在公元前 4004 年 10 月 23 日星期天创造的。其实，这

本文选自《自然杂志》2006 年第 1 期。作者汪品先系中国科学院院士，曾任同济大学海洋地质国家重点实验室主任、中国海洋科学研究委员会主席。

海洋地质学家汪品先

“四千年”并非这位大主教的创新，耶稣降生时地球只有四千岁是当时流行的看法。要等到19世纪末发现放射性元素的衰变，才找到了通过矿物测年的物理学方法求取地球年龄的新途径，再经过几十年的努力，得出地球形成于45亿年前的数据，和**Ussher**的说法相差五个量级。如今，人类对时间的视野还在拓宽，不仅认识到宇宙大爆炸发生在137亿年前，而且进一步探讨宇宙大爆炸是否属于周期性现象。

当然，人类最为关心的还不是宇宙或者地球的年龄，而是和自己生命活动相关的时间尺度。最简单的计时参考系，莫过于昼夜交替和季节更新，这就是日和年，也就是以地球自转和公转为基础的天文计时。再要细一点就可以在日的基础上进一步划分，我国古代就有利用太阳角度定时的日晷，看不见太阳的时候可以用沙漏、水钟定时。不仅中国自古就分时辰，在巴比伦时代还分出了时、分、秒，而且分、秒的六十进位制一直流传至今。

随着社会的进步，尤其是科学技术的发展，人类需要关心的时间幅度已经大为扩展，短到亿分之一秒，长到数十亿年。计时的方法和标准也随之大为变化，只是行外人士对时间的概念变化不大，一说到时间，想起的不是手表就是日历。本文就是想从计时概念与技术的进步入手，漫谈人类对时间认识的发展；而且“三句不离本行”，重点放在研究地球历史用的时间概念和计时单元。

从天文钟到原子钟

时间的流逝,推进着人类对时间的认识,提高着对时间分辨率的需求。当古人不能以日晷和沙漏为满足的时候,就出现了种种机械计时的尝试,其中一个重大进展是钟摆的发明。尽管伽利略早就注意到用摆锤计时的潜力,第一个钟摆还是要等到 17 世纪中叶,由荷兰人惠更斯发明。与以前任何计时装置相比,摆钟的精度提高了上百倍,而他随后发明的螺旋平衡弹簧,又进一步提高精度、减小体积,导致了怀表的出现。然而再好的摆钟,其精度也只能达到每年误差不超过一秒,再要提高就需要另辟蹊径。

测时的原理是运用时间上稳定的周期性过程,其实物理学上周期性过程的时间范围极大,短到普朗克时间的 10^{-43}秒,长到天文上的 $10^{17}\sim10^{18}$秒,为测时提供了广阔的空间。因此,完全可以跳出机械运动的范畴,发展其他的物理测年方法。果然,1939 年出现了利用石英晶体振动计时的石英钟,每天误差只有千分之二秒,到"二战"后精度提高到 30 年才差一秒。很快,测年的技术又推进到原子层面,1948 年出现第一台原子钟,1955 年又发明了铯原子钟,利用 $\mathbf{Cs}^{133}$原子的共振频率计时,现在精度已经高达每天只差十亿分之一秒。

原子钟的发明,从根本上改变了计时的标准——从原来依靠天体运动的天文标准,发展到依靠原子运动的物理标准。按照天文定义,一秒的时间应当从年、日、时、分、秒的关系求得,一秒等于 31 536 000($=365\times24\times60\times60$)分之一年。但是天文计时的单位,无论年月日,其实都不稳定。为此,1956 年全球约定:一秒钟的定义是 1990 年 1 月 1 日 12 时回归年长度的 31 556 925.974 7 分之一。到 1967 年,这种定义已被原子钟的定义所取代:一秒钟是 $\mathbf{Cs}^{133}$原子在两个能态之间周期性振荡 9 192 631 770 次的时间。

天文钟和原子钟既然原理不同,计时当然也有差异。由于天文周期有不稳定性,时间久了,"原子时"和天文的"世界时"之间产生差异，只好用“闰秒”的办法来解决：2005 年末、2006 年初增加一个闰秒，就是这个道理。

从化石定年到同位素测年

时间概念，不仅向着越来越精细、越短促的高分辨率方向发展，而且也在向长久、遥远的大尺度方向发展，朝着地球历史的早期推进。

地质计时，经历了曲折的历史。地质学的建立就从地层学开始，本身就与时间不可分割；然而那时用的是相对年代序列，指的是地层形成时间先后的定性序列，并不在乎定量的具体年代。识别相对地层年代的依据，主要是生物化石，比如三叶虫的出现是寒武纪的开始，恐龙的灭绝是白垩纪的结束，而这寒武纪、白垩纪无非是科学家命名的一种代号，究竟距离今天有多少年并没有测定，而且对早期的地质学来说也并不重要。当时地质学的任务在于找矿，重要的是识别某个时代的地层，如石炭纪地层含煤矿，而鳞木化石指示石炭纪，找到有鳞木化石的地层，就有可能找到煤矿。发展到现在，地质学的任务已经从找矿勘探扩展到环境保护与预测，性质也从现象描述进展到机理探索，定量的时间概念变成了关键，测年的重要性也提升到空前的高度。

地质学产生的早期，确实缺乏手段以定年龄，无从猜测地层的形成究竟花了多长的时间，只能从今天的地质过程提出自己的推想。比如，海水的盐分来自大陆岩石风化的溶解物质，那么根据今天河流向海洋输送溶解物质的速率，就可以计算出世界大洋存在的年龄。同样，根据现代的岩石剥蚀作用和沉积作用的速度，可以推算剥蚀出今天的地形、堆积起今天的地层需要花多长时间。前提是这种种地质作用的速率不变，就是所谓“均变论”。地质界的“均变论”，也为当时的生物学革命所接受，比如对生物界的进化，就估计有十亿年历史。达尔文在《物种起源》中专门讨论了岩石风化的缓慢，推论出地质年代数以亿年计。相反的是当时的物理学界，从热力学角度推算太阳的年龄，以及地球从炽热熔融状态冷却固化的年龄，认为地球年龄只有几千万年，绝不会有上亿年。地学界与物理学界的争论，到了19世纪末期放射性元素发现之后方有结论：因为太阳的能量还在不断产生，不能用简单的热量消耗来计算其年龄，所以地学界的估算要比物理学界来得正确。

就在1895年**X**光发现之后的第二年，发现了铀的放射性，为利用放射性元素的半衰期测定矿物年龄开辟了途径：1904年**E. Rutherford**首次从一种铀矿物测得五亿年的放射性年龄。现在放射性测年不仅是地质年代学的基本方法，而且也被天文界用于测量陨石追索太阳系的历史，考古界用于测量出土文物的年龄。

日、月、年以上的天文周期

归纳起来，人类计时有两种系统：一种是天文计时；另一种是物理计时。前面说到，计时是从天文方法开始的，然而天文上的周期性并不像我们外行人想象的那样有规则。以太阳为标准的天文“日”长度并不相等，现在一年之中就可以差51秒；更不用说根据珊瑚化石生长纹判断，四亿年前一年有四百多天，在地质尺度上来讲地球自转速率是在减慢的。如此看来，用独立的物理方法计时，避免天文计时中的不稳定因素，是极为重要的。

但是话又得说回来，尽管有精确物理定义的“秒”，我们日常使用仍然是天文计时，仍然是按昼夜作息、按年度预算。因为天文周期实际上也是人类生活环境的周期，其精度一般讲也足够我们日常使用。即使有了原子钟，仍然需要有历法的天文计时。时间长度的不同等级有不同的用途，论资历用“年”，发工资按“月”，住旅馆算“日”，打电话计“分”。基于天文周期的年、月、日，和由此派生出来的世纪、星期、小时等，能够满足人的生命长度与生命活动的需要，使用方便。可是在地质计时中，这些天文周期都显得太短，动不动就要用几亿甚至几十亿年来表示，既不科学，又不方便。不科学是我们根本达不到“年”的分辨率，不方便是无缘无故用那么大的数字，就像平时生活中不用年只用秒，每人要数三千多万秒过一次生日，活到将近十九亿秒才可以退休，那就非乱了套不行。

从地质科学产生至今差不多两百年的历程里，我们习惯于“推己及物”，把自己计年龄的单位加给地球。可是既然知道有“今人不见古时月”的尺度差异，我们能不能找一找：在日、月、年之上，还有没有更长一点的天文周期，适宜于地球和月亮使用？回答是有的。这种周期确实有，而且已经开始使用，这就是地球在太阳系里运行轨道几何形态变化的周期，简称轨道周期。

地球绕太阳公转，遵照牛顿定律是极其规则的运动。但是，太阳系里还有其他行星，地球身边还有月亮做伴。相互干扰的结果，地球的运行轨道，包括绕太阳公转的黄道和地球自转的赤道面，就会周期性地出现偏差。周期性变化的轨道参数有三种：岁差，斜率与偏心率。地球自转轴呈陀螺般的晃动，叫作岁差；地球赤道和黄道之间的夹角叫作斜率，也在发生周期性变化；黄道呈椭圆形，但有时更圆些，有时更扁些，这就是偏心率。轨道参数不断地在变，只不过我们不加注意罢了。但是，地球运行这种几何形态上的微小变化，都会影响太阳辐射量在地球表面的分布，通过地球气候系统的放大效应，最终可以导致冰期的重复发生。

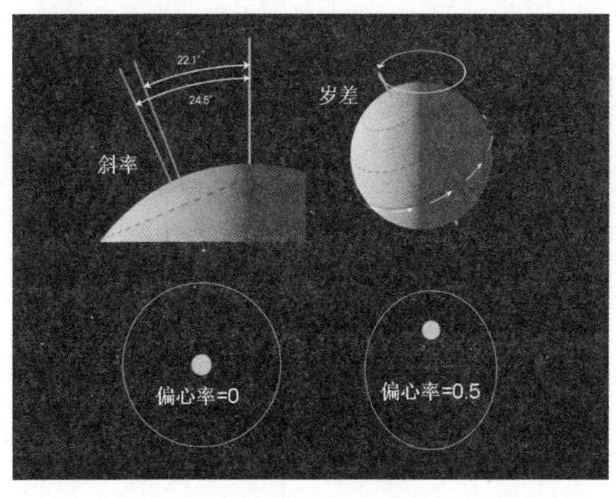

地球运行的轨道参数

三个参数中最先发现的是岁差。所谓“岁差”就是岁岁有差别，我国晋朝的虞喜就发现冬至点每年有所移动，五十年沿黄道西移一度。现在知道这是21 000年的周期，具体表现是地球在黄道上到达近日点的日期逐年变化。从气候角度分析，如果地球在夏至到达近日点、冬至到达远日点，一年内季节的差异就会加强；相反，如果冬至到达近日点，夏至到达远日点，气候的冬夏差别就会减少。岁差周期影响气候季节性，所以季风强弱就会有两万年左右的周期。

地球的斜率也在变。现在回归线在23.5°，这是今天地球的斜率；但是它在22.2°与24.5°之间变动，41 000年一个周期。现在斜率每年减少0.5°，所以北回归线正在南移。比如，台湾的嘉义县1908年建造的北回归线标志，到1996年已经落在北回归线以北1.27 **km**，到9 300年后更要相差90 **km**。斜率角度增大会使太阳辐射量在高纬区的份额加大，所以对高纬度的气候有重要影响；假如斜率一旦大于54°，极地就会比赤道还热。

第三个轨道参数偏心率，它反映黄道圆不圆，随着黄道短轴的长度伸缩，椭圆形的黄道有接近100 000年周期的变化，导致不同季节地球与太阳距离的不同。但是，由于这种变化幅度太小，对气候的直接影响可以不计。偏心率影响气候，主要依靠调控气候岁差变化的幅度，偏心率越大，岁差造成的气候变化越大。道理很简单：假如偏心率小到为零，黄道成了圆形，也就谈不上什么近日点、远日点和岁差的气候效应了。

这样，两万年的岁差，四万年的斜率和十万年的偏心率周期，通过太阳辐射量的时空分布变化影响着地球上的气候。但是，与日、月、年不同，这类天文周期时间长、变化小，只有靠地质时期里的长期积累才会有显著的效果。果然，这类天文周期的发现，是在近几十万年来的冰期记录里。

地球轨道和冰期旋回

地质学界会对轨道周期发生兴趣，原因就在于大冰期。两万年前,世界大陆有三分之一压在几千米厚的冰盖下面,而且这种大冰期曾经在最近一百多万年来的第四纪里重复出现,什么原因不清楚。经过长期争论,终于发现原因在于地球运行轨道的周期性变化。20 世纪早期,塞尔维亚的米兰克维奇(**Milutin Milankovitch**)以北纬 65°**N** 的高纬区为标准,计算夏季接受太阳辐射量的周期性变化,如果夏季辐射量不太大,北半球高纬区的积雪不会融化,就可以逐渐堆积而形成大冰盖。这项假设提出后遭到几十年的冷遇,直到半世纪之后的 20 世纪 70 年代,深海沉积物的氧同位素分析证明冰期旋回与轨道周期相符,方才得到学术界的承认,这就是所谓“米兰克维奇理论”:冰期旋回的原因在于地球轨道参数的变化。

既然冰期按轨道周期发生,就可以拿冰期作为计时的标准。全球冰盖的大小反映在海水的氧同位素上,因此深海沉积的地层年代就采用氧同位素分期(**MIS**)来表达,今天属于 **MIS**1 期,2 万年前的大冰期是 **MIS**2 期,一直数到一百多期。但是每次冰期旋回的长度并不一致:早先的旋回四万年,是斜率周期;最近六七十万年以来又变为十万年一次冰期。更大的问题是在地质历史的长河里,极地有大冰盖、气候有冰期旋回的只是少数,多数时间里没有冰期。因此,依靠冰期旋回表达的轨道周期,只能有局部的应用价值。

西西里岛南岸石灰岩和腐泥层的交替,纪录了四百万年前地球轨道的周期变化

好在地球轨道参数影响太阳辐射量的分布,并不限于高纬区。前面说过,岁差影响气候的季节性,当近日点在夏至的时候季节性加强,季风和季风雨也就特别强盛。在非洲,强大的季风雨可以造成尼罗河特大规模泛滥,洪水流到地中海引起浮游生物的勃发,海底形成

富含有机质的“腐泥层”。季风洪水随着岁差变,所以两万年出现一次的“腐泥层”,就是岁差的标记。岁差两万年一个周期可以编号,现在近日点靠近冬至,是岁差的高峰,编为 1 号;一万年前近日点在夏至前后,是岁差的低谷,编为 2 号。这样从现在向古代推算,一个岁差周期编两个号(岁差高峰单号,低谷双号),大约 180 万年前的第四纪开始就编到 176 号,此前的上新世就从 176 号编到 530 号,相当于 180.6 万年至 533.3 万年以前的一段历史。今天意大利南方的地层,从前就是地中海海底的沉积,里面保留着这些腐泥层,上面说的编号就是在那里应用,成为地质年代天文计时的一个样板。

但是,两万年的岁差周期只是近几百万年来的事。由于地球受潮汐摩擦的原因,岁差周期是在变长的。据计算,今天平均 21 000年的岁差周期,在五亿年前只有 17 000 多年。斜率也一样,今天 41 000 年的斜率周期当时也只有 29 000 年。即便在近几百万年,由于冰期时地球受冰盖载荷的影响,岁差和斜率周期的长度也会受到影响。上面说的用岁差周期作为地质计时单位,只能适用于最近几百万年。由于其时间长度不稳定,岁差和斜率难以成为整个地质时代计年的“钟摆”;这种“钟摆”,得靠第三个轨道参数——偏心率。

地质计时的“钟摆”——四十万年偏心率长周期

前面介绍地球轨道参数时只说有 10 万年的偏心率,其实偏心率还有 40 万年的长周期,它们都不受潮汐影响,具有稳定性;尤其是 40 万年的偏心率长周期,是天文上最为稳定的轨道参数。上面说过,偏心率主要通过调控岁差的变化幅度影响气候,而岁差变化幅度越大,气候的季节性变化越强。所以偏心率增大,就会加强气候的季节性变化;假如偏心率等于零,岁差对季节性的影响也就等于零。这种作用在低纬度区最为明显,比如地中海按岁差周期出现的“腐泥层”,偏心率最小的时期不能形成,只有石灰岩的连续沉积,因此从远处就可以看出地层的轨道周期来。谓予不信,请到西西里岛一游。那是意大利著名的旅游点,崖岸上石灰岩和腐泥层的韵律,就是轨道周期的记录,其中游泳之后享用日光浴的厚层灰岩,就是40万年周期偏心率最小时候的产物。

在较老的地质年代里,最容易辨认的是40万年长周期,一方面这种长周期造成的气候变化幅度大,便于识别;另一方面时间长度大,对时间分辨率的要求低,容易确定。因此在不同年代的地质记录里都可以适用,被誉为地质计时的最佳“音叉”。现在,40万年长周期不仅在三亿多年前美国东北的湖泊,或者一千多万年来的贝加尔湖沉积中有发现,而且世界大洋的碳储库普遍存在40万年的长周期。学术界终于开始明白:这40万年周期,是地球上气候变化一种最基本的“节律”。地球上大部分时间没有大冰盖,那时候气候变化主要受低纬度区控制,因此岁差和调谐岁差变幅的偏心率周期,就显得格外重要。过去轨道周期的研究大多局限于第四纪晚期的冰期旋回,那是地球历史上非常特殊的时期,而且总共只有几十万年,当然看不到长周期。

于是,有人建议将地质时期按40万年偏心率周期编年,具体说是用偏心率最低值作为一个40万年周期的标记,从新到老编号排序。从最近一个偏心率最低值,也就是一万年前起算,编号为“1”,那么往前数,北半球冰盖的形成应当在第“7”期,地中海变干发生在第“16”期,等等。再往前,6 500万年前白垩纪末恐龙灭绝,按偏心率长周期就是“162”期;距今14 500万年的侏罗纪末,就是“360”期。

总之,地质界已经在日、月、年之上,提出了更长的天文周期用来计时,一个是大约两万年的岁差,一个是大约40万年的偏心率。其中40万年周期适用于整个地质历史,是最有希望的地质计时单位。当然这里的计时全是指地质尺度,无论是人寿保险,还是工程设计都决不会采用这种计时单元,但是对地质历史和环境演变的研究说来,找到了自己的“钟摆”。

结束语——翻开地球的“万年历”

就像现在有了原子钟,还要有历法一样,地质历史的同位素测年,无法替代天文周期的计时。因为同位素测年可以求出时间长度,却提供不了天文周期反映的环境变化韵律。不管短到日、年,还是长到岁差、偏心率,都是环境韵律的标志。古人“日出而作,日入而息”,因为白天便于耕种,黑夜宜于睡眠。岁差低谷时地中海形成“腐泥层”,偏心率低值时堆积石灰岩,这也是天文周期,只是你我寿命太短,不通过专家的研究看不出来,和“朝菌不知晦朔,蟪蛄不知春秋”是一个道理。因此,将天文周期引进地质年表,其意义不仅在于提高地质年代学的精度,还有助于理解地质过程的机理。

可以预见,未来的地质年表,既有同位素测年的数据,也有天文周期、主要是偏心率长周期排序的“年龄”。只有理清地质历史上的周期性,才能编制地球的“万年历”。一旦掌握了这种“万年历”,其影响将远远超出地质学的范围,因为人类对大大超过自己生命长度的变化了解实在太少。今天面对“温室效应”、疾呼“全球变暖”的学术界,三十年前曾经鼓吹过“下次冰期”即将降临;直到现在,下次冰期究竟什么时候来,预测仍然大相径庭,有的说还得五万年,有的却说已经在来临。分歧的原因是不了解轨道变化究竟如何影响地球上的气候,尤其对如何影响碳储库,至今众说纷纭。40 万年偏心率既是季风的周期、风化作用的周期,又是大洋碳储库的周期,很可能还是海平面升降的周期。今天的地球正在经历着 40 万年偏心率周期的低值期,大洋碳储库的反应也早已出现,当务之急是要去解读这种长周期变化的环境意义。不认识地质时期里冰期旋回、碳储库变化周期与轨道参数的关系,要对未来环境长期变化趋势作出科学的预测,是不现实的。

研究天文长周期,不单是地质学请教天文学;相反,天文学也会得益于地质学。天文周期的计算,在时间上有着一定的极限;过于古老的天文周期,天文学已经无能为力,只能将来从地质纪录里去寻找,靠地质学提供。利用地质纪录推测轨道周期的做法,不但有了初步尝试,而且还在地外星球的航天探测中使用。火星极地上发现有 2 500 米厚的冰盖,冰盖上的亮、暗条带表明有冰雪与尘埃的互层,应当和地球上一样是轨道驱动下冰期旋回的产物。经过计算,求出了火星的轨道周期是:岁差 51 000 年,斜率 120 000 年,偏心率 95 000 年至 99 000 年。至于这结论的准确程度将来如何验证,恐怕你我都不见得等得到。

进一步讲,计时和周期的问题同样存在于生物学。演化生物学本来和地质学一样探讨时间问题,而生物大分子进化速率稳定性的发现,为生物演化研究的计时提供了标准,为建立演化的“生物钟”创造了条件。对于天文周期,生物界和地球气候系统一样,也会作出自己的反应。现在已经知道,生物个体内要有“生理节奏钟”响应昼夜与季节的变化,要有内在的“发育钟”机制协调个体发育的生长过程。那么,在生物界的高层次上,是不是也会有生物圈对天文长周期的响应呢?这样的问题也许提得过早,在基因层面上研究生物与天文周期的关系,目前还刚刚起步。可以肯定的是,地球“万年历”的编制,天文长周期在不同学科中的引入,必将开拓人类认识世界的时间范围,提高预测长期变化的能力。到那时,尽管还是“不见古时月”的“今人”,却能够有声有色地开讲包括地球在内的“太阳系演义”。

有两种东西能够激起我们心灵的震撼，这就是我们头顶美丽的星空和心中崇高的道德感。

——廉德

祖恒兵

试管婴儿带来的挑战

赫胥黎的预言成真

1932年，英国著名文学家和预言大师阿道斯·赫胥黎在他的《美丽的新世界》一书中大胆预言，在2532年的世界中，人是可以用精确的设计标准和符合实用的价值观念来大量生产的，生孩子的事情完全由生命工厂（帮助妇女生育孩子的地方）负责。在这样的未来社会，男人与女人都不用过问生孩子的琐事，而可以专心、自由地生活着。他预言，人类科技发展到足以复制自身之时，便是人类世界陷入混乱之日。

这本书深深震撼了当时还处于20世纪农业社会向工业化社会过渡时期的美国人，许多美国人对书中预言的、未来生育技术带来的人类制造“未来新人类”的美丽前景，既深感震撼，又不知道如何是好。

在21世纪的今天看来，赫胥黎的美丽预言已经成为蓬勃发展

本文选自上海人民出版社2006年3月版《礼物还是灾难》。作者祖恒兵系复旦大学上海医学院教师。

的生物技术浪潮时代的社会现实写照。在试管婴儿技术不断走向发展与成熟的今天,越来越多的人不会再怀疑他的“人类制造人类”预言是一个异想天开的幻想。

科学家正在“造人”

今天,以分子生物学技术为核心的生物技术的迅速发展,正在验证赫胥黎的美丽预言。基因技术、蛋白质技术、基因合成技术、基因嫁接与改造技术、克隆生殖技术、试管婴儿技术、人造子宫技术、精子库与卵子库技术等生物技术正在突飞猛进、日新月异。

人类生命的种子——精子与卵子,早已成为科学家操纵的“实验品”,改造人类生命的种子已成为现代生育技术和商业公司的基本目标,受精卵——人类个体生命的源头,也已经成为众多科学家常规的实验材料。人类生育服务市场的商业化速度惊人,从生命种子精子与卵子、半成品受精卵、早期胚胎(冷冻胚胎),甚至到成熟的婴儿(代理孕育)的各种产品都可以购买,为不同需要的人们提供“生儿育女”的商业服务。

在21世纪的今天,极个别野心勃勃的生殖科学家正在重复上帝的工作,准备完成制造“新人类”的使命,上帝“创世纪”的伟业正在他们的操纵之中。美国的一个包括生命生态学家、社会学家、律师、伦理学家、生物学家等组成的一百多人小组,对“人造生命”的命题进行了论证,最终达成了一致共识:自然界不存在一种创造生命的神秘、魔术般的外力,人类可以制造“生命”。

无论如何,这样的前景已经展示在人类的面前,未来的生命(包括人类生命)都可以依赖科学家之手去创造与生产。地球生命的神秘与神圣戒律在未来的人工生命制造时代将被揭开和破除。

2003年,联合国就克隆人问题召开了全球会议,会议上绝大多数国家和政府都明确表示,反对进行克隆人研究。尽管世界各国的政府和主流媒体都反对克隆人,但据有关资料推测,全球可能有数十个实验室正在秘密开展克隆人和与克隆人相关的技术开发。

闻所未闻的试管婴儿

1978 年 7 月 25 日,世界上第一例试管婴儿路易丝·布朗诞生于世。自她从英国奥德姆市传出的第一声啼哭起,就震撼了医学界,震撼了全世界。

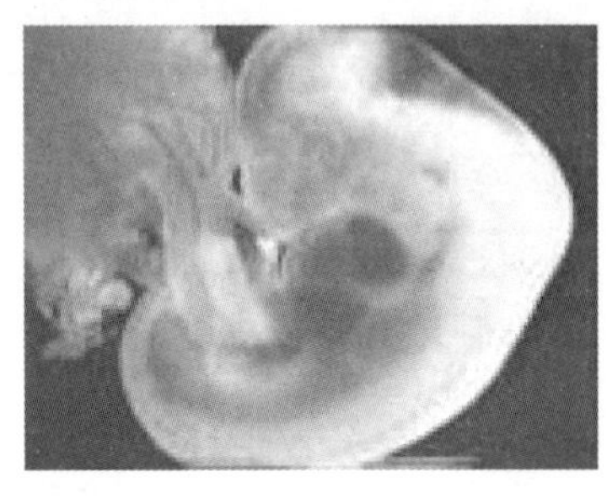

赠卵试管婴儿

妇产科学家帕特里克·斯特普托和胚胎学家罗伯特·埃德华兹的联手杰作——试管婴儿,无疑成为人类生殖医学史上划时代的里程碑,它开创了人类数百万年自然繁衍历史上“人类制造人类”的伟大历史先河。

正如帕特里克·斯特普托本人所说的那样:“这是第一次我们一下子解决了所有的问题,现在我们只是处在万事开头的末尾,而不是万事终了的开端。”第一例试管婴儿只是拉开了一个新时代的序幕,而不是一个新时代的终结。

第一例试管婴儿技术方法,就是将婴儿父亲的精子和婴儿母亲的卵子取出后在体外实现受精结合,形成一个单细胞的受精卵(人类生命的最初形式),尔后将受精卵放在体外的玻璃皿内培养数日,再重新放回母亲的子宫内,经过在妈妈肚子里数月的妊娠而最后分娩出一个正常的试管婴儿。

据不完全的统计资料显示,到 20 世纪 90 年代末期,以试管育婴方式诞生的试管婴儿,在全世界已突破数十万之众,而且今天的数目仍在世界各地迅速增加。

“借卵生子”的困惑

如果说,1978 年人类最初的第一例试管婴儿与父母之间还存在着直接的遗传上的血缘纽带联系的话,那么今天的许多新“试管婴儿”的技术应用,已经促使许多试管婴儿与父母的血缘联系产生部分或完全性中断。

“借卵生子”是试管婴儿技术的又一个新方法。一个没有排卵能力的母亲,可以从卵子库或其他妇女那里借用卵子与自己丈夫的精子在体外受精结合后,经短期体外培养,再植入自己的子宫内发育妊娠,从而生出一个属于自己的孩子,这个孩子遗传学上已与其生身母亲失去直接血缘联系,实际上她有一个生物学上的母亲(卵子提供者),一个社会学上的母亲(社会学上的养育母亲)和一个完全意义上的父亲(精子提供者和社会学上的养育父亲)。

此外,一对夫妇,如果丈夫缺少精子,同样可以借用他人捐助的精子与自己的卵子受精,而生育一个自己的孩子,这个孩子同样与其父亲之间失去血缘上的遗传学联系。同样,一对父母亦可以完全借用别人捐献的精子和卵子来生育一个自己的孩子,这样的孩子从血缘上(遗传学联系)完全失去了与社会父母的血缘纽带关系。这样,孩子就拥有了一对遗传学上的父母和一对社会学上的父母。

近年来,“出租子宫”正在成为美国一种新兴的商业服务,即所谓的“借腹生子”或“代理母亲”现象,亦就是通过租借别人的子宫来生育自己的孩子。这种新的生育服务,更加引起了父母和子女之间血缘、伦理关系上的复杂化。如果一个子宫有缺陷的母亲,可以将自己的卵子与丈夫的精子受精后植入其他妇女(即“代理母亲”)的子宫,借别人之腹生育一个自己的孩子,这种孩子的“生身母亲”(生育上的母亲)和血缘关系(遗传学)上的“血缘母亲”角色便出现了分离。

在上述的各种情形之下,子女与父母的社会和血缘关系,比之自然的传统生殖方式下的父母与子女关系发生了极大的变化,传统的血缘、伦理上的父母与子女关系已经不可能适用,试管婴儿技术与现行的生殖、法律、宗教、文化等传统产生了激烈的冲突。

尽管采用试管婴儿技术方式生殖的婴儿数目,在全球人群中所占的比例微不足道,但传统的母体生育方式和自然生命伦理正在受到人工体外生殖科学技术发展的挑战。

颠倒的生育伦理

在美国中西部衣阿华州(艾奥瓦州)有一个叫苏市的小城。42 岁的学校图书管理员施威策夫人第三次顺利分娩了。可是这一次她分娩的不是自己的儿女,而是自己的一对孪生的外孙和外孙女。

英国老妇62 岁生下试管婴儿

原来,施威策夫人 20 岁的女儿克里斯特患有先天性的生理缺陷——没有子宫。四年前施威策夫人带着克里斯特到医院接受治疗,她对医生央求说:“克里斯特天生喜欢孩子,希望你能把我的子宫移植到她的身上,因为我不再需要它了。”医生听了大吃一惊,问她多大年纪,回答:“38 岁,已有一子一女。”医生婉言拒绝了她的要求。将自己的子宫捐献给女儿的努力失败后,施威策夫人决定为女儿妊娠孩子。

像施威策夫人这样为亲生女儿代理妊娠的事例,在美国当时尚属独一无二,人们缺乏基本的心理准备。因此,人们对施威策夫人和她女儿的做法反应强烈。从传统的生育习惯和伦理标准衡量,孕育两个孩子的人是施威策夫人,而在社会上两个孩子则归属于她的女儿,到底孩子应该属于谁?传统的生育习惯与伦理都没有先例,人们感到困惑不解。

第一,孩子长大以后,究竟叫施威策夫人外婆还是妈妈?第二,孩子长大以后,与家庭成员的社会关系也可能出现问题,孩子自己、家庭成员与社会又如何互相看待。第三,孩子的身份与家庭角色又如何从法律上进行认定?

按照自然生殖(母体孕育孩子)的传统,施威策夫人无疑是孩子的生育生物学意义上的母亲,她与两个孩子之间存在血缘上的联系。此外,施威策夫人和她的女儿克里斯特究竟谁是两个孩子社会学意义上的母亲呢?大多数人都可能认为她的女儿克里斯特应当是两个孩子的母亲,但这只是我们将问题简单化的结果。在现代人类生殖技术飞跃进步的时代,“母亲”的含义,应当从什么样的生物学、社会学、法律学、伦理学角度去加以定义和衡量,这是今天的人们已经面临而又无法回答的生物学和社会学问题。

生殖技术改变人类未来

人类社会一开始就引导女性,她们的主要任务就是繁衍和养育人类。现在她们在社会上的自我形象是什么呢?未来她们的形象又是什么样?

迄今为止,只有少数的社会学家开始关心这类问题。美国纽约综合医院的神经精神科主任海曼博士说,十月怀胎,一朝分娩,满足了一种重大的创造需要。大多数妇女为她们能够生育孩子而自豪。这种美化孕妇的特有光环——自然母亲的角色,在东西方文艺作品中大量存在。

海曼博士说:“如果一个妇女的后代很可能不是她的,而是把遗传上优良的卵细胞,从另一个妇女移植到她的子宫里来的,甚至是在实验室里生长的,那么对母性的崇拜会出现怎样的改变呢?”他认为,如果未来的妇女是重要的,那不再是只有她们能够生孩子。单凭这一点,我们就能消除对母性的神秘感。

如果体外人工生殖方法达到了高度的成熟和普及,如果妇女都普遍放弃了自己生孩子的权利,那么在未来的时代,孩子的身份,父母的角色,祖父母、姑、叔、表亲等传统的亲属关系又会发生怎样的变化?

就现代试管婴儿技术的发展而言,生育技术带来的影响绝对不是一个纯粹的生育孩子方法和如何生育孩子的技术问题。新的生育技术,将可能对我们现代传统的生育制度、人口控制、社会的人员关系、传统家庭等产生无法想象的巨大冲击。

许多科学家、人类学家、伦理学家、心理学家等都认为,一旦试管育婴技术可以完全代替女人生育孩子,那么人类许多传统的经验都将不可能适用于未来社会的需要,人类需要重新制定全新的社会规则去适应未来社会的需要。但是,直到今天,我们发现人类仍然对此无动于衷,人们仍然习惯于用传统的标准和习惯来看待与处理越来越不同于过去传统的技术、社会问题。

面对成熟的试管婴儿技术的来临,我们不得不发出与托夫勒同样的疑问:现代生殖技术真的会根本改变人类的未来命运吗?

“似曾相识燕归来”，历史是否又在重演？

沈致远

两轮两云到两暗

历史有时表现出惊人的相似性，证诸科学史，此言不虚。这里借“两轮”和“两云”的故事，说说对“两暗”的看法。

两千多年前，古埃及天文学家托勒密（**Claudius Ptolemaeus**，约90—168）以地心说解释天象，提出均轮本轮之“两轮”说，认为众星均由东向西绕地做圆周运动，其轨道称为均轮，这对恒星而言大致与观测结果相符。

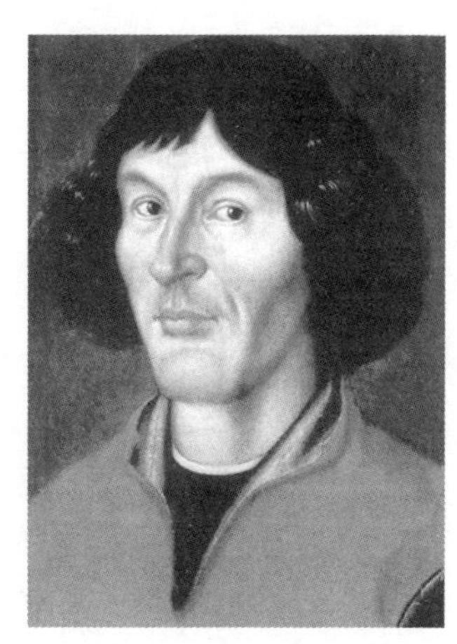

哥白尼（**Nicolaus Copernicus**，1473—1543）

但对行星就出毛病了，行星在天穹上的视觉轨道有时会出现由西向东的逆行。为了维护地心说，托勒密在行星的均轮上加本轮作修正，而且越加越多，竟用了80个本轮才和当时的天文观测数据凑合。地心说的两轮体系带有明显的人为性，但被罗马教廷

本文选自上海教育出版社2008年版《科学是大众的——沈致远科学散文》。

奉为金科玉律。

1400 年后,哥白尼提出日心说,以地球自转和行星绕日公转自然地解释了观测到的星象,根本不需要什么均轮本轮,其简单明了远胜于地心说的两轮体系。但他慑于教廷之威势不敢公开,临终时才在病榻上签字发表。70 年后伽利略利用望远镜观察到金星的盈亏现象,给地心说以致命一击,确立了日心说,两轮体系终于被摈弃。

开尔文(**William Thomson Kelvin**,1824—1907)

回顾这段历史可见,如理论的基本出发点错了,不管怎样拼凑粉饰终究难免失败,即使假上帝之威也无济于事。

19 世纪末,以牛顿力学和麦克斯韦电磁理论为支柱的经典物理学登峰造极,科学家得意之余未免踌躇满志。1899 年除夕,英国物理学家开尔文在欧洲科学家集会上发表新年祝词,他回顾了物理学取得的伟大成就后说:大厦已经建成,剩下的只是一些修饰工作。但是,在物理学晴朗的天空中仍有两朵乌云:一朵是迈克尔孙的光速实验结果与当时流行的“以太”说[①]相抵触;另一朵是经典黑体辐射理论的“紫外发散”与实验不符。

这就是科学史上著名的“两朵乌云”,是为“两云”。

曾几何时,两朵乌云均化为倾盆大雨。1900 年德国物理学家普朗克提出量子化概念,得出了与实验相符的黑体辐射理论,消除了紫外发散,并奠定了量子论的基础。1905 年爱因斯坦发表狭义相对论,解释了迈克尔孙的实验结果,否定“以太”的存在,揭示了

① 以太(ether)是一种假设的媒介,充满宇宙作为光波之载体。

时空的性质,并提出著名的“质能相当原理”,为原子能的利用提供了理论根据。量子论和相对论成为20世纪物理学的两大支柱,并且衍生出许多重要的应用。开尔文虽然受到当时对经典物理学成就过分夸大的影响,但他提出的“两云”却成了新物理学发展的契机。科学是在不断揭露和解决矛盾中发展的,就是从这段历史中得到的宝贵经验。

“两轮”和“两云”的历史相似性在于:科学家的思想往往带有惰性,沿老路走惯了,即使遇到障碍也不敢逾越,而胜利属于敢另辟蹊径的勇者。

时序又流逝了100年,20世纪末又有人对科学的成就踌躇满志,著书宣扬“科学的终结”,这可比百年前的“大厦已经建成”走得更远。但吃一堑长一智,响应者寥若晨星,想学开尔文者却大有人在。

2003年2月1日美国太空总署公布了威尔金森微波各向异性探测卫星(**Wilkinson Microwave Anisotropy Probe**,简称**WMAP**)的观测结果,天文物理学家据此推算出:原子等通常物质只占宇宙中所有物质的4.4%,其余是22.6%的“暗物质”和73%的“暗能量”。换言之,宇宙中95%以上的物质是看不见的怪物。暗物质和暗能量这“两暗”的提出,不禁令人回想起百年前的“两云”。

提出暗物质假说是为了解决恒星超速与星系引力不足的矛盾。天文学家观测到位于星系边缘的恒星速度过大,所产生的离心力如不能被其所受之引力抵销,恒星会从星系中飞走,星系就无法维持。但计及星系中的全部可见物质,仍远不足以产生所需要的引力。于是假设存在一种暗物质,它像普通物质那样产生引力,却无法被看到。暗物质究为何物?至今仍众说纷纭。

提出暗能量假说是为了引入反引力以解释宇宙加速膨胀。美国天文学家哈勃观测到遥远星体光谱的红移,发现宇宙在不断膨胀。最近的天文观测又发现宇宙在加速膨胀,这就产生一个问题:是什么力量在推动宇宙加速膨胀?天体物理学家假设存在一种与引力方向相反的反引力,它具有能量却不能看见,故称为暗能量。

哈勃(**Edwin Hubble**, 1889—1953)

根据质能相当原理,暗能量也具有质量。暗能量是何方神圣?科学家也说不清楚。

如今之“两暗”比当年“两云”更神秘,结局如何尚难逆料。

一种可能是“众里寻他千百度,蓦然回首……”,果真能在星火阑珊处找到暗物质和暗能量,那当然是科学的大突破,肯定会对物质、能量、真空和时空结构之本质有更深入的理解。再者,弥漫整个宇宙的暗能量如能加以利用,那可比原子能更充沛。

另一种可能是“山重水复疑无路,柳暗花明又一村”,科学家有新发现,建立起新理论,对恒星超速和宇宙加速膨胀作出新解释。这同样是石破天惊的科学大突破。实际上,已有人在朝这方面探索。超弦理论要求多于三维的高维空间,传统的说法是那些多余的空间极小,卷曲闭合藏起来了。有人提出不同说法:部分多余空间不是极小而是极大,具有宇宙尺度。引力在传播中会从三维空间逐渐“漏”到高维空间中去,使得三维空间中“漏”剩的引力随距离的变化规律比平方反比律减弱得更快。这样不需要暗能量就能对宇宙加速膨胀作出解释,已有人按这条思路在对引力强度做实验。

“暗能量太玄了,会不会像两轮那样为凑数据而想象出来的?”

非也!暗能量的概念可以追溯到爱因斯坦,1915 年他发表广义相对论,发现其引力方程的解与当时流行的“稳恒宇宙说”相抵触。为附和稳恒宇宙说,爱因斯坦在引力方程中添加“宇宙常数项”以抵销部分引力,其实就是暗能量。稳恒宇宙说被否定后,他坦承这是“一生中最大的错误”。如今暗能量信奉者深信:“爱因斯坦并没有错。”这又似乎高兴得太早了。

暗能量除能提供反引力外,并无其他根据。据2003年7月22日《纽约时报》报道,已有几个天文学研究小组声称发现暗能量的证据,其实多半只是复述引力减弱而已。暗能量的存在尚待进一步验证,需要有独立于反引力之外的其他证据。

只要恒星超速和宇宙加速膨胀确实存在,看来无论结局如何,“两暗”将会触发物理学的又一次革命。

“似曾相识燕归来”,历史是否又在重演?

一个民族可以暂时流离失所，但绝不能丢失赖以凝聚在一起的民族文化精神！

赵新林　张国龙

弦歌不辍　文理交融

“卢沟桥事变”后，北平、天津危在旦夕。日本侵略者除了武力侵占中华，还妄图从精神上征服中华。为了保存民族的文化火种和科学基因，北京大学、清华大学和南开大学三校开启了现代世上最为悲壮的向西南腹地的文化长征，暂驻衡湘，又被逼穿越了湘黔，抵达云南昆明，建起了抗战中的“西南联合大学”，在祖国西南边陲保存了民族文化的火种，并以文理交融，唱响了一曲悲壮的抗日凯歌。

慷慨悲歌　凝聚精神

如何在这个特殊的历史时期将西南联大办好，用主持联大工作的梅贻琦校长的话讲便是，在这风雨飘摇之中，如何将这艘航船驶向胜利的彼岸成为学校师生共同面临的首要问题。

联大师生懂得，在民族危难的紧急关头，树立起人们抗战的胜利信心尤为重要。他们清醒地看到，目前正在进行的这场战争，形

本文节选自 2000 年 12 月由上海教育出版社出版的“中国现代知识群体研究丛书”之《西南联大：战火的洗礼》，标题由选编者所加。

势十分严峻。日本侵略者步步逼近,中国军队节节败退,这一切极大地挫伤了国人的民族自信心,学校师生中也弥散着一种悲观的情绪。这些对学校的生存与发展都十分不利。精神重建便成了学校的头等大事。

为此,联大特地成立了专门委员会,向全体联大师生征集警言、歌词,制定自己的校训、校歌,以凝聚和振奋全体师生的精神,树立民族自信心,将这场具有特殊意义的文化精神的抗战深入持久地开展下去。

联大校歌征集通知一出,激起强烈反响。它成为联大人思考民族命运、自身历史使命的一次严肃思考。许多人撰词应征,其中比较有影响的佳作便有冯友兰先生用现代诗体写成的校歌等。其中,联大的校歌遴选颇费周折,几经讨论、筛选,历时近半年。经过反复遴选、讨论,最后确定了自己的校训与校歌,树立起西南联大的文化精神。

大家最后一致选定了中文系教授罗膺中(罗庸)先生用《满江红》词牌所填写的歌词。后由联大教师张清常谱曲。之所以采用与民族英雄岳飞千古绝唱《满江红》相同的词式和韵律之词作校歌,是因为它所特有的情感与旋律,悲壮又激扬,能对在抗日烽火中坚守学问的联大师生产生较大的鼓舞作用。

联大的校训为“刚毅坚卓”。

联大的校歌的歌词为:

万里长征,辞却了五朝宫阙。暂驻足衡山湘水,又成离别。绝徼移栽桢干质,九州遍洒黎元血。尽笳吹,弦诵在山城,情弥切。

千秋耻,终当雪。中兴业,须人杰。便一成三户,壮怀难折。多难殷忧新国运,动心忍性希前哲。待驱除仇寇,复神京,还燕碣。

这是一曲20世纪中国大学校歌的绝唱。它凝聚了中国文人学者、莘莘学子在民族危难时刻最悲壮的呼喊，浓缩了联大学人在国家危亡之际的所有情感和意志。在中国历史上，岳飞的一曲《满江红》已成为历代中华儿女救国存亡的慷慨悲歌。罗庸先生感人肺腑的《满江红》词则是20世纪文人学者的一曲新的救亡悲歌。

联大校歌充满悲愤、激昂之情，历数三校迁移、联合的经历，痛陈国家急难，民族仇恨。表明联大学人坚持抗战的坚强意志，阐明为国发愤学习的意义和必胜的信念。歌词言简意深，曲调雄壮，催人奋进。它以古曲形式来唤醒学子的民族自信感，倡导民族的传统文化精神，也充分体现了西南联大文化精神的民族文化特性，对振奋联大师生的精神，激励莘莘学子为国发愤学习起到了十分重要的作用。

在西南联大，学生手中拿着的课本或油印的讲义，封面上都赫然印着四个醒目的大字——“读书救国”，时刻提醒着莘莘学子，不要忘记自己肩上的重任，要努力学习知识，充实自己，实现最大的社会价值，为民族的复兴与强盛作出自己最大的贡献。这便是联大校歌的精神实质。联大师生正是唱着激越的校歌，怀着崇高的历史责任感，以刚毅坚卓的精神，在艰苦抗战岁月里创造了中国现代教育史上的奇迹。

西南联大秉承北大、清华和南开三校的优秀传统和既往的成功办学经验，并能根据现实情况适时改变、调整办学思路，改进教学理念，果然取得了不菲的成绩，并摸索出一整套成功的办学经验。

八音合奏　为国育才

尽管时局动荡，生机维艰，而且还要承受来自各方面的钳制，西南联大的教授仍然坚守在三尺讲台，呕心沥血，弦歌不已，笔耕不辍，用执著与辛劳，在中国现代文化教育史上谱写了极为辉煌的篇章。从有关资料的记载中我们不难发现,1941 年至 1945 年这一段时间,是西南联大教学科研成就最丰硕的收获期,而这一时期恰好是联大教师生活最为困苦的日子。

1941 年,西南联大教师科研成果获教育部奖励的有：冯友兰《新理学》(一等奖),华罗庚《堆垒素数论》(一等奖),金岳霖《论道》(二等奖),许宝騄的数理统计论文(三等奖),等等。

1942 年,西南联大教师科研成果获教育部奖励的有：周培源《湍流论》(一等奖),吴大猷《多元分子振动光谱与结构》(一等奖),钟开莱《概率论与数论》(二等奖),李谟炽《公路研究》(二等奖),孙云铸《中国古代地层之划分》(二等奖),王力《中国语法理论》(三等奖),张印堂《滇缅铁路沿线经济地理》(三等奖),冯景兰《川滇铜矿纪要》(三等奖),费孝通《禄村农田》(三等奖),等等。

1943 年,西南联大教师科研成果获教育部奖励的有：陈寅恪《唐代政治史述论稿》(一等奖),汤用彤《汉魏两晋南北朝佛教史》(二等奖),闻一多《楚辞校补》(二等奖),王竹溪《热学问题之研究》(二等奖),张青莲《重水之研究》(二等奖),赵九章《大气天气之涡旋运动》(二等奖),郑天挺《发羌之地望与对音》(三等奖),高华年《昆明核桃等村土语研究》(三等奖),张清常《中国上古音乐史论丛》(三等奖),阴法鲁《先汉乐律初探》(三等奖),等等。

1945 年,西南联大教师科研成果获教育部奖励的有：马大猷《建筑中声音之涨落现象》(二等奖),蔡方荫《用求面积法计算变梁之弯曲恒数》(二等奖),崔书琴《三民主义新论》(三等奖),阴法鲁《唐宋大曲之来源及其组织》(三等奖),等等。

……

西南联大还培养并造就了一大批英才,为抗战胜利后国家建设与民族振兴所急需,无论是人文或社会学科,还是自然科学或工程技术方面,均英才辈出,诸如日后荣获诺贝尔物理学奖的杨振宁、李政道，有为祖国“两弹一星”事业作出杰出贡献的邓稼先、朱光亚、戴传曾、黄祖洽……固体物理学家黄昆，化学家何炳林、唐敖庆，生化学家钮经义，生物学家沈善炯，地质学家刘东生，气象学家叶笃正，气动热力学家吴仲华，微波电子学家黄宏嘉……

处于抗日战火中的西南联大能有如此骄人的成就，首先得益于它拥有雄厚的人才力量。战前三校中拥有的一大批学者名流汇集到联大，组成了20世纪40年代中国高等学府中最为庞大和令人仰慕的教师阵营。可以说，联大的每一个系，每一个研究领域都有一批堪称中国现代学界的泰斗、名流。就文科方面看，文学院的中文系，知名教授有闻一多、朱自清、王力、罗常培、唐兰、杨振声、刘文典、李广田、沈从文。外文系有吴宓、吴达元、陈福田、陈铨、叶公超、莫泮芹、闻家驷、卞之琳、钱锺书、冯至、柳无忌。历史系有雷海宗、陈寅恪、钱穆、郑天挺、吴晗、蔡维藩。哲学心理学系有冯友兰、金岳霖、汤用彤、贺麟、冯文潜、樊际昌。法商学院有张奚若、钱端升、潘光旦、陈达、吴泽霖、李景汉、陈岱孙、陈序经、燕树棠、王赣愚等。可以毫不夸张地说，在中国20世纪学术史上，这一大批汇集在联大的教授，在学术上几乎每一个人都有自己显赫的位置，西南联大拥有中国现代教育史上罕见的一个群星璀璨、精英云集的特殊人文知识分子群体。

西南联大同样汇集了科技方面的精英。理工学院里有一大批在中国现代科技史上取得了辉煌成就的教授学者。算学系教授有江泽涵、许家禄、杨武之、华罗庚、姜立夫、赵访熊、陈省身、张希禄等。物理学系教授有饶毓泰、郑华炽、吴有训、周培源、赵忠尧、吴大猷、张文裕、王竹溪等。化学系教授有杨石先、张子高、曾昭伦、邱宗岳、高崇熙、苏国桢、黄子卿、孙承锷等。生物系教授有李继侗、陈桢、吴蕴珍、张景钺、赵以炳等。地质地理气象学系教授有冯景兰、袁复礼、张席禔、孙云铸、赵九章等。工学院也是人才济济，名流荟萃，有一大批著名教授学者如施嘉炀、蔡云荫、陶保楷、李谟炽、王裕光、庄前鼎、刘仙洲、李辑祥、孟广喆、赵友民、马大猷、任之恭、章明涛、王德莱等。这些教授不仅在当时，就是在以后相当长一段时期内都一直是中国科技界的支柱与栋梁。

文理交融　通识通才

除了拥有一大批杰出的教授学者外，西南联大的办学思想也十分开明进步，其教学理念超前，教学的规章制度又比较健全，从而推动了教学科研成果的迭出。西南联大教育观念和教育体制上的成功经验，已经成为中国现代教育史上一份不可多得的宝贵财富。

西南联大的办学思想继承了三校既往的优良传统，作为第一批庚款留美学成归来者的校长梅贻琦先生在联大时期，曾发表过一篇《大学一解》的文章，针对当时国民政府教育的弊端，提出了自己的教育思想，成了西南联大所坚持的办学原则。

梅贻琦在文章中指出，中国的大学教育虽然是从西方教育体系中移植过来的，但中国教育不应是西方教育体系的翻版，而应当吸收中国传统文化(特别是儒家教育思想)之精华，建立起具有民族特色的中国现代教育体系。

在文章中，梅贻琦系统论述了中西方教育思想，结合中国教育现状，提出了教育的根本目的、重心、方法等一系列问题。他认为，大学教育首先应着眼于培养和塑造学生健全的人格，只有通过对健全人格的塑造，才能实现其“大学之道，在明明德，在新民，在止于至善”的最终目的。他强调在传授学生知识的同时，应该将培养学生的意志品质、情操修养融入教育之中，他的“明明德”，就是要求学生有“自我认识和自我知能之认识”；他的“新民”思想则要求学生在校或是毕业以后，都能以丰富的知识和高尚的人格服务于社会，对社会风气和民族的文化建设有所贡献和促进。

为实现“明明德”“新民”和“止于至善”的目的，梅贻琦提出了适应社会需要的培养“通才”的教育原则。“通才教育”就是要求在大学阶段给学生以“通识”，即文理交融的“知识通达”。他强调：为实现“新民”的目的，促进社会文化的进步发展，必须一反当时教育中那种只注重专门知识培养的短视倾向。在大学期间“通专虽应兼顾，而重心所致，则应在通，而不在专”。因为“社会生活大于社会事业，事业只不过人生之一部分”。而“通识，一般生活之准备；专识，特种事业之准备”“社会所需者通才为大，而专家次之”。

这一教育理念在当时的社会状况下显得尤为重要。在20世纪前半叶的中国，整个社会内忧外患，军阀连年混战，政府腐败无能，外国侵略势力盘踞中国，人民饱受压迫。要改变中国社会现状，促进社会的进步与发展，更为重要的是培育“新民”，用新的文化精神重构中国社会，这已成为中华民族的头等大事。梅贻琦提出的“通才教育”的思想正是“五四”以来中国知识分子改造社会、更新民族文化精神，促进中华民族繁荣昌盛思想的继续与发扬光大。可以说，西南联大之所以在当时具有巨大的社会影响力，正在于联大师生都有很强的社会责任感，致力促进社会的进步与发展，参与民族文化精神的改造与重铸。

在这一思想指导下，联大为学生的全面发展提供了良好的条件，营造了人才培养的良好环境。一是允许学生跨学科、跨专业自由选择课程，以丰富和扩大学生的知识面，让学识打通以开拓学生的视野；二是允许学生在校内组织社团活动，促进各学科、各方面的思想交流；三是鼓励学生积极参加多种社会实践，以加深学生对社会的体认。

梅贻琦还对他的“通才教育”多次进行解释：“今人颇有以自由主义（按：‘通才教育’其英文为 **Liberal Education**）为诟病者，是未察自由主义之真谛者也。夫自由主文（**Liberalism**）与放荡主义（**Libertinism**）不同，假自由主义之名，而行放荡之实者，斯病也。”由此可见，西南联大所实施的通才教育，民主自由的学术精神是其灵魂。正因为有一种民主自由的宽松氛围，联大才能做到百家争鸣，人才辈出，成果不断。

梅贻琦还曾引用宋代人的话来说明学术自由对学校教育的重要性："良言思不出其位，正以戒在位者也。若夫学者，则无所不思，无所不言，以其无责，可以行其志也，若云思不出其位，是自弃于浅陋之学也。"

当然，梅贻琦也同样重视专门人才的培养。联大对中国社会的影响与贡献，不仅在于培养了一大批适应社会需要的知识宽广的杰出人才，而且也由于它培养了一大批杰出的专门人才，而成了专家与学者的摇篮。梅贻琦在阐述西南联大的教育指导思想的《大学一解》和与潘光旦合作的《工业教育与工业人才》中都讨论了这一问题。他认为社会所需要的专业人才，特别是国家建设所需要之人才的培养，可以通过其他机构来解决。一是依托大学的研究院，在培养大量适应社会的通才基础上，学生"于学问之某一部门有特殊兴趣，与特高之推理能力，而将以研究为长期成终身事业者，可以入研究院"。二是兴办各类高级专门学校，如技术学院或艺术院校之类，学生中"技术智能强，而理论之兴趣较薄者"可以在这一类学校中得到培养。三是通过社会事业本身训练，"事业人才之造就，由于学识者半，由于经验者亦半，而经验之重要且在学识之上"。可见，梅贻琦相当重视社会事业专门人才的培养。他认为，大学应侧重于培育通才，工科院校亦如此。他提出"工科教育于适度的技术化之外，更取得充分的社会化与人文化"，这是工业化过程中核心的问题。这些认识，即使在当时，乃至在今天都仍然闪烁着真知灼见的光芒，也是"两种文化"有效沟通的强大推动力。

在重视培养"通才"和专门人才的同时，联大也重专业基础的训练。他们坚信，只有扎扎实实地打好基础，才能培养出真正有用的人才。联大对基础课的要求非常严格，专门设立了一年级学生课业指导会。许多系还明文规定：一年级结束时，有一两门基础课达不到标准(60 分或 70 分)，不准升入二年级。基础课不及格者，不予补考，必须重修。

为此，联大对基础课程的教师配备予以充分重视，即使是大一、大二年级的基础课，照样配备资深教授亲自授课。联大教授教学的严谨认真在全国是出了名的。理工科（尤其是工科）课程多，学习任务重，每周会有考试，有时甚至连星期天也不休息。学校考试要求又极严，教师评分标准也较高。因此，每次考试下来，不及格的学生也比较多。许多理工科学生都感到学习压力特别大。因为在联大，能完成低年级的全部课程而顺利升入高年级，的确不是一件容易的事。

联大特别注重培养学生的实际动手能力。化学系的定量分析实验，数据不达标，教师拒绝签字，实验必须重做。工学院的工程画和金工实习，对学生的要求也丝毫不含糊，许多学生的作业都是被退回来好几次才能过关。学生的平时作业绝不能马马虎虎，从许多联大学生保留的当年的作业可以看出，教授在上面圈圈点点，极为精细。文、法学院的学生也不轻松，要想学有所成，必须阅读各方面的书籍，书山学海，寒窗苦读。联大的各系科的专业范围较为广阔，打好了基础，学生就具备了在学术天地自由翱翔的资本，这也为他们日后开展边缘学科的研究铺平了一条道路。

人才济济的西南联大，学术流派虽各自不同，但不同学派、不同观点，都可以做到相互尊重，各抒己见。学校里经常举办学术讲座，让不同的观点都登台亮相、争鸣。学生也受到这种优良传统的影响，举办各种社团，出壁报，大兴研究、讨论之风，学术气氛相当浓厚，这是联大能够人才辈出的重要外部环境。

联大教授众多，各有专长。教授们上课往往把自己研究多年的心得体会结合基础知识传授给学生，这样使教学和科研得到了有机的结合。特别是一些名家轮流开专题讲座，如诗经、楚辞、庄子以及新的科技动态等，内容比较接近，而各人的体会、认识、研究方法和理论体系都不相同，这样学生就能就一个问题、一门学问从不同视角受到不同的启发，从而开阔视野，也学会以不同的方法去认识探讨问题。这对学生能力的培养起到了积极的作用。要知道，这些讲座是对全体师生开放的，而且是在不时要躲空袭警报的抗日烽火环境之中。

联大的学生有相当大的选课自由，教师也开放门户，不同学科、不同学校，甚至社会上有心于学问的青年都可以自由进出课堂听课，参加讨论，提出问题，真正做到了“有教无类”。连不少教授也经常听他人讲课，以达到相互交流、丰富自身的目的。

联大的教授很注重启发式教学。许多教授上课前往往要先指定一些参考书籍让学生看，并提出一些问题让学生先思索。上课时，教师边讲授新知，边与学生议论，特别喜欢向学生介绍自己的研究体会，使学生在学习基础知识的同时往往又体会到深湛的思想理论。有的教授除了系统地向学生传授知识外，还经常组织课间讨论，让学生从不同的角度探讨某一问题，教师则从旁积极地引导、启发，使讨论能一步步深入下去，培养了学生积极、活跃的思辨能力，同时师生之间也由此而建立起一种民主、和谐的教学相长的关系。

学风民主　师生和谐

联大师生之间有十分和谐的关系。师生经常通过学术讨论或其他社团活动加强往来，增进相互之间的了解和信任。许多教授在教学之余，还抽出时间对一些有研究兴趣和学有专长的学生进行专门辅导。学生一旦有研究成果，教师马上加以褒奖，并千方百计向外推荐。而这种师生关系是在中国传统的尊师重道基础上又打上了现代民主学风的烙印。学生受业于教师，而教师也受学生勇于追求真理、不畏个人牺牲的精神的感染，使自己始终保持旺盛的学术生命活力。联大有许多教师，如闻一多、吴晗等正是在与学生的密切接触中，在参与学生社团组织的各种活动中，逐步了解自己的学生，并通过学生了解了社会，最终成为民主斗士。

联大教师教学、科研并重，学术造诣深厚，有强烈的敬业精神。因此，他们的教学水平很高，这也是联大能培养出杰出人才的重要因素。

许多教授由于在校园外租房住,到校上课十分辛苦。有的教授到学校去上课,需要走好几个小时的山路,但他们从不一连数小时地给学生连续上课。有的教授一周有两三次课,为了教学效果好,他们不辞劳苦,仍坚持一周数次往返于学校和住所之间。教授的这种敬业精神,深深地感动了学生,倍受学生的尊敬与爱戴,学习也格外努力。

联大的教授虽各自授课风格不同,但他们大都反对照本宣科,对自己的研究领域,他们力求做到详尽教授。外文系的吴宓教授讲课尤为精彩,在讲授他最感兴趣的欧洲文学史、文学与人生、英国浪漫诗时,他总是激情澎湃,把自己完全融入作品中,用真情体验作品,而且总不忘他所钟情的中国传统文化,经常旁征博引,融贯中西,从而深深打动了学生,使学生的视野大为开阔。在国内学者中,有意识地用比较方法研究中外文学,吴宓先生当数第一人。

教授们兢兢业业地授课,即使在日机空袭时,他们仍然十分严谨地治学、教书。正如陈达在《浪迹十年》一文中记载:一天早晨,在空袭警报发出后,他"欣然同意学生们到郊外躲警报兼上课"。于是,"学生十一人即在树林中坐下,每个人拿出笔记本,……讲**G. Gimi** 氏及 **R. Pearl** 与 **A. M. Carrsanders** 氏的人口理论,历一小时半有余"。

科学伦理

要是没有“伦理教育”，人类就不会得救。

爱因斯坦

科学定律和伦理定律

科学所研究的是那些被认为是独立于研究者个人而存在的关系。这也适用于把人本身作为研究对象的科学。科学陈述的对象还可以是我们自己创造出来的概念，像在数学中就是那样。我们不一定要假设这种概念是同外在世界里的任何客体相对应的。但是，一切科学陈述和科学定律都有一个共同的特征：它们是“真的或者假的”（适当的或者不适当的）。粗略地说来，我们对它们的反应是“是”或者是“否”。

科学的思维方式还有另一个特征。它为建立它的贯彻一致的体系所用到的概念是不表达什么感情的。对于科学家，只有“存

本文是爱因斯坦为菲利普·弗兰克（**Philipp Frank**）：《相对论——一个丰富多彩的真理》（***Relativily—A Richer Truth***，波士顿 **Beacon** 出版公司，1950 年）一书所写的序言。

在”,而没有什么愿望,没有什么价值,没有善,没有恶;也没有什么目标。只要我们逗留在科学本身的领域里,我们就决不会碰到像“你不可说谎”这样一类的句子。追求真理的科学家,他内心受到像清教徒一样的那种约束:他不能任性或感情用事。附带地说,这个特点是慢慢发展起来的,而且是现代西方思想所特有的。

侃侃而谈的爱因斯坦

由此看来,好像逻辑思维同伦理毫不相干。关于事实和关系的科学陈述,固然不能产生伦理的准则,但是逻辑思维和经验知识能够使伦理准则合乎理性,并且连贯一致。如果我们能对某些基本的伦理命题取得一致,那么,只要最初的前提叙述得足够严谨,别的伦理命题就能都由它们推导出来。这样的伦理前提在伦理学中的作用,正像公理在数学中的作用一样。

这就是为什么我们根本不会觉得提出“为什么我们不该说谎”这类问题是无意义的。我们所以觉得这类问题是有意义的,是因为在所有这类问题的讨论中,某些伦理前提被默认为是理所当然的。于是,只要我们成功地把这条伦理准则追溯到这些基本前提,我们就感到满意。在关于说谎这个例子中,这种追溯的过程也许是这样的:说谎破坏了对别人所讲之话的信任,而没有这种信任,社会合作就不可能,或者至少很困难。但是,要使人类生活成为可能,并且过得去,这样的合作就是不可缺少的。这意味着,从“你不可说谎”这条准则可追溯到这样的要求:“人类的生活应当受到保护”和“苦痛和悲伤应当尽可能减少”。

这些伦理公理的根源是什么呢?它们是不是任意的?它们是不是只是以权威为根据而建立起来的?它们是不是来自人们的经验并且间接地受着这些经验的制约呢?

从纯逻辑看来，一切公理都是任意的，伦理公理也如此。但是，从心理学和遗传学的观点看来，它们绝不是任意的。它们是从我们天生的避免苦痛和灭亡的倾向，也是从个人所积累起来的对于他人行为的感情反应推导出来的。

只有由有灵感的人所体现的人类的道德天才，才有幸能提出应用如此广泛而且根基如此扎实的一些伦理公理，以至人们会把它们作为在他们大量个人感情经验方面打好基础的东西而接受下来。伦理公理的建立和考验同科学的公理并无很大区别。真理是经得住经验的考验的。（**Die Wahrheit liegt in der Bewährung.**）

伦理的精髓被界定为“善”,超个人责任的合目的性的无私行为,成为最大的道德。

史怀泽

敬畏生命

善,保存和促进生命;恶,阻碍和毁灭生命。如果我们摆脱自己的偏见,抛弃我们对其他生命的疏远性,与我们周围的生命休戚与共,那么我们就是道德的。只有这样,我们才是真正的人。也只有这样,我们才会有一种特殊的、不会失去的、不断发展的和方向明确的德行。

哲学家史怀泽
(1875—1965)

敬畏生命、与生命休戚与共是世上的大事。自然不懂得敬畏生命,它以最有意义的方式产生着无数生命,又以毫无意义的方式毁灭着它们。包括人类在内的一切生命等级,都对生命有着可怕的无知。他们只有生命意志,但不能体验发生在其他生命中的一切;他们痛苦,但不能共同

本文选自上海社会科学出版社 2003 年版《敬畏生命——五十年来的基本论述》。作者[法]史怀泽(1875—1965)系医生、哲学家与神学家。1963 年,在非洲从事哲理传播及从医 50 年后,由汉斯、瓦尔特·贝尔将其历来主张的“敬畏生命”的相关论述辑成上述论著。本文是 1919 年 2 月 23 日作者在斯特拉斯堡圣尼古拉教堂的布道,(由陈泽环译)系作者第一次公开阐述“敬畏生命”的理念。

痛苦。自然抚育的生命意志陷于难以理解的自我分裂之中。生命以其他生命为代价才得以生存下来。自然让生命去干最可怕的残忍事情。自然通过本能引导昆虫,让它们用毒刺在其他昆虫身上扎洞,然后产卵于其中;那些由卵发育而成的昆虫靠毛虫过活,这些毛虫则被折磨至死。为了杀死可怜的小生命,自然引导蚂蚁成群结队地去攻击它们。看一看蜘蛛吧,自然教给它的手艺多么残酷!

从外部看,自然是美好和壮丽的,但认识它则是可怕的。它的残忍毫无意义!最宝贵的生命成为最低级生命的牺牲品。例如,一名儿童感染了结核病菌,这种最低级生物就在儿童的最高贵机体内繁殖起来,结果导致这名儿童的痛苦和夭亡。在非洲,每当我检验昏睡病人的血液时,我总是感到吃惊:为什么这些人的脸痛苦得变了形并不断呻吟:“我的头,我的头!”为什么他们必须彻夜哭泣并痛苦地死去?这是因为,在显微镜下人们可以看见 1% 至 4% 毫米的白色细菌,尽管它们数量很少,有时为了找到一个,得花上几个小时。

由于生命意志神秘地自我分裂,于是就相互争斗,给其他生命带来痛苦或死亡。这一切尽管无罪,却是有过的。自然展示的是这种残忍的利己主义。当然,自然也教导生物,在它们需要时给自己的后代以爱和帮助。只是在这短暂的时间内,残忍的利己主义才得以中断。但是,更令人惊讶的是,动物能与自己的后代共同感受,能以直至死亡的自我牺牲精神爱它的后代,但拒绝与非其属类的生命休戚与共。

受制于盲目的利己主义的世界,就像一条漆黑的峡谷,光明仅仅停留在山峰之上。所有生命都必然生存于黑暗之中,只有一种生命能摆脱黑暗,看到光明,这种生命就是最高的生命——人。只有人能够认识到敬畏生命,能够认识到与生命休戚与共,能够摆脱其余生物苦陷其中的无知。这一认识是件大事。真理和善由此出现于世,光明驱散了黑暗,人们获得了最深刻的生命概念。共同体验生命,由此感受到整个世界,达到自我意识,结束作为个别的存在,使我们之外的生存涌入我们的生存。

我们生存于世界之中,世界也生存于我们之中。这个认识包含着许多奥秘。为什么自然律和道德律如此冲突?为什么我们的理性不赞同自然中的生命现象,而必然形成与其所见尖锐对立的认识?为什么它必须在自身中发现完全不同于支配世界的规律?为什么在它发挥善的概念的地方,它就必须与世界作斗争?为什么我们必须经历这种冲突,而没有有朝一日有调和的希望?为什么不是和谐而是分裂?……上帝是产生一切的力量。为什么显示在自然中的上帝否定一切我们认为是道德的东西,即自然同时是有意义地促进生命和无意义地毁灭生命的力量?如果我们已经能够深刻地理解生命,敬畏生命,与其他生命休戚与共;那么,我们怎样使自然力上帝,与我们所必然想象的道德意志上帝与爱的上帝统一起来?

我们不能在一种完整的世界观和统一的上帝概念中坚定我们的德行,我们必须始终使德行免受世界观矛盾的损害,这种矛盾像毁灭性的巨浪一样冲击着它。为此,我们必须建造一条大堤,让它能保存下来。

危及我们与其他生命体休戚与共的能力和意志的,是日益强加于人的“这无济于事”的考虑。你为防止或减缓痛苦、保存生命所做的和能做的一切,和那些发生在世界上和你周围,你又对之无能为力的一切比较起来,是无足轻重的。确实,在许多方面,我们是多么的软弱无力,我们本身也给其他生物带来了多少伤害,而不能停止。想到这一点,真是令人害怕。

你踏上了林中小路,阳光透过树梢照进了路面,鸟儿在歌唱,许多昆虫欢乐地嗡嗡叫。但是,对此你无能为力的是:你的路意味着死亡。被你踩着的蚂蚁在那里挣扎,甲虫在艰难地爬行,而蠕虫则蜷缩起来。由于你无意的罪过,美好的生命之歌中也出现了痛苦和死亡的旋律。当你想行善时,你感受到的则是可怕的无能为力,不能如你所愿地去帮助那些无助的生命。接着你就听到诱惑者的声音:你为什么自寻烦恼?这无济于事。不要再这么做,像其他人一样,事不关己,还是别自寻烦恼吧!

还有一种诱惑:同情就是痛苦。谁亲身体验了世界的痛苦,他就不可能在人所意愿的意义上是幸福的。在满足和愉快的时刻,他不能无拘无束地享受快乐,因为那里有他共同体验的痛苦。他能清楚地记着他所看见的一切;他能想到他所遇见的穷人,看见的病人,认识到这些人的命运残酷性,阴影出现在他的快乐的光明之中,并越来越大。在快乐的团体中,他会突然心不在焉。那个诱惑者又会对他说:人不能这样生活。人必须能够无视发生在他周围的事情,不要这么敏感。如果你想理性地生活,就应当有铁石心肠。穿上厚甲,变得像其他人一样没有思想。最后,我们竟然会为我们还算理解伟大的休戚与共理念而深感惭愧。当人们开始成为这种理性化的人时,我们彼此隐瞒,并装着好像人们抛弃的都是些蠢东西似的。

这是对我们的三大诱惑,它们不知不觉地毁坏着产生善的前提,必须提防它们。首先,你对自己说,生命间的互助和休戚与共是你的内在必然性。你能做的一切,从应该被做的角度来看,始终只是沧海一粟。但对你来说,这是能赋予你生命有意义的唯一途径。无论你在哪里,你都应尽你所能从事救助活动,即解救由自我分裂的生命意志给世界带来的痛苦;显然,只有自觉的人才会从事这种救助活动。如果你在任何地方减缓了人或其他生物的痛苦和畏惧,那么你能做的即使较少,也是很多。保存生命,这是唯一的幸福。

当然,共同体验发生在你周围的不幸,对你来说是痛苦的,但你应这样认识:同甘与共苦的能力是同时出现的。随着对其他生命痛苦的麻木不仁,你也失去了同享其他生命幸福的能力。尽管我们在世间见到的幸福是如此之少,但是以我们本身所能行的善,共同体验我们周围的幸福,是生命给予我们的唯一幸福。其实,你本没有权利这么说："我就要这么生存。"也许你认为，你比其他生命幸福。而你必须做一个真正自觉的人，与世界共同生存的人，在自身中体验世界的人。至于按世俗的看法你是否幸福，这是无所谓的。我们内心神秘地忠告：并不需要幸福的生存——听从它的命令，才是唯一能使人满足的事情。

我这样跟你们说，是为了不让你们麻木不仁，而应保持清醒的头脑！这与你们的灵魂有关。如果这些表达了我内心思想的话语，能使在座的诸位撕碎世上迷惑你们的假象，能使你们不再无思想地生存，不再害怕由于敬畏生命和必然认识到共同体验的重要而失去自己，那么，我就感到满足，而我的行为也将被人赞赏……

不是魔法，也不是敌人的活动使这个受损害的世界的生命无法复生，而是人们自己使自己受害。

蕾切尔·卡逊

明天的寓言

从前，在美国中部有一座村庄，这里的一切生物看来与其周围环境生活得很和谐。这座村庄坐落在像棋盘般排列整齐的繁荣的农场中央，其周围是庄稼地，小山下果园成林。春天，繁花像白色的云朵点缀在绿色的原野上；秋天，透过松林的屏风，橡树、枫树和白桦闪射出火焰般的彩色光辉，狐狸在小山上叫着，小鹿静悄悄地穿过了笼罩着秋天晨雾的原野。

本文作者蕾切尔·卡逊（**Rachel Carson**，1907—1964）系美国海洋生物学家。1907 年生于宾夕法尼亚州的斯普林达尔的农民家庭，1929 年毕业于宾夕法尼亚女子学院，1932 年在霍普金斯大学获动物学硕士学位。毕业后先后在霍普金斯大学和马里兰大学任教，并继续在马萨诸塞州的伍德豪海洋生物实验室攻读博士学位，后由于经济条件不允许继续攻读博士，只得在渔业管理局找到一份兼职工作，为电台专有频道撰写并广播科普文章。1936 年作为水生生物学家，成为渔业管理局第二位受聘的女性。1941 年出版第一部描述海洋生物的著作《海风的下面》。其一生最有代表性的作品就是脍炙人口并引发美国以至全球环境保护事业的《寂静的春天》（***Silent Spring***）。该作品集中体现她对人类生态环境保护的科学性、前瞻性、长远性的思考，被誉为“卡逊敲响的环保警钟在世界长鸣不息”，并引出日后许多环保著述，如巴巴拉沃德和雷内杜博斯撰写的《只有一个地球》、罗马俱乐部发表的研究报告《增长的极限》、联合国世界与环境发展委员会发表的报告《我们共同的未来》，这些都丰富和发展了其前瞻性的环保理念。本文是《寂静的春天》第一章节选。

沿着小路生长的月桂树、荚蒾和赤杨树，以及巨大的羊齿植物和野花在一年的大部分时间里都使旅行者感到目悦神怡。即使在冬天，道路两旁也是美丽的地方，那儿有无数小鸟飞来，在出露于雪层之上的浆果和干草的穗头上啄食。郊外事实上正以其鸟类的丰富多彩而驰名，当迁徙的候鸟在整个春天和秋天蜂拥而至的时候，人们都长途跋涉地来这里观看它们。还有些人来小溪边捕鱼，这些洁净又清凉的小溪从山中流出，形成了绿荫掩映的生活着鳟鱼的池塘。野外一直是这个样子，直到许多年前的有一天，第一批居民来到这儿建房舍、挖井筑仓，情况才发生了变化。

蕾切尔·卡逊

从那时起，一个奇怪的阴影遮盖了这个地区，一切都开始变化。一些不祥的预兆降临到村落里：神秘莫测的疾病袭击了成群的小鸡，牛羊病倒和死亡，到处是死神的幽灵。农夫们述说着他们家庭的多病，城里的医生也愈来愈为他们病人中出现的新病感到困惑莫解。不仅在成人中，而且在孩子中出现了一些突然的、不可解释的死亡现象，这些孩子在玩耍时突然倒下了，并在几小时内死去。

一种奇怪的寂静笼罩了这个地方。譬如说，鸟儿都到哪儿去了呢？许多人谈论着它们，感到迷惑和不安。园子后面鸟儿寻食的地方冷落了。在一些地方仅能见到的几只鸟儿也气息奄奄，它们战栗得很厉害，飞不起来。这是一个没有声息的春天。这儿的清晨曾经荡漾着乌鸦、鸫鸟、鸽子、鸟、鹪鹩的合唱以及其他鸟鸣的声浪；而现在一切声音都没有了，只有一片寂静覆盖着田野、树林和沼泽。

农场里的母鸡在孵窝，却没有小鸡破壳而出。农夫们抱怨着他们无法再养猪了——新生的猪仔很小，小猪病后也只能活几天。苹果树花要开了，但在花丛中没有蜜蜂嗡嗡飞来，所以苹果花没有得到授粉，也不会有果实。

曾经一度是多么引人的小路两旁，现在排列着仿佛火灾劫后的、焦黄的、枯萎的植物。被生命抛弃了的这些地方也是寂静一片。甚至小溪也失去了生命，钓鱼的人不再来访问它，因为所有的鱼已死亡。在屋檐下的雨水管中，在房顶的瓦片之间，一种白色的粉粒还露出稍许斑痕。在几星期之前，这些白色粉粒像雪花一样降落到屋顶、草坪、田地和小河上。

不是魔法，也不是敌人的活动使这个受损害的世界的生命无法复生，而是人们自己使自己受害。

上述的这个村庄是虚设的，但在美国和世界其他地方都可以容易地找到上千座这种城镇的翻版。我知道并没有一个村庄经受过如我所描述的全部灾祸；但其中每一种灾难实际上已在某些地方发生，并且确实有许多村庄已经蒙受了大量的不幸。在人们的忽视中，一个狰狞的幽灵已向我们袭来，这个想象中的悲剧可能会很容易地变成一个我们大家都将知道的活生生的现实。

是什么东西使得美国无以计数的村庄的春天之音沉寂下来了呢？这本书试探着给予解答。

科学家的责任：

对科学自身健康发展的责任；

保护自然环境、生态系统和维护人与自然和谐的责任；

确保全人类的长远利益，促进社会进步，维护世界和平、繁荣和稳定的责任。

周光召

科学家的责任

我很高兴与大家一起讨论一些有关科学家和科学组织责任的话题。

毫无疑问，科学家的责任感是与他或她的个人价值观以及在历史、自然和社会发展过程中所形成的伦理道德观密切相关的。在科学发展的历史长河中，科学家已经建立起了一种负责任的科学家所应遵守的有关科学态度、科学方法和科学精神的共识。在我看来，科学家的责任由以下三部分组成：第一，对科学自身健康发展的责任；第二，保护自然环境、生态系统和维护人与自然和谐的责任；第三，确保全人类的长远利益，促进社会进步，维护世界和平、繁荣和稳定的责任。

在生物进化的漫长历史中，人类是一个迟到者。几百万年前

本文作者周光召系中国科学院院士，中国科协主席。本文为作者于 2004 年 5 月在中国科学院上海交叉学科研究中心“科学的生态”圆桌会议上的发言。

在与人类亲缘关系最近的生物分离后，人类与黑猩猩的 **DNA** 碱基对的差异已经很小。然而，人类在过去数万年中所取得的进步是巨大的，而黑猩猩在同一时期的变化却微乎其微。第一次工业革命后近五百年的时间里，人们的生活方式已经有了全新的改变。地球也被改造得不像自然界原初的模样。在这些变化中，有些是好的，有些是不好的。但总体来说，人类在曲折的道路上已经取得了重大的进步。

人类之所以能取得较为快速的进步，有赖于其独特的发现新事物的智慧和进行逻辑思维的能力。人类，也只有人类才能够理解和掌握控制自然运行的法则并成功地运用它们来改变世界，智慧地创造知识。努力探求“真、善、美”，创造出了人类文化中的精华部分。在人类的文化宝库中，科学和艺术是知识体系中最具创造性和最活跃的部分，它们所体现出的价值观和伦理道德观深深地植根于人们探寻“真、善、美”的过程中。科学和艺术的发展能改进人类自身的价值观并促进人类向完美境界的不断进步。所以我相信，科学家的第一个责任是发展科学，探索自然的真与美，培养创造性，在为“真、善、美”而努力的社会中成为主导和典范。

科学的目标是去发现那些导致自然和社会发展变化的原因以及基本的动力学规律。人们的探索活动专注于自然或社会，或者两者都成为研究的目标。而作为探索活动的最终研究成果则不可避免地会对此后的自然和社会产生一定的有时甚至是重大的影响。因此，必须高度关注科学家对自然和社会所承担责任问题的重要性。

作为科学家，我们分享孕育着科学精神的核心价值观。这种价值观包括追求真理、客观求实、诚实、怀疑精神、公开、公平、思想自由、团队精神和社会责任感等。一名真正的科学家应该不带偏见，有自我批评精神，可信赖、笃信真理、准确、自主、友好和充满责任感。这些核心价值观已经帮助造就出一代又一代高产出的极富创造力的科学家，它们也帮助科学家预防和抵制一些发生在科学共同体内部的不正当行为。只要这些核心价值观在科学共同体内始终保持强势,科学和科学家就会被他们所服务的社会作为道德良心和诚实可靠的代表而备受尊重。

与此同时,我们与社会其他成员一起分享一系列公共的伦理道德准则,这些准则基于对人们的行善意志,而不论他们的国籍、宗教信仰和经济状况的不同。我们同时有责任保护自然环境和合理利用自然资源,以保持可持续发展。我们对自然和人类的责任随着科学和技术的进步而不断增加。

在科学和技术基础上不断成长起来的市场活力正驱动着一个复杂和快速变化的世界,面对这样一个世界,我们必须防止科学研究成果被滥用。即使从事最基础研究的科学家,也必须意识到他们的工作最终会对自然和社会产生重大影响。原子弹的制造和生物武器的发展非常鲜明地表明:纯科学研究也会对自然和社会产生巨大的影响,而前者源于对原子核的研究,后者源于对某些细菌和病毒的研究。

科学家不能否认,恐怖分子或其他犯罪分子蓄意利用他们的发现来发展大规模杀伤性武器,挑起军事战争和非法市场竞争,滥杀无辜和破坏环境,他们自己也有直接的责任。如果科学发现被滥用,那么我们在原子能技术、空间技术、基因技术、克隆技术、纳米技术和网络技术方面所取得的成功就会演变成巨大的危险。新技术和它们对社会的影响,不管是有利的还是有害的,都会在稍后或立即显现出来。做出发明的科学家以他们个人的观察和猜测能够预测到这些影响,如果他愿意,甚至能帮助引导这种影响朝有利的或不利的方向发展。正如日本物理学家朝永振一郎在1982年所指出:

> 在过去,科学家被允许将他的注意力集中在他自己的专业上;但现在不同,他必须仔细地检查他的研究成果对这个世界可能带来的后果,他必须承担告知和警告人

> 们这一后果的责任，而不论这一后果是有利的还是有害的。他必须承担责任的原因是他比任何一般的人都事先更深入地知道他的发现所可能带来的后果。

倘若受制于政治势力的影响或受获利原则的市场经济的利用，加之科学家渴望得到社会上和专业上认可的企图，科学就很难被认为是一项伦理的、道德的、进步的和无害的事业。

我们都知道科学发现充满着好奇和创造性。伟大的科学发现是不可预知的，它们是天才和灵感的结果。对科学发现而言，科学和科学家的自由是最基本的，而这一自由必须得到保护。

然而，随着科学、技术以及科学研究对人们的生活，或对涉及邻国间、区域间，甚至不同种族间利益等全球问题可能带来有害影响意识的不断增强，要求我们重新思考自由从事科学研究的原则，并提出相关科学家和科学组织的责任问题。

由此，我们面临着一个真正两难的困境。作为文化发展的一部分，科学应该被允许自由地发展，而不应对其加以限制。但是我们能承受这样一种可能的后果吗？即一个出自自由的研究成果被滥用而导致具有更大潜在性的破坏。在当今世界，战争仍然是解决国家间纠纷以及那些野心家获取霸权和发不义之财的主要手段。我们不得不做出一些妥协以限制部分研究项目及其应用，而这些项目的应用有可能被滥用，尽管这些项目是经科学家和科学组织仔细核查和公开辩论过的。我们很高兴看到大多数科学家和科学组织支持被许多国家所接受的禁止克隆人但允许治疗性克隆研究的原则。为保存人类已有的成果和人类的进一步进化，我们应当学会在和平和相互尊重的环境下共存。我们必须遵从两位分别来自中国和德国的伟大的哲学家的思想的训导。中国的孔子说："己所不欲，勿施于人。"德国的康德说："每个人应该将他自己和别人总不只当作工具，而应该当作目的本身。"

许多科学家乐于从事与公众的沟通工作，但也有一些科学家将这一义务视为负担。如果科学家想要做一些有益于社会的事业并保持公众的信任和尊重,那么关心和参与使科学知识得到更广泛的公众理解和使用的工作就显得十分重要。

科学家的任务不只局限于告知和教育社会,还应该使世界变得更少有危险、更少受到破坏、更安全,也比以往更繁荣。因此,对每一位科学家而言,其不断增加的一种责任就是:准确和有效地说明新知识和新发现可能带来的后果,从而对公众利益有所贡献。他们有义务引导媒体和社会以预防他们的发现被邪恶目的所滥用。同时,他们不应当只为自己的一己私利,在未经仔细核查和安全问题没有得到完全保障的情况下匆忙推出新产品和新技术。

周光召教授在作报告

如今,科学家起着保护环境和发展人类社会的重要作用,未来的世界可能遭受严重破坏,甚至由于科学研究成果被滥用而遭到完全毁灭,科学家和科学组织有义务充分意识到自己对人类所肩负的责任。

避免有害只是我们责任中的一小部分,我们的主要任务是做有益于人类的工作。联合国千年发展项目建立了到 2015 年世界所要达到的目标。第一个也许是最重要的目标是根除极端贫困和饥饿。与贫困作斗争、缩小贫富差距、缩小拥有新知识与缺乏新知识群体间的差距,将主要依赖于教育的普及和科学技术知识向贫穷地区的广泛传播。

这个世界上所有的人并不能享受由新知识所带来的同等利益,人们获取必要的自然资源的机会也是不均等的。他们缺乏相关的如何实际合理地利用其资源的知识和能力。发达国家和发展中国家、不同地区,尤其是发展中国家不同阶层之间的差距如今已变得越来越大并在不断增加,这些已经在世界局部地区造成了新的严重的社会紧张关系,导致我们所看到的冲突和军事对峙。

一方面,贫困阶层正在为改善他们的生存状况而努力,他们从自然中榨取每一点能赖以生存的资源。边远地区的森林砍伐、沙漠化、土壤腐蚀引起的生态灾难和许多城市社会问题都由此而产生。另一方面,富裕阶层的人们似乎对他们已经较高的生活水平并不满足,通过日益增强的市场推动力,他们不断地追求更奢侈的日常生活,其结果是过分地消耗能源和浪费自然资源。这一现象现在甚至也发生在中国的富裕阶层中,而中国仅仅是一个 **GDP** 刚超过 1 000 美元的发展中国家,从现在北京、上海道路上日益增多的私人豪华轿车中可以看到这一点。像中国这样一个人口众多并在不断增长的发展中国家,这些过度消费将必然导致其环境的灾难性退化。帮助贫困阶层提高他们的生产率以及生活水准,教育富裕阶层在一个更美、更绿的环境中享受一种更少污染和浪费的健康生活,是我们的当务之急。为遵循可持续发展的原则,节俭必须体现在所有生活方式和自然资源的日常管理之中,只有这样,自然提供给我们的不可估量的资产才能被保护好并传递给我们的子孙后代。当今掠夺式的生产消费模式必须得到改变,以有益于我们未来的福祉和子孙后代的利益。

这是一项巨大的工作,其目标的实现只能依赖于改变我们现在的生活和生产方式。与此同时,我们必须提高人们的知识和总体文化质量水平。旨在加强科学大众化理解的公众教育、终身教育和法制道德教育,对发展中国家和欠发达地区实现可持续发展及共同繁荣至关重要。科学家有大量的机会和社会其他成员一起来共同实现这一目标。

科学是没有国界的,同样,人类的一些主要活动如音乐、文学和其他形式的严肃艺术也是跨文化与跨国界的。这些成就应该被全人类所有阶层的人们所共享。

不断增长的科学全球化趋势使科学家之间的沟通更方便。在一些对整个地球公民都有影响作用的全球性问题上,科学家群体通常比政治家有着更客观、更全面、更负责的观点。科学家依靠的不是权力,也不是金钱,科学家依靠的是独立客观的观察与研究,是科学的分析和严谨的判断,进而达成在同行内经反复讨论和辩论过的共识。未来,许多国际争议将不可避免地涉及自然资源的合理分配和利用问题,如跨边界的淡水分配方案、全球环境保护问题、寻求控制全球气候变化趋势等。只有在平等、客观和科学的基础上充分交换意见,一个为各方所能接受的合理的解决方案才能被确定。所有国家的科学团体应该团结起来,为我们这一星球上居住者的共同及长远利益而一起努力工作。我认为这才是科学团体应该肩负起的有益于人类的最重要的责任。

鸣呼,世人皆有医生,而人类罹病却无医可求,无药可治。天不绝人,人自绝!

詹克明

追问污染源头

污染必有源头可寻。

对淮水分支颍河、泉河那臭气熏天的剧毒污水,你可以追踪到上游近千家制革厂,它们将含铬的鞣革毒液直接排放河中。

贵州省一条造成10万苗胞吃水困难的已被严重污染的河流,溯其恶源乃是一家年产量不足两万吨的造纸厂。

肆虐京城的沙尘暴源起于内蒙古草原。由于过度放牧造成草场严重沙化。对草场而言,如果草的覆盖率少于50%就容易产生扬沙天气。

从技术层面上我们不难追踪到造成环境恶化的源发地点与直接责任者,难道这就算是找到了产生污染的根源了吗?显然在其背后还有深层原因,那就是促其产量狂增的那种急剧升温的市场需求!然而激起这种过热需求的更为深层的源头又在哪里呢?

打开一份大报,四五十版,三分之二都是挺胸凸肚的俗媚广告。一家公司广告倒是奇特,整整一大版全成空白,仅在中央碗口大的一圆形区域排布了数十字的广告用语(正可做草稿纸)。报刊充斥了如此众多没人看的气派广告,纸张怎么会不紧缺?

本文选自上海教育出版社2010年1月版《空钓寒江》。

某大媒体图文并茂地彰扬一位名主持人的豪宅。其富丽堂皇也已见怪不怪，倒是她那间如同学者藏书般的藏鞋大柜，着实让我吃了一惊，上下八排，光是见得到的就已整齐排布了不下四五十双鞋子。有此靡费，制革行业又怎能不兴旺发达？

近年流行羊绒衫，都市女郎哪个没有几件？如此巨大的羊绒需求，促使内蒙古建起了许许多多的羊毛羊绒加工厂。仅一座年产600吨的羊绒厂，一年就需要15万只羊为其提供羊绒原料。如此过热的需求又怎能责怪牧民们的过度放牧呢？除了羊绒衫还有那令人大快朵颐的涮羊肉。据北京涮羊肉名店“东来顺”的师傅说，早年“东来顺”全年也不过消耗几吨羊肉，现在一年就要1 800吨。须知一只羊身上可涮之肉并不很多，如此快速增长的羊肉需求量，不过度放牧又怎能满足得了？

由此可见，这生态恶化的源头虽说大多数地处贫困地区，但它更深的根子在奢华富庶之地。上帝还算公平，能绝妙地让环境恶化的苦果“叶落归根”地回落到作俑者的头上。在穿“百脚”鞋的同时也因一江春水向东流而喝着含有制革毒废物的污水。在享受着羊绒衫、涮羊肉的同时，也因地球自转搭配点西北风撒给你的沙尘“胡椒粉”。

所有动物中，人类是唯一追求过剩的物种。除人以外再没有哪个物种谋求有余，它们都饱食即止，不特意贪求多余。也许正是这种对过剩有余的追求才成就了人类文明。原始人类狩猎有余，死则储之，活则畜之，畜多方能成牧，从而完成了由狩猎到畜牧文明方式的重大演进。可以说，没有“过剩”也就不能成其为现在的人类，也就不能发展人类文明。然而，过分追求“过剩”倒会助长奢侈。在所有生物物种中只有人类这种灵长目人科动物滋生了奢侈，而且社会越发达，人们的“不满足感”也越强烈，它所激发的奢侈欲也越膨胀。由此可见，奢侈是人类独有的病态，而且它与人类本性直接相关。

奢侈病是一种传染性极强的文明“艾滋病”！“艾滋”学名是——“获得性免疫缺乏综合征”，病原体是人类免疫缺陷病毒。

“奢侈病”也如“艾滋”，同样是“后天获得性”之综合病症，同样是人们对其“免疫缺乏”。然而，奢侈病与艾滋病的最大区别在于：人人都害怕染上艾滋，尽可能地躲避艾滋；而对奢侈病人们却趋之若鹜，人人以患得此病为荣，个个以奢侈病加身为乐。没患病的千方百计想染上此病，染得病者则盼望自己病情更加深重，最好是能病出大名声，病得载入史册，病得全世界家喻户晓，这才是病出了极致的大辉煌。此话绝非信口胡诌，谁人不知那位妖艳的总统夫人，倒台后光是皮鞋就抄出了三千双。“三千”，这在中国是个何等大数！孔子“弟子三千”，后宫“粉黛三千”，孟尝君“食客三千”，佛教“三千大千世界”。如今这艳后“皮鞋三千”，相比之下，那区区几十双鞋子也只能算是“小奢见大奢”了。

奢侈病流行之所以愈演愈烈，对其推波助澜者大有人在。一些急功近利的掌权者乐于利用它来扩大消费，以“能挣会花”来拉动经济，提高就业率。众多商家更是热衷于鼓吹奢侈，以此来谋求丰厚的利润。再加上诸多媒体受到巨额广告收益的驱动，也极尽喧嚣鼓噪之能事。所有这些权力、金钱、舆论的强势联合纠集成一股势不可挡的合力，必然会让越来越多的人染上这种“文明艾滋”。倘若所有的权力、舆论、社会组织都能教育人们像躲避艾滋那样来躲避奢侈，人类绝不会病得这么普遍，这么深重，这么无可救药。

奢侈极欲炫耀于外，富而不炫无异于艳装没于暗夜。尤其是对我们这样一个极好面子的民族，更盛行炫奢于众。装门面、讲排场、重形象，无分官场民间。“小富即奢”“笑贫不笑娼，笑穷不笑奢”，使我们这样一个相对贫穷的国家不断鼓动起一股股崇尚奢侈的社会浮躁浪潮。

当今世界发展极不平衡，贫富差距日益扩大，由于传媒的发达以及交往的便利，发达富裕国家的奢侈也极大地吸引着欠发达的不富地区。这样的奢侈“全球化”是一种极为可怕的发展趋势。美国学者格罗夫说：

> 把我们目前的价值系统和生活方式输入发展中国家,是一种全球性自杀。想一想中国、印度、非洲和南美的人口吧。我们不应该向这些地方输出我们的生活方式和价值观。

正如圣雄甘地所说:“我们的地球可以满足让全世界的人都过上美好生活,但它无法满足人类的贪婪。”是的,有限的地球承受不起人们不加节制的奢侈,人类不改其穷奢极欲恶行,必难善终。迄今为止,以奢侈误人一生者有之,以奢豪败其鼎食之家者有之,以奢靡毁其强盛帝国者有之,我们如不能及早抑制这种恶性极强的奢侈病毒传播,以奢侈毁灭一个生物物种的残酷现实就会应验在我们人类身上。

值得深思的是,现代医学如此发达,面对人体不断出现的各种疾病都能悉心研究,精心治疗,唯独对此足以毁灭整个人类的最大顽症倒反而熟视无睹,缺乏研究。呜呼,世人皆有医生,而人类罹病却无医可求,无药可治。天不绝人,人自绝!

反过来再想,人类自绝之后,大地自会青山常绿水长清,生物链又会恢复得完好无损,到处鸟语花香,和谐自然,万物欣欣向荣,生机勃勃。我突然领悟:

> 没有了人类,当今世界无法解决的生态危机,环保难题,不就一下子全都解决了吗?而眼下愈演愈烈,传染越来越广,猖獗肆虐全球的“文明艾滋病”,它所起的作用不正是促使人类在物欲中自裁,在安乐中死亡吗?奢侈与灭亡,这两者的结合难道是纯属巧合吗?

我忽然感到了莫名的悚惧——旷缺了人类,地球上的一切问题都将彻底解决——这或许是一场深谋远虑的精心安排。这种能为人类设定如此棋局的“思想”，这种能如此从容摆布而又不露形迹的大手笔，只能是出自那位宇宙的主宰——上帝！

也许上帝对其所创造的人类再度失望了。他曾是那么深深地宠爱着人类，放心地把大地的一切生灵全都交给人类掌管。他曾充满信任地对人类说：“要生养众多，遍满地面，治理这地，也要管理海里的鱼，空中的鸟和地上各样行动的活物。”我们辜负他的重托，无论大地天空还是海洋都被我们糟蹋得一塌糊涂，无论是飞鸟游鱼还是走兽都在迅速地灭绝。人类的所作所为让上帝再次绝望了。他曾经给过我们一次改邪归正的机会，让诺亚全家与其他物种，在诺亚方舟上躲过了“洪水泛滥在地四十天”的劫难。这一次看来上帝对我们这些诺亚的子孙后代更加绝望，而对其他生灵，飞禽走兽，鱼虾爬虫，昆虫蜉蝣并无恶意。他的策略只是针对人类，抹去人类，大地自会恢复正常。所幸上帝对人类尚存仁悯之心，并不立即剪除，而是让人类自毙于自己制造的恶果之中。其手段是依据人类本性，先让其普遍地染上奢侈病，再在奢侈中不断地恶化环境，最后安静地灭绝在自己酿造的综合毒害之中。

不怪天，不怪地，只能全怪我们自己。

冥冥中我终于大彻大悟了：

让生性奢侈的人类在自己恶化的环境中自绝自毙——这是天意！

“察见渊鱼者不祥。”（《列子·说符》）但愿窃问天机不致获罪。危言虽妄，唯愿人类多自珍重，力戒奢侈，以求寿及物种天年！

人始于生。

——《韩非子·解老篇》

邱仁宗

人类胚胎干细胞研究的伦理问题

概念的混淆

人类克隆问题在我国媒体占据突出的地位,经常可以看到一些报道有意或无意地混淆人类生殖性克隆与人类治疗性克隆。因此有必要认真区分这两种克隆。人类生殖性克隆是指通过核转移技术产生人类胚胎,将胚胎植入子宫内,最后目的是生出一个完整的人类婴儿。而人类治疗性克隆是指通过核转移技术产生人类胚胎,从胚胎中取出干细胞,使之定向分化为某类细胞、组织或器官,用以治疗人类疾病。

反对人类生殖性克隆

不伤害论证 第一,生殖性克隆是一种无性生殖方式。在生物进化层次中无性生殖属于比较低级的生殖方式。生物从无性生殖进化到有性生殖,使实行有性生殖的物种在生存竞争中处于十分有利的地位。因为在无性生殖中基因组是世代相传,没有变化的。

本文选自2002年7月号《群言》杂志。作者邱仁宗系生命伦理学家,中国社会科学院哲学研究所研究员,国家人类基因组北方研究中心伦理委员会主任委员。主要著作有《生命伦理学》《生死之间:道德难道与生命伦理》等,在世界各地发表科学哲学和生命伦理学论文300多篇。

这种生殖方式只适合于简单、低级生物，而不利于进化层次高和复杂的高等生物，因为它们的 **DNA** 序列长而复杂，如果没有新的基因介入，保持老一套，容易发生突变。在有性生殖中，每一子代都有新的基因加入，不断更新。因而使实行有性生殖的高等生物始终保持它们的优势地位。克隆的孩子因与作为其来源的个体拥有共同一套基因，如果原来的个体是一个成人，那么这一套基因组容易老化，正如多莉羊的衰老要比正常的羊快，而且今后发生基因突变的可能性也较大。这就可能对克隆出来的人造成伤害。克隆出来的人应该与自然生殖的人拥有同等的伦理地位，他或她也应该拥有生命健康权。我们明知无性生殖是低等生殖方式，还用这种生殖方式，这是对克隆人的故意伤害。克隆人将来遇到健康生命问题，他或她有权控告将他们制造出来的人所犯的故意伤害罪。

第二，当精子与卵结合形成新的个体时，需要重编程序。这种重编在自然生殖的情况下需要几个月甚至几年才能完成。所谓“慢工出细活”就是如此。而克隆人的重编由于迄今未知的原因被迫在几天甚至几个小时内完成，这样就可能“忙中出错”，造成程序的缺失和错误。这是克隆动物畸形残疾的原因之一。克隆人可能身带缺失和错误的程序，在发育生长过程中发生严重畸形和残疾，对疾病的抵抗力严重低下，这是对他们的伤害。

第三，目前克隆技术不过关。以多莉羊为例，克隆出一只正常的羊，但同时也克隆出 200 多个流产或严重畸形很快死亡的羊。由于克隆技术粗糙而生出一个严重畸形残疾的克隆人，我们该怎么办，能够像对待羊那样（这样对待羊是否合适我们先不予评论）去对待他吗？有些热心于克隆人的科学家，口口声声说他们已经

“克隆狂人”安蒂诺里

解决了这个问题,但是他们从不告诉世人,他们是怎样解决这个问题的。这难道是科学的态度吗?这难道能令人信服吗?

第四,由于克隆人的家庭和社会地位不确定,给克隆人造成心理和社会的伤害。如果将甲的体细胞克隆出一个孩子,那么他是甲的儿子还是弟弟?从这个克隆孩子的最初细胞来自甲来说,可以说他是甲的儿子;从这个孩子的基因组与甲完全一样,从这方面说他更像是甲的孪生弟弟。那么,克隆孩子与甲的妻子是什么关系呢?甲的妻子肯定不能承认是她的儿子,因为与她不相干。也许她更愿意承认克隆人是她的小叔。那么,甲与他妻子生出的儿女呢?他们与克隆人又是什么关系呢?他们认为克隆人是他们的叔叔,比他们还小的叔叔,还是他们的弟弟?显然这种关系是混乱的,也不是一纸法律所能解决的。这种混乱不确定的关系不但给克隆人造成心理、社会伤害,也给他周围的人造成心理、社会伤害。

第五,如果允许克隆人,这个"人"一旦得知有人已经偷了他的体细胞克隆出一个与他一模一样的人,就会处于很不安的状态,他会害怕他的家庭遭到破坏,他会担心他的隐私受到侵犯,就像在电影《第六日》里施瓦辛格所演的那位主人公那样。

我认为反对克隆人的不伤害论证是基本的论证,是不同的文化都能接受的论证。

人类尊严论证　人类尊严论证只能为主张人与其他生物相比处于优越地位的文化接受。儒家认为:"天地之性,人为贵。"(《孝经·圣治》)人与植物或其他动物不同,人有尊严。由于多数文化持这种观点,因此人类尊严论证仍然是反对克隆人的论证。

首先,人类尊严是指人类具有内在的价值和认同,因此人类不能像任何物质产品那样被制造出来。制造人被认为是对人类尊严的亵渎,而人们认为人类生殖性克隆无异于制造人。其次,克隆人会形成道德滑坡,进一步亵渎人类尊严。人们很可能对自己制造出来的东西,采取轻率的态度,不会像对自然生殖的孩子那么精心、那么关怀,而且一旦允许人类进行生殖性克隆,就难以防止进行其他形式的克隆,如克隆一个人作为器官供应来源,克隆一个人用于研究研究,甚至克隆一个人用于玩玩等。

支持人类治疗性克隆的论证

人类治疗性克隆是指利用核转移技术产生一个胚胎,从中获得全能干细胞,再从干细胞克隆出用于治疗疾病用的细胞、组织和器官。治疗性克隆创造了治疗目前不能治愈的致命疾病,从而减轻人类痛苦的可能性。

然而治疗性克隆尚有许多技术问题没有解决,如控制基因定向分化,必须了解基因的功能、调控和表达机制。有科学家说,基因定向分化涉及1万多个基因,掌握这些绝非一朝一夕之功。利用干细胞克隆的细胞、组织和器官用于治疗疾病,还有许多不确定因素,因此治疗性克隆应视为可允许做的。这是一种试验,并不是每一个国家、每一个研究或医疗机构必须做的。从伦理学角度来说,只有当积极后果是确定的,或确定积极后果大于消极后果时,才是我们必须做、应该做的;当后果确定为消极的(给人带来伤害),或确定消极后果大于积极后果时,我们不可做或禁止做;但后果不确定时,就是属于允许做的范围。

可用来源于干细胞的组织治疗的疾病

细胞类型	治疗的疾病
神经细胞	中风、帕金森病、阿尔兹海默症、髓损伤、多发性硬化病
心肌细胞	心脏病发作、充血性心脏病
产生胰岛素的细胞	糖尿病
软骨细胞	骨性关节炎
血细胞	癌症、免疫缺乏症、遗传学血液病、白血病
肝细胞	肝炎、肝硬化
皮肤细胞	烧伤
骨细胞	骨质疏松症
视网(眼)细胞	黄斑症
骨骼肌细胞	肌肉萎缩症

然而对人类治疗性克隆的论证取决于对人类胚胎道德地位的立场。

人类胚胎道德地位

儒家认为,“人始于生”(《韩非子·解老篇》)。一个人是具有体(或形)、神(理、情)和群(社会关系)能力的实体。按照儒家的观点,人类胚胎(还有胎儿)不是人,不是具有人格的生命。毁掉胚胎(治疗性克隆最后将毁掉胚胎)及人工流产不是杀人。因此治疗性克隆是应该允许的。但若认为从受精卵开始就是一个人的话,那就不会允许进行治疗性克隆了,因为毁掉人类胚胎就是杀人。

当然,我们也反对另一极端的观点,认为人类胚胎只是“一团物质”或“一块肉”而已。人类胚胎虽然还不是人,但毕竟是人类生物学生命,不仅仅是像胎盘那样一块东西。因此,它理应受到一定的尊重。如果没有充分的理由,操纵胚胎或毁掉胚胎都是不允许的。

给人类胚胎应有的尊重 如果我们能从其他地方获得全能的干细胞,不必从人类胚胎中获得。例如,我们可以从人工流产后已死亡的胎儿中获得生殖细胞,它们也具有全能的分化能力,我们就没有理由利用人类胚胎。进而言之,如果我们能够使成人干细胞具有全能性,我们也没有理由利用人工流产的胎儿。

同理,如果没有充分的理由,我们不应该创造一个胚胎,并从中获得干细胞。反之,我们应该利用体外受精成功后本来要舍弃的冷冻人类胚胎。

然而,如果有充分理由,利用捐赠的配子创造胚胎以获得干细胞或利用体细胞核转移技术创造胚胎获得干细胞应该是允许的。

一篇有争议的报道

2001 年 9 月 7 日《北京青年报》发表一篇报道:中山医科大

学某教授将一个 7 岁男孩的皮肤细胞核转移到一个去核的兔子卵内,建立了“人类”胚胎,从中获得可用于治疗目的的全能的“人类”干细胞。理由是难以获得人类的卵,还说这样做可以避开伦理问题。

这篇报道提出了一系列问题:这个胚胎是“人类”胚胎吗?这些干细胞是“人类”干细胞吗?这些干细胞可用于治疗人类疾病吗?如果获得人类的卵有困难,为什么不在知情同意原则下用人工流产后已死亡的胎儿的生殖细胞或从女性尸体中获得卵?进一步的问题是:人类与其他动物之间的嵌合体是否允许?

嵌合体问题　根据人类尊严论证,利用人类胚胎与其他动物胚胎的融合创造嵌合体或者利用人类配子与其他动物配子创造嵌合体都应该是不允许的。刚才已经谈到对人类胚胎或人类配子应有一定程度的尊重,没有充分理由不能随便操作。另外,从后果来看,一是可能不成功,造成资源的浪费。二是如果出现一个非人非动物、半人半动物的生物,怎么办?三是如果出现一个怪物,危害人类又该怎么办?

然而,人类细胞核与其他动物细胞内的线粒体嵌合体唯有在 14 天的胚胎期间内作为研究是可以允许的,但其前提条件是有充分的理由。但这位教授的理由是不充分的。

带有兔线粒体 **DNA** 的胚胎是人类胚胎吗?当然不是,这是一种嵌合体胚胎(或杂种胚胎)。带有兔线粒体 **DNA** 的干细胞是人类干细胞吗?当然不是,这是一种嵌合干细胞(或杂种干细胞)。如果要想用于治疗目的,从带有兔线粒体 **DNA** 的干细胞分化出来的组织能用于人体吗?能达到治疗目的吗?我们知道,细胞线粒体在提供细胞做功所需能量上非常重要,有的人线粒体 **DNA** 有缺陷因而患线粒体病,使得需要能量较大的细胞(例如心肌细胞、神经细胞、肝细胞)发生功能障碍。难道兔的线粒体能顶替人的线粒体吗?这不但不能治疗疾病,反而增添疾病。

科学自由与伦理约束之间的平衡

有科学家主张科学研究不应有禁区,因此不应有伦理约束。

科学研究无禁区是指追求知识而言的,但作为行动科学研究应该符合伦理要求。如果主张作为科学研究的行动也无禁区,不就会步德国纳粹科学家医生和日本 731 部队那些科学家医生的后尘吗?科学家的行动应该有一定的规范。现在一些科学家动辄向媒体发表科研成果,而渴求耸人听闻消息而扩展其销路的媒体则迅速予以夸张报道。这都是非常错误的做法。科学成果发表的途径一是通过向权威学术杂志发表论文,讲明实验假说、所用方法、所得结果及对结果的讨论,并附以文献,或者通过具有权威性的专家鉴定会。前者如多莉羊的成果在《自然》杂志上发表,后者如我国克隆羊的成功在专家鉴定会上做了鉴定。这样做之所以必要,是因为科学本身的性质,即科学是可检验的。在上述两种情况下其他科学家可以用你介绍的方法重复你的实验,检查你的结果和方法。但是媒体报道如何能提供这种可检验性?而有些科学家,特别是热衷于克隆人的那位意大利科学家始终通过媒体报道他的研究进展,谁也无法检验他的所作所为。而我们一些科学家如法炮制,也喜欢通过媒体和互联网报道他们的成果。这是科学界学术浮躁的表现,应该引起科学界、公众和决策者的警惕!

同时,科学自由与伦理约束之间的平衡不能搞双重标准。有的国家禁止政府资助的机构进行治疗性克隆,但不禁止私人机构这样做。有的国家通过法律禁止胚胎研究和克隆胚胎,但允许从国外进口干细胞。在这些问题上均需要进行国际对话,建立公平和平等的国际关系。

隐瞒使患者不得不独自承受身体和精神之痛，而孤独是人最大的不幸。

柳　红

癌症，让我们说出来！

在肿瘤医院的病房里，置身于癌症患者中间，读苏珊·桑塔格《作为疾病的隐喻》（***Illness as Metaphor***）（上海译文出版社 2003 年 12 月），感受着与苏珊的心之间的共鸣，并激动着这共鸣。

2004 年 3 月，未满 14 岁的儿子被查出一纵隔畸胎瘤且发生恶变。从此，我们开始了艰难、曲折、猛烈的治疗。催促我写下这个题目的就是半年来我看到和感到的一切，特别是接到友人电告作家陆星儿去世的消息。我并不认识陆星儿，甚至不是她的读者。她是我两位朋友的朋友。使我在心里感到和她有联系是得知她罹患癌症。再早几天，朋友跟我说陆星儿尚不知道自己的病时，我便表示了由衷的遗憾。我还暗自希望这篇文章她能看到。然而晚了，这使我很伤感。同病房的山东老汉一再对人说："我得的是肝囊肿。"我悄悄问他的儿子为什么不告诉他实情，回答说，告诉他，他就不治了。另一位病友在医院里可以直来直去地调侃，回到

本文选自 2004 年 10 月 12 日《文汇报·笔会》。作者柳红 1960 年生于山西太原，1982 年毕业于上海机械学院自动化系，工学学士；1988 年毕业于中国社会科学院研究生院工业经济系，获经济系硕士。先后就职于机械工业部销售管理局、中国社会科学院工业经济研究所、中国电子进出口总公司战略研究部。其间曾在英国、美国访问进修。自 1998 年起任经济学家吴敬琏先生的研究助手。发表过《吴敬琏》（当代中国经济学家学术评传丛书之一）。

家则难以面对街坊四邻和老同事,精神负担很重,只有躲到乡下才好过一些。还记得电影演员于蓝女士在电视上讲丈夫田方患癌症,她(他)们彼此藏在心里,至死都没有说出来。

人们怕而不说。怕什么呢?怕死吗?不尽然。人皆因病而死,并没有其他病像癌症一样被隐瞒。隐瞒使患者不得不独自承受身体和精神之痛,而孤独是人最大的不幸。

苏珊·桑塔格1933年出生于纽约,她与西蒙·波伏娃、汉娜·阿伦特三位被认为是西方当代最重要的女性知识分子。20世纪70年代中期她罹患乳腺癌,医生对她宣判了死刑。病友们深陷癌症的种种幻象不能自拔的情形,使她从个人的恐惧和绝望中摆脱出来,变得十分冷静。她去法国尝试当时还鲜为人知的一种化学疗法,经过两年半的化疗,她被治愈了。她看到,隐喻性的夸饰扭曲了患癌的体验,妨碍了患者尽早地寻求治疗,或妨碍了患者作更大的努力求得有效治疗。她深深地为癌症的恶名加诸患者的痛苦而愤怒,写下《作为疾病的隐喻》。她说她的目的是平息想象,而不是激发想象;不是去演绎意义,而是从意义中剥离出一些东西。她以生命的经验和思考,拨开笼罩在癌症上面的迷雾,告诉世人真相。

大约在2000年,苏珊·桑塔格再一次罹患癌症,那是一个新的原发癌,而不是上一次的转移。她热切地谈论癌,谈论自己作为癌症病人的感想。她说:“我们都认识一些患癌症的人,亲戚、朋友,或者我们每一个人都有可能在生命的某一天发现自己患了癌症。我想鼓励人们去争取最好的治疗。如果得到了正确的治疗,大多数癌症是可以治好的。因此,我才这么热切地谈论它,打破禁忌。”此时此刻的我,也怀着同样的心情。

英文癌症(**cancer**)的命名来自希腊语的**karkinos**和拉丁语的**cancer**,其意都是**crab**(“蟹”),据说灵感来自肿瘤暴露在外的肿大血管与蟹爪酷似。而在美丽的汉字中,“癌”这个字格外难看。有这样一种比喻:“疒”字旁表示人生病。三个口表示很多人，山表示土堆。许多病患被送到山上，埋成土堆。由此看来，中文和英文中的癌字都是一种比喻，而不是像心脏病、高血压这类字眼。想来可能源于它的不可知性。正是医学未能解释其发病原因，给人们留下了一个大的想象和猜测的空间，编织了癌症的神话。

神话之一：癌症人格

据说“对情感的持续不断的压抑才导致了癌症”或“人们深信存在着一种易患癌症的性格类型”。于是，疾病就被认定为患者自己要对其负有一定责任。因为“癌症人格”的设定，患者常常被视为生活中的失败者。当人们面对或背对患者窃窃私语时，患者会反复问：“为什么是我？”久而久之，他（她）自己仿佛真的认为自己具有某种癌症倾向性格了，感到自卑和羞耻。

其实，关于癌症人格的传说可以被轻而易举地破解。只要对未患癌症的人群作一个调查便会发现，大部分人称自己的生活多不如意，精神抑郁、受过创伤、压力过重，等等。所谓的“癌症人格”不过是一种人类普遍的生存境况而已，并非患癌人独有。

神话之二：人对疾病战无不胜

人类是与疾病相伴随的。疾病本是一个自然过程。然而，不知从什么时候开始，人们接受了这样的概念，即人对疾病战无不胜，实际上是说死亡能被战胜。苏珊注意到，在整个现代历史中，有关疾病的思考倾向于不断扩大心理疾病的范畴。而一旦生理疾病被看作心理疾病，它就变得不那么真实了。可不是吗？心理学上的解释在此地似是而非，因为它隐含了这样一个逻辑：既然疾病是心理因素造成的，凭着心理因素便可以治病。如此一说，何来死亡？由此可以看到人类对于疾病生理方面的理解不仅贫乏，还与妄想相伴。无独有偶的是，这种对于疾病的心理学解释再一次把责任置于患者身上。

神话之三：病魔的隐喻

苏珊·桑塔格认为，没有比赋予疾病以某种意义更具惩罚性了。她指出两种情形：首先，内心深处所恐惧的各种东西，比如腐败、污染、反常、虚弱，全都与疾病画上了等号。疾病本身变成了隐喻。其次，藉疾病之名，这种恐惧再被移植到其他事物上。疾病变成了形容词。对邪恶的感受被影射到疾病上。而疾病则被影射到世界上。在我们的社会里这样的隐喻也被广泛地使用着。比如，针对腐败，会说，它像癌症一样，或说挖掉这个毒瘤，等等。如此，病，连同患病的人都成了社会排斥和驱逐的对象。试想，当患者听到自己的病名被当作邪恶物的比喻时，会是怎样的心惊肉跳，唯恐避之不及。

神话之四：癌症 = 死亡

这是最极端的神话。据说有相当比例的患癌者就是在得知病情后被“吓”死的。然而，无数事实表明癌症不等于死亡。对于癌症，问题并不在于是否能治愈，而在于如何进行有效治疗。现代医学也表明，许多疾病是可以被治愈的。还有许多人即使不能治愈，也可以延长生命或改善生存状况，与疾病共生存。像糖尿病、高血压、冠心病等并非“不治之症”，有多少人被治愈了呢？大多数人带病生存和工作。如今，肿瘤已是常见病多发病，或许有一天它变成一种慢性病。1966 年美国通过的联邦法律《知情权法案》，将“癌症治疗”作为不得公之于众的事项列入排除条款。随着神话的瓦解，在美国，医生和病人之间谈论癌症早已不是禁忌。有临床表明，当病人对病情有了充分了解，其求生欲望会促使他（她）和家属、医生齐心协力，主动配合各种治疗和护理，积极进行康复训练，比蒙在鼓里的患者疗效要好。

前不久经济学家董辅礽先生患癌症不幸去世。学生师友都给董老师高度评价，然而大家忽略了董老师一个特殊的功绩，也是他人生精彩的谢幕——那就是去美国参加治癌新药的临床试验。这一次，他把自己作为一名学者在科学上勇于进取和探索态度用在了治病上。《赴美就医记》的从容讲述，显示出他人生的更高境界。与本文相关的是，董老师介绍了在美国治病与中国的不同

之处:

> 在进入治疗前,医院就发给我许多有关此疾病和治疗的资料,其中有国家癌症研究所编印的各种资料,如《你对结肠和直肠癌需要了解什么》《化疗和你——癌症治疗期间自我帮助指南》《癌症患者在治疗前、治疗中和治疗后的饮食提要》等,有杜克大学综合癌症中心和杜克大学医院编印的各种资料,如《你并不孤独》《照顾你自己》《化疗指南》《预防和治疗口腔问题》(化疗可能引起口腔和嗓子溃疡、干燥或疼痛等)、《静脉保护》(因为化疗可能使静脉产生疤痕组织,使针头难以扎入等)、《低血液计数》《性生活与癌症》等,还有医药公司就所用药品的详细介绍等。这些资料告诉病人如何应对疾病,如何配合治疗,特别是详细地告诉病人治疗中可能产生的各种副作用以及如何防止、减轻和应对,在什么情况下需要即时找医生,如何安排生活和工作,鼓励病人做他认为最重要的工作以及运动等。显然,这对提高治疗效果是有帮助的。

我的亲身经历告诉我,美国医院的这种做法对于病人太有好处了。我们经历了四个疗程的化疗,其中的担惊受怕和副作用带给我们的创伤和痛苦至今还包围着我们。我多么渴望有相应的知识辅导,然而更多的是靠自己一点一滴的摸索,广泛咨询,记化疗日记,总结经验教训。而美国做法的前提是癌症不再成为禁忌,可以开放地谈。在中国,虽然2002年9月1日开始实行的《医疗事故处理条例》中,将"未如实告知患者病情"一项作为对医疗机构的责任人给予处分的依据,事实上,据我在医院观察,患者家属往往恳求医生不要告诉本人。而这样一来,有些治疗方案因无法得到病人的理解而难以实施。

世界卫生组织(**WHO**)2003年发布的《世界癌症报告》显示,2020年全世界癌症发病率将比现在增加50%,全球每年新增癌症患者人数将达到1 500万人。目前在发展中国家,80%的癌症患者都是在患病晚期才被发现。而在发达国家,如美国,由于癌症诊断技术和治疗技术的进步,再加上戒烟运动等的作用,癌症发病率与死亡率经过几十年的上升之后已经趋平。从1994年至1998年期间,每年减少1.4%。从1998年至2002年期间维持在这一水平。而我国卫生部提供的数据显示,20世纪70年代初,我国癌症发病人数为90万,死亡70万人;20世纪90年代初的发病人数增至160万,死亡130万人。2000年,癌症发病人数约180万至200万,占世界总数的五分之一,死亡人数140万至150万,占世界总数的四分之一。近年来,我国的癌症发病率与死亡率呈明显上升趋势。另据最新癌情监测资料显示,北京市每年肿瘤新发病例达两万人。

如此来势汹涌,意味着癌症随时可能造访我们自己或家人。因此,我们亟须瓦解关于癌症的诸种神话,营造一个开放的环境,普及相关的医疗教育。半年前,我对肿瘤毫无概念,似乎它与我无关。其实,肿瘤早已走近我们,我们的家庭、亲戚、朋友中就有肿瘤患者。而通常我们的态度是只要没有事到临头就视而不见、讳莫如深。在医院里,我看到许多可爱的人和家庭,她(他)们同时承受病痛和享受亲情,我也经历了许多口未开泪先流的伤痛场面。这总使我心里鼓涌着冲动——癌症,让我们说出来!

两位可敬的前辈苏珊·桑塔格和董辅礽,时隔近三十年,前者去法国尝试新的治疗;后者去美国参加试验,她(他)们向公众讲述的方式不同,但是对待癌症的态度和身体力行的努力是一样的。大约也是经过这三十年,两个国家的癌症发病率、存活率、死亡率呈不同方向的变化,美国在好转,中国的情形趋严峻。它不仅是医院和医生面对的问题,还需要社会上许多朋友的努力。

地球很大，但不是无边无涯；地球很美，但不是青春永在；地球很富饶，但不是取之不尽，用之不竭。

唐锡阳

热爱大自然的人都是好人

地球上不能只关注和发展一个物种

记得十多年前有人问我，苍蝇、蚊子、老鼠要不要保护？在《我们为什么要热爱野生动物》一文中我回答说，这些动物很多，不用保护，而且应该控制，但也不能灭绝。如果苍蝇、蚊子、老鼠灭绝了，那么吃这些动物的鱼类、鸟类、兽类也无法生存，当然也会影响自然生态和人类自己。而且应该说，现在的苍蝇、蚊子、老鼠之所以多，多到不利于人类生存，也是人类造成的。人类滥垦滥猎和滥施农药，消灭了控制这些动物的天敌，才造成它们的恶性发展。假如有朝一日苍蝇、蚊子、老鼠面临濒危，我们也应该保护它们。把生物分成益与害，这只是对人而言，或者说是对狭隘的人而言。即使从这个角度出发，也很难说清楚每一种生物的益害。医学科学家用猴子的肾脏培育出小儿麻痹疫苗，使亿万儿童避免

本文选自《群言》杂志2005年第4期。作者唐锡阳系科普作家。1930年1月30日生于湖南汨罗新市，1952年毕业于北京师范大学外语系。曾任《北京日报》编辑、《大自然》杂志主编等。曾考察全国各类自然保护区，发表过大量有关自然保护的专著与论文，如《自然保护区探胜》《环球绿色行》等。

了夭折或终身残疾之苦;袁隆平科研小组 1970 年在海南岛发现了几株雄性不育野生稻,实现了水稻杂交的历史性突破,被人尊称为中华民族的第五大发明;再如,犰狳是除人类外唯一能感染麻风病的动物,秃鹫嗜食腐肉却能不受致命的肉毒梭菌的侵袭,这些都为防治某些疾病带来了希望。动植物、微生物给人类在衣、食、住、行、医药和科学进步等方面提供的用途是十分广泛的。但人类对它们的认识仅仅是“沧海一粟”,我们不能仅看到它们的害,而看不到它们的益,或者说此处有害,彼处有益;废之有害,用之有益;今天有害,明天有益;对人有害,对大自然有益。任何片面的、短视的行为,都是不符合生态规律的。

比如白蚁,人居环境中的白蚁确实应该消灭,但森林中的白蚁在处理残木病树、转换物质能量方面,有着不可替代的作用,它们和许多兽类、鸟类、昆虫及微生物一起,清理大自然的垃圾,促进了大自然的良性循环。而且自然环境中的白蚁不会像人居环境中的白蚁那样暴发繁殖,因为有食蚁兽、鸟类、食物、气候等因素控制它的数量。生物与生物及生物与环境之间,总处在一种生态平衡之中。除非人类不尊重自然,乱砍滥伐,毁坏森林生态系统,破坏这种平衡,才会造成病虫害的恶性暴发。1986 年 9 月我在内蒙古的白音敖包自然保护区就亲眼见过这种情景,一片珍贵的特有的沙地云杉在遭遇火灾和无情砍伐之后,紧跟着又遭到一场病虫害的浩劫。

最近有人不谈今事,却谈宋朝,提出这样的问题:宋朝的老虎吃人对不对?武松打虎该不该?其实从动物行为学来观察,老虎能吃人,但不主动攻击人;它只有在受到攻击,或者为了护幼,或者是呈病态时,才会伤人。也有个别地区的老虎一旦吃过人,就形成了习惯而多次吃人,孟加拉虎就有过多次记录。总的来说,老虎吃人是被夸张了的,特别是通过传说、故事和神话的渲染,给人造成了“谈虎色变”的印象。而人吃老虎,却是千真万确的。吃老虎的肉,穿老虎的毛皮,用老虎的骨头入药,用老虎的生殖器壮阳……

老虎吃人只是人吃老虎的万分之一甚至更少。人是老虎的唯一天敌，是老虎濒危的罪魁祸首，人不仅是用棍棒、弓箭、猎枪、毒饵、陷阱等手段，还用截断老虎的食物链和毁坏老虎的栖息环境等斩尽杀绝的办法。今日，新疆虎已经灭绝了，华南虎濒于灭绝，东北虎也岌岌可危了，我们的子孙要认识这种大型的、威严的、美丽的、保护森林生态的顶端动物，恐怕只能到动物园、博物馆，或者到俄罗斯、东南亚去。这个过程很短，也就是五六十年。

现实已使我们痛感到，生物物种的急剧消失，已经威胁着整个自然界，也威胁着人类自己。保护一个物种，意味着保护若干物种、保护一个生物群落、保护一个生态系统。而随便引进一种客籍生物，也会对当地生态造成极大破坏。世界是相互关联的，牵一发而动全身。草原中没有了狼，森林中没有了老虎，或者是在澳大利亚引进了兔子，在中国引进了水葫芦、薇甘菊，这都不是小事，而是生态中的大问题。

我们可要警觉，没有地球的自然环境，人类及所有生命都是不能生存的。而地球很大，但不是无边无涯；地球很美，但不是青春永在；地球很富饶，但不是取之不尽，用之不竭。这次印度洋地区地震海啸发生后，很多人都提到了一种特殊的适应咸水生长的海滩森林——红树林。红树林除了拥有许多特异的生态功能外，在减轻台风、地震、海啸等自然灾害中，有其非常重要的作用。遗憾的是印度洋沿岸的许多国家，还有我国沿太平洋的广东、广西、海南、香港等地区，把许多珍贵的红树林群落改造成人工海岸。砍伐和毁灭红树林，有各种各样的原因，其结果都是得不偿失。

怒江、原始森林、老虎……都是漫长的自然历史不断演化、不断优化的结果，应加以保护。有些东西毁掉了，可以再建一个，甚至建得更“好”，虽然丧失了历史和文物价值，毕竟还算是恢复了一个仿制品；而怒江被破坏了，原始森林被砍了，老虎灭绝了，就永远不可逆转。所以，我们必须尊重自然，我们在处理人与自然的关系上，要特别慎重。

只有尊重自然，人类才有作为

有人认为，如果敬畏自然，人类就会无所作为。我的看法与之相反，人类只有尊重自然规律，才有作为，甚至是大有作为。

我曾三访四川都江堰，那确实是一项千古不朽的水利工程。它完全是按着自然的山势和河势，用“鱼嘴”把奔腾不息的岷江劈为两半，西边一半江水通过闸门向外江流去，从宜宾汇入长江；东边一半江水通过人工开凿的“宝瓶口”，限量流入内江，灌溉着几百万亩成都平原。无须任何外来的能源，涝有外江自动分洪，旱有内江自流灌溉，二千二百多年以来，形成了一个“天府之国”的人工生态系统，2001 年 3 月被列入世界文化遗产名录。在都江堰的山旁还屹立着一座雄伟的大庙，是世界上唯一尊水利专家李冰为神的殿堂。我觉得研究水利的人都该去庙里磕几个头，从李冰身上吸取一点尊重自然、师法自然的灵感。遗憾的是现在水利部门竟要在离“鱼嘴”只有 1 310 米的上游，另建一个大型的杨柳湖水库，如此将彻底摧毁这个世界文化遗产。由于遭到各界人士的强烈反对，这个水库“暂停”了。但上游 6 千米处的紫坪铺水库仍在修建，应该说这是一件很遗憾的事情。

美丽的大自然

珠江三角洲的“桑基鱼塘”，也是一种有五百多年历史的人工生态系统——水体和陆地交互作用的成功典型。塘泥肥桑，桑茂蚕壮，蚕壮丝多、屎多，丝多收益多，屎多鱼肥，鱼肥塘泥养分多……这种物质和能量顺利传递的生态平衡，既保护了生态环境，又扩大了经济效益。每年可以获得八造蚕丝，每亩产鱼千斤以上。所以这一地区平均每平方千米可养活600人，成为我国农村最富裕、人口最密集的地区之一。而且这种生产方式已经扩散到其他领域和地方，如草基鱼塘、垛基鱼塘、果基鱼塘、稻—苇—鱼、稻—鱼—麻等。可惜在经济开发的大潮中，珠江三角洲这种典范的人工生态系统，也日益被蚕食了。

以科学的态度对待科学与技术

科学是人类认识客观世界的过程，是揭示自然、社会和思维规律的知识体系。科学无疑是社会进步的象征，它有着光辉的前程，也经历着艰难而曲折的道路。真正的科学不怕批评与反对，越批评越科学，越反对越科学。

现在有人喜欢用“反科学”的帽子来吓唬人，这正好说明了吓唬人者思想、方法、态度不科学。

纵观近百年的科学与技术发展，我们看到许多技术成果好比一把双刃剑，它既带来“用之以治则吉”的福祉，也带来“用之以乱则凶”的祸害。特别是在处理人与自然的关系上，是福祉多于祸害。这问题不在技术本身，而在实践技术的人。

譬如，人类要改善生活，就发展农业、牧业、林业，纯农、纯草、纯林有益于管理和提高产量及品质，但这不合乎物种多样性和生态平衡的“自然规则”，大自然就“差遣”了一支别动队——害虫，来干扰纯农、纯草、纯林。人类几经努力，终于发明了**DDT**。这个伟大的技术成果还获得了诺贝尔生理/医学奖，但实践的结果，农药并不能消灭害虫，因为农药会增加害虫的抗药性，会杀死害虫的天敌，会残留和转移到土地、水源、植物、动物和人体中，从而开创了一个污染环境、破坏生态、危害人体健康的时代。于是人类不得不转变方向，用改变作物的抗虫性、调整种植格局和生态管理的办法，来控制虫害和发展农林牧业，至今问题仍未真正解决。**DDT**在许多国家早已禁用，而在我国却是屡禁不绝。人类要真正认识这个问题，还需要很长的时间。

至于控制水害的问题，人类的认识就不是一百年，而是几千年。这要从鲧禹治水说起，这个故事真实到什么程度，可以留待历史学家去考证，但这个故事所反映的治水精神值得我们深思。鲧以堵治水，失败了，因为他违反自然规律；禹以导治水，成功了，因为他顺应自然规律。当代治理河流，无论中外，仍然是这两条路线，即是工程治水，还是生态治水。工程治水的主要标志是筑堤筑坝，强调人的行为，用“人”的办法来解决问题；生态治水的主要标志是保护森林，保护湿地，强调尊重自然，用“自然”的办法来解决问题。我们主张生态治水，并不排斥工程治水。都江堰也算一“坝”，谁反对呢？尊重自然，保护生态并不是原封不动。人类要改善生活，社会要前进，大自然也永远不会重复自己，原封不动是不可能的。问题是怎么动？是根据主观的愿望来动，还是根据客观的规律“以生态为本”来动。尊重自然、保护生态是重中之重。

人类对待自然历来有各种各样的态度，有人划分为四个阶段：畏惧自然—崇尚自然—藐视自然—尊重自然。这样划分不一定准确，但它基本反映了人类的一个认识过程，我相信尊重自然是一个进步，将会成为越来越多人的共识。

正是在这种认识过程中，才逐渐形成了研究生物与生物、生物与环境、人与自然关系的生态学与生态伦理学。因此，我们才宣传生态伦理，宣传爱心，宣传人与人、人与自然之间的和谐。我的已故妻子——一位钟爱自然和执著环保的美国人，说过一句感染过很多人的话：“热爱大自然的人都是好人。”我相信，这句朴素的话表达了一种深远的天人交汇的精神力量。而“人类无须敬畏自然”“把爱心扩展到大自然没有可操作性”的说法是不可取的。

无论是人类社会，还是生命世界，都是以共存为基础，竞争只是为了更好地共存而已。

位梦华

两极的启示

打开世界地图，除了陆地大洋和山川湖泊的轮廓之外，总还有一些密密麻麻、弯弯曲曲的线条，蜘蛛网似的，把地球表面分割成许多奇形怪状，大小不一的块体，这就是国界。几千年来，人类就是这样各据一方，占山为王，把地球瓜分得七零八落，各自为政，形成了各种各样的国家，而且认为这就是管理地球的最好办法。

但是，随着对地球的深入了解，人们终于意识到，这些费尽心机划分出来的疆界，只能用来约束人类自己，对大自然毫无意义。例如，地幔对流和板块运动，决定着大陆和海洋的格局；温室效应

本文选自2004年8月号《群言》杂志。作者位梦华系极地科学家和科普作家。1940年生于山东平度，1962年考入北京地质学院攻读地球物理勘探专业，1967年毕业后分配到中国科学院地质研究所，从事地震成因及地震预报的探索与研究。1981年作为访问学者赴美进修，并于1982年10月去南极，从此与南极结下不解之缘，1983年回国后利用业余时间，埋头于南极的综合研究。1991年他独闯北极，深入阿拉斯加北极爱斯基摩人聚居区进行了一个半月的综合性科学考察，1992年回国后撰写了大量文章介绍北极的各种情况，而且上书党中央、国务院，建议尽快开展北极考察，1993年再次深入北极为中国北极考察做好前期准备。他任中国首次远征北极点科学考察队队长。他的主要著作有《奇异的大陆——南极洲》《南极政治与法律》《南极之梦》《美国随想与南极梦说》《南极属于谁》《冰雪世界的资源》《北极的呼唤》等。

和臭氧层空洞,改变着地球的环境;大气对流和海洋环流,制约着气候的变化;资源枯竭和生态失衡,威胁着人类的生存。所有这些都是全球性的,与国界毫无关系。同样的,海关挡不住艾滋病,国界隔不开电磁波,经济需要互通有无,文化需要交流与切磋,国际联系越来越紧密,全球化的趋势正在冲破国界的束缚。任何一个国家,如果把国门关起来,只能导致自己落伍,却阻挡不住人类前进的步伐。至此,人们才恍然大悟,看来必须跳出国界的框框,用一种全球的观念思考人类现在所面临的问题。

然而,当人们以全球观念巡视这个世界时,看到的却是大气污染,环境恶化,资源枯竭,生态失衡,地球满目疮痍,社会矛盾重重,唯一比较干净的只有南极和北极。于是有人突发奇想:当事者迷,旁观者清,我们何不到南极和北极,站在人类社会的边缘之外,以旁观者的身份,来观察一下这个包罗万象、复杂纷纭的世界呢?

共存与竞争

除了南极半岛之外,在南极大陆内部,几乎看不到任何绿色的植物,偶尔在石头上发现一小片苔藓,就足以使人激动一阵子。我在一个小山凹里,找到了一片地衣,生有长长的纤维,却是白色的。地衣并非单一的生物,而是藻类和一种菌类的共生体,藻类通过光合作用,制造营养,供自己和菌类食用;而菌类则收集水分,以保证自己和藻类的生存。于是想起了瞎子和瘸子的故事,他们住在一起,却经常互不服气。有一天,忽然着了火,瘸子知道出口却跑不动,瞎子走得动却不知道出口在哪里。最后急中生智,瞎子背上瘸子,瘸子指挥着瞎子,终于逃了出来,脱离了险境。

达尔文在进化论中强调的主要是生物间的竞争,意在说明进化,即所谓的“物竞天择,适者生存”。也就是说,物种之间存在着竞争,但决定物种生死存亡的是“天择”,最后要由大自然来选择,只有适应环境者才能生存下来。例如,北极狼主要以驯鹿为食,而狼又是一种非常贪婪的动物,它们即使吃饱了,也会把小驯鹿咬死，弃尸于荒野。因此，狼多了，驯鹿的数量就会下降，最后倒霉的还是狼，因为找不到食物而冻死、饿死。狼的数量减少后，驯鹿的数量又会增加，如此循环往复，保持着一种动态平衡。由此可见，生物间的竞争，是在共存基础上的竞争，而不是以消灭对手为目的。至于物种的生杀大权，完全掌握在大自然手里。

然而，进化论问世以后，竞争一度被认为是自然界的主旋律，结果本末倒置。于是，有人把进化论说成是“物竞天择，弱肉强食”，而且认为，既然自然界强者是以弱者为食，食肉动物总是以食草动物的孩子来喂养自己的孩子，人类社会也应该如此。因此，强者屠杀弱者，“先进”消灭“落后”，便都成了天经地义的事（我之所以把“先进”和“落后”都加上引号，是因为究竟什么是先进，什么是落后，是值得研究的）。结果是，印加文化灭绝了，玛雅文化消失了，北美印第安人和澳大利亚土人都被赶进了荒原沙漠，任其自生自灭。

在人类进化史的研究过程中，这种观点也曾一度占据支配位置，甚至写进西方教科书。以前，许多人类学家认为，人类进化史就是一部竞争和残杀的历史，新的先进的人种出现之后，总是会把原有的人种加以消灭，然后取而代之。在他们看来，人类就是一群杀父弑母的刽子手，是站在祖先的累累白骨上成长起来的，而且还洋洋得意。然而，最近通过对人类基因历史和地理学的分析研究表明，现代人类的基因，是集古代人类基因之大成，融合了不同人种的基因演化而来的。在这个过程中，遗传特征经过无数代人的逐渐融合，才形成了现代人类的多样性。实际上，现代人类正是通过继承和分享古代人类最优秀的特征而共同进化的，而不像有些人断言的那样，尼安德特人灭绝了在他们之前所有的古代人种取而代之，后来又被克罗马侬人赶尽杀绝。

一个爱斯基摩老猎人告诉我说，他打了一辈子猎，从来不杀幼小的，带崽的，或者有病的动物。他们的祖先留下了一张图（我没有见过），是一个手掌，手心有一个窟窿，就是说，在打猎时要手下留情。如此简单的图案，却蕴含深刻的哲理：自己活，也得让别人

极地风光

活;人类活,也得让其他生物活。

人类是全方位的杀手,又是最贪婪的动物,凡能吃的都上了餐桌,凡好看的都成了玩物,既不能吃也不好看的更加倒霉,被认为是不祥之物而遭赶尽杀绝。结果,动物遭了殃,植物绝了迹,人类愈来愈孤立。然而,自然规律是不可抗拒的,"适者生存"的法则不仅适应于其他生物,同样也适应于人类自己。如果一意孤行,倒行逆施,总有一天会被大自然抛弃。

实际上,无论是人类社会,还是生命世界,都以共存为基础,竞争只是为了更好地共存而已。正如体育比赛,目的在于提高技艺,而不是一场战争,你死我活,一定要置对手于死地。

人与生物

人类自视清高,自诩是最高级生物,但是实际上,我们到底比其他生物高多少,是很值得怀疑的。例如,如果没有枪,我们斗不过北极熊;如果没有船,我们追不上鲸;我们一掉进冰冷的水里,立刻就会冻僵,南极鱼却可以穿行于浮冰之间,自由自在地游来游去;我们一进入冰原,如果没有罗盘或 **GPS**,马上就会迷失方向,企鹅却能以最短的路线,准确地找到自己的目的地。甚至连小小的北极蚊子也比我们高明,它们长在头顶上的红外探测器可以准确地测定几千米以外的目标,而我们制造出来的红外探测仪体积大而笨重，还没有蚊子那样高的灵敏度。凡此种种，我们人类还有什么可骄傲的呢？

推而想之，就连我们的社会机构和高级思维，动物其实也早已有之。例如，领土不可侵犯，边境荷枪实弹，是人类社会的一大特点。动物呢？同样也有明确的领土观念，从天上的鸟到地上的兽，都有一定的活动空间。不过，它们的管理方法比较简单，撒一泡尿就算划定了边界，叫几声就可以吓阻敌人。遇有外来入侵的，也会奋力抵抗，胜利当然更好，失败也不恋战，甘心落荒而逃，自己另找地盘。如果到蜜蜂或者蚂蚁的窝里去看看，更加羞愧难言。人类又是奖金，又是宣传，又是金榜题名，又是树碑立传，但真正大公无私，公而忘私者总是极少数，因而被尊为英雄或模范。而蚂蚁和蜜蜂呢？终生劳累而不计报酬，尽职尽责而任劳任怨，既不用监督，也不用表扬，即使为保卫家园而战死，也得不到英雄或烈士的称号，却能社会稳定，秩序井然，各司其职，无私奉献，生生不息地繁衍了几亿年。相比之下，我们人类还有什么好自豪的呢？

实际上，人类只是地球上千千万万种生物中的一种，而且几乎是最晚来到地球上的。然而，我们却缺乏自知之明，以为自己就是这个星球的主宰，地球上的一切都是为自己准备的，对动物滥捕滥杀，对植物乱砍滥伐，结果招致了大自然的报复。凡比我们强大的，如狮子、老虎、北极熊之类，都被我们当成盘中餐；凡比我们弱小的，从天上的鸟到水里的鱼，从昆虫到兽类，都把我们看成最可怕的天敌。只有南极的企鹅是例外，看到人会赶快跑过来，看看你在干什么，那是因为，它们和人类打交道的时间还很短，尚未演化出“防人之心不可无”的基因来的缘故。

人类走到了十字路口

在原始社会里，分享是人类最基本的道德准则，那时靠打猎和收集果实为生，没有固定的生活来源，有人打得猎物多，吃不完，有人打不到猎物，就得饿肚子。而且，每个人都会有成功和失败的时

极地动物

候，所以大家必须分享才能活下去。

进入农业文明之后，种出的粮食和驯养的牲畜自己吃不完，有了剩余，也就有了私有财产；有了贫富之分，也就有了阶级。有了剩余的粮食和牲畜，可以养活脱产的军队和官员，于是出现了部落和国家。为了保住自己的土地并掠夺别人的土地以扩大地盘，于是有了战争，人与人之间的关系变得尖锐而复杂。

工业文明是以殖民扩张和残酷掠夺为代价的，使得人与人、人与大自然之间的关系都达到了空前紧张而残酷的程度，以至于生态恶化，社会对立，导致了两次世界大战，而且至今战争不断。

现在，人类正在迈入科学文明的新阶段，与此同时，杀人手段也更加可怕了，已经研制出来的核武器，足以把地球摧毁许多次，每时每刻还会有新的更加致命的武器问世。由此可见，人类已经走到了十字路口，到了必须悬崖勒马的时候了。

第一次世界大战时，俄国大文豪托尔斯泰给日本天皇写了一封信，第一句话就是："你忏悔吧！"曾经引起陷入战争狂热的日本国民的不满和愤慨。

现在，这句话应该送给全人类，大家都来忏悔吧！尽快停止对那些无辜的人和无辜的生物的蹂躏与摧残。

大平等观和大分享观

苦海无边，回头是岸。人类如果想摆脱困境，更好地在这个星球上生存下去,只有一条路可走,就是彻底改变自己的观念,树立起一种大平等观和大分享观,即不仅是人与人、国家与国家、民族与民族、种族与种族要一律平等,而且人与其他生物也是平等的,都是生命大家庭中的一员,共同分享地球的空间和资源。只有这样,人与人、人与大自然,才能更好地和谐相处,在这个星球上继续生存下去。

一个卖肾的人有可能用卖肾的钱给自己重新装上一个肾吗?

田　松

“现代化”的胡萝卜

据说驴子喜欢吃胡萝卜,农民就在驴子的头顶架一根木棍儿,棍上拴一串胡萝卜。驴子以为上前一步就可以吃到,然而胡萝卜也跟着向前一步。就这样,走上十里八里,十年八年,驴子还是吃不到胡萝卜。

这个胡萝卜,就是我们追求的现代化。

对很多人来说,现代化的现实模本就是美国。就如赫鲁晓夫访美之后所由衷感叹的那样:他们真富!然而,不要说全世界,如果所有的中国人正在以美国人的方式生存,这个地球上的能源和资源就已经不够用了!所以我们注定不可能美国化。

根据熵增加原理,任何一个有序结构的运行都需要外界不断地输入能量和物资,同时不断地排放废弃物(垃圾)才能实现。就如一个生物体,一旦停止新陈代谢就会死亡。又如夏日里安装了空调的房间,一旦没有电力输入,灼热的废气不能排出,便毫无凉

本文选自《中华读书报》2003年8月27日。作者田松系北京师范大学哲学与社会学学院教授,哲学博士,理学(科学史)博士。曾在北京印刷学院教物理,在《中国矿业报》做编辑,在中国科学院和中国社会科学院读博士,在中央电视台做策划,在北京大学哲学系做博士后。主要研究方向为科学哲学、科学传播、科学史、科学人类学、科学与艺术。已出版著作和译作《永动机与哥德巴赫猜想——江湖中的科学》《堂吉诃德的长矛》《魔镜——埃舍尔的不可能世界》《血液与土壤》等。

爽可言。放大一步说，一座城市也是这样，它必须从城外周边地区乃至更遥远的地方不断地获取能源和物资，并不断地输出垃圾，才能保证它的正常运转。再放大一步，所有的现代化地区的现代化，都需要其他非现代化和次现代化地区源源不断的能源和资源输入，才能维持下去。

2001 年，《南方周末》等媒体对云南的红豆杉剥皮事件进行了报道。记者调查了红豆杉生长的滇西北地区，所到之处，满目疮痍，惨不忍睹。大到几人抱不过来的老树，细到手臂粗的小树，都惨遭剥皮。丽江鲁甸新主一带已经找不到一棵活的红豆杉了。剥皮的大多是当地的农民。他们把剥下来的皮卖给收购树皮的小贩，小贩再卖给收购树皮的小公司，小公司再卖给昆明的大公司，这个大公司不是一般的公司，是当时云南省的重点创汇公司，这个公司把收购来的红豆杉树皮进行处理，从中提取一种含量只有万分之一二的称为紫杉醇的物质，再把紫杉醇卖给美国的制药公司，因为美国人在 1992 年发明了一种专利，可以用紫杉醇生产一种治疗乳腺癌和卵巢癌的特效药。于是，我们看到了蝴蝶效应的活的例证，美国的一项专利，导致了遥远的云南的红豆杉惨遭凌迟。而美国和加拿大的红豆杉，已经在那项专利发明之后，迅速立法，保护起来。

在这个全球化的食物链中，处于最上端的是我们仰慕的“先进的”现代化地区，最下端的则是“落后的”滇西北地区。那么，真正从中获得好处的都是哪些人呢？毫无疑问，能够享受这种药物的，绝不是剥树皮的农民。从表面上，在这个过程中，美国的制药公司赢利了，云南的大公司赢利了，云南的小公司赢利了，小贩子赢利了，农民也赢利了。然而，这个次序也正是赢利多少的次序。相比之下，农民获得的利益微乎其微！

然而，农民将要承担的代价是最大的。

这些年来，很多令人发指的事件都是在发展和进步的名义下轮番上演，且愈演愈烈。浙江定海古城被拆，济南高都司巷被毁，仿佛昨日之事,伤口尤新。而这个月的《南方周末》又看得我毛骨悚然。北京所剩无几的老胡同、老四合院正在推土机的履带下与日俱亡,文物部门只能望而兴叹,无计可施。在云南中甸的高原湖泊仁宗海,人们正在砍伐原始森林,造大坝,建电站。这些进行时态的事件常常使我感到绝望!某些地方政府的官员对于我们自己的历史、文化和传统没有丝毫的敬畏之心,敢于把所有这一切作为他们发展规划的对象,变成他们获得某种指标的原料。作为地方政府,就算不能拿出多少个万来保护这些绝对不可再生的人文生态和自然生态,又怎么敢于想象为了多少个万去破坏它们呢?

一方面,我们要用几千万几千万人民币去收购古人的片纸片墨片石片瓦;另一方面,我们在为多少万多少万的经济指标去摧毁那些凝结着传统的历史遗迹和活着的实物。何其疯狂,何其荒谬!不要说再过几十年几百年,就是现在,要用多少钱能够买来哪怕一小片原始的森林!

所谓先发展,后治理,只是自我安慰,自欺欺人,它从根本上违背了熵增加原理,注定得不偿失。

一个卖肾的人有可能用卖肾的钱给自己重新装上一个肾吗?

现代化是一个巨大的章鱼,不断地延伸它的触角。不论地球的哪一个角落,一旦加入现代化的网络,就会成为这个食物链的一部分,一边为其上游提供物资和能源,以获得所谓现代化的便利的生活,丰盛的物资,以及随之而来的垃圾;另一边从下游攫取能源和物资,并把自己的垃圾扔出去。这很像民间的老鼠会或者传销网,那些最先加入的处于上游的会员是真正的大赢家,而那些下游的会员,只有疯狂地发展下游的下游、下线的下线,才有可能捞回付出的成本,获点小利。

我们所使用的物质和能源,超出了大自然所能供给的能力,超出了人类所能支配的份额;我们制造的垃圾,也超出了大自然的降解能力,超出了人类自身的处理能力。

在现代化的食物链中,处于最下端的,获益最少,但付出的代价是最大的。无论是开矿山,建工厂,还是修水坝,推房子,在所有的以发展的名义进行的自然生态和人文生态的破坏中,承担后果的都不是获得利益的!

情况总是这样的,在经过一轮掠夺性开发后,有的人赚足了钱,走了;有的人获得了政绩,升了。还有的处于遥远的食物链上游,吸光了需要的物质,转向其他目标了。而人文生态和自然生态破坏的恶果,则要由那些祖祖辈辈生活在这里的普通农民来承担。也许,他们盖起了新瓦房,看上了电视,用上了手机,甚至接上了互联网,但是他们失去了清澈的流水、繁茂的森林、灿烂的星空,也失去了自己的生活。这种发展,这种进步,无异于卖血、卖肾!

当他们失去了曾经作为资源的生态,也就失去了做下游的资格,而他们获得的现代化,便将烟消云散!

我们究竟需要一个怎样的未来?

马鹿舔干了两只小鹿身上的黏液,抬起头盯着老李看了好长时间。

张　骅

马鹿的眼泪

这是20世纪70年代末发生在新疆尼勒克草原的一件往事。那时的老李二十几岁,刚结婚两年,妻子已经怀孕,也快到了临产期,每天却还要迎着朝霞挺着大肚子去牛圈挤奶。每次望着妻子蹒跚的背影,老李总要心生莫名的悲悯。老李想让妻子过得好些,可他当时又没这个能力,他就觉得自己是个窝囊男人。不过老李有他的绝活儿,他的枪打得很准,不敢说百步穿杨却也指哪打哪。那年月保护珍稀动物的意识还没那么强,老李梦想着有一天能撞上大运,打一只熊或马鹿什么的,熊掌和鹿茸还是很值钱的,这样妻子产后的生活就有了着落。老李向牧场的民兵营长借了杆七九式步枪和几发子弹。早晨天蒙蒙亮,老李拎着几乎与他同高的长枪只身往山上森林深处走。

从家里出发的时候老李带足了干粮,他想好了假如今天碰不上那些家伙,就在森林里等一宿,到明天再看。老李匍匐下身子,掏出干粮,就着身旁宽树叶上的晨露吃起来。

老李潜伏得很辛苦,身上的衣服被露水打湿,又被身子暖干,这样湿了干,干了湿,已记不清是几回了,但仍没见兽物从他身边走过。从树枝缝隙射到地上的阳光,不断变换着光柱的角度和明

本文选自2005年8月9日《北京晚报》。

暗亮度,使老李几次都想睡过去。老李强忍着阵阵袭来的困意,他是不会因为自己的大意而丧失机会的。

时间就这样一分一秒地逝去。天渐渐暗了,落在地上的光线开始发黄,老李觉得再这样待下去不会有什么结果,于是他从树丛中歪歪斜斜地站起身。他伸了一个长长的懒腰,就在他拎着七九式步枪准备离开的时候,突然发现林间小径的对面,离他二十几米远的两棵粗壮的松树之间,站着一头比驴矮不了多少的马鹿!起先老李以为是幻觉,因为那两棵粗壮的松树他不知看了多少眼,怎么一转眼就出现了这么个庞然大物?

但是它确实是存在着的,老李甚至看清这是一头成年母鹿。热血直往头上涌,握着长枪的手在微微颤抖。老李咽了一口唾沫,抑制了一下自己的激动,然后猫着腰悄悄地摸上前。然而,那头比驴矮不了多少的马鹿早已发现了他,眼睛直勾勾地看着他,转身就要跑,老李迅捷地举起枪,并瞄准了它,就在将要扣动扳机的一瞬间,马鹿像被一个什么重物拽住,它停住了跑动的四条腿。老李清楚地看见它的后腿之间有一个血糊糊的白色的物件,那物件还在剧烈地颤动着。老李枪上的准星依然对准马鹿硕大的头。老李知道七九步枪的威力,这么近的距离,只要他轻轻扣动扳机,马鹿的头就会像裂开的西瓜一样,红红粉粉地粲然开花。

马鹿硕大的头颅往下垂,老李的准星在移动。马鹿拧转它的脖子去舔两腿间那团血糊糊的白色的物体,老李蓦地愣住了,他看见一只小小的鹿蹄从半透明的白色物体中伸出来,类似破茧的蛹蛾那样挣扎地拥向世间。老李终于明白怪不得这头奔跑起来像一阵风似的马鹿,为什么会傻傻地站着等他用枪去瞄准它:马鹿是在生产啊!

马鹿的头抬了起来,老李的准星也在往上移动,作为枪手的手指自然地往后扣动。马鹿的一双眼睛在直勾勾地盯着他,老李发现马鹿的眼睛原来是这样漂亮,它的眼睛又圆又亮,就像月夜下一眼晶莹的清泉!这只像清泉的眼睛开始流泪,顺着它秀气的鼻梁两侧缓缓地滴落下来。老李的心蓦地揪紧起来,一股温软的感觉电流般地通向全身。老李的眼睛发潮了,准星模模糊糊的,举枪的双手软塌塌地耷拉下来。

在两棵粗壮的松树前,老李和马鹿就这样相互站立着。马鹿在老李的注视下,用嘴撕开白色的胞衣,两只小鹿歪歪咧咧地站了起来,然后马鹿全部吞下了已变得血糊糊的胞衣。在这个过程中,马鹿的眼睛始终挂着泪珠,而老李的眼里也湿漉漉的。

马鹿舔干了两只小鹿身上的黏液,抬起头盯着老李看了好长时间,眼睛里又流出两行晶莹的泪水,这才带着小鹿缓缓离去。

老李傻傻地呆立着。他像是做了一场梦,但这梦的细节却是这样的真切。

老李接着告诉我,"那天很晚我才到家,妻子仍留着灯等我,我给她说了马鹿的事,她听完直夸我做得对。"

两个月后,老李的妻子顺利地产下了一名女婴。后来,老李一家走出了尼勒克草原,走向新疆的首府乌鲁木齐;再后来,老李只身去东南沿海以及香港闯天下,一晃二十几年过去,他与那个曾在尼勒克草原患难过的妻子也早已离异。往事如烟,纷纷繁繁,可在草原的森林里与马鹿的巧遇却总也忘不了,妻子在灯下夸他的情景常浮现眼前。

蜻蜓啊萤虫啊蝴蝶啊，你们飞到哪里去了？没有你们点缀，童年岂不褪色？你们还能飞回来吗？

流沙河

蜻蜓不再飞回来

听唱一曲《红蜻蜓》，好感伤！缓调回环，悲童年之不再。首段歌词：“晚霞中的红蜻蜓，请你告诉我。童年时候看见你，是在哪一天？”有问无答，暗伤昔年小孩今已成人，记忆模糊不清，早就想不起初见红蜻蜓是在哪一天了。但是，还想得起那时候三五结伴，下河去游仰泳，上岸来捉蜻蜓，何等好玩。

捉蜻蜓，右手臂顺时针旋转着划大圈，对准那停歇在芭茅叶子尖尖上的一只蜻蜓，缓缓移步，轻轻逼近。为啥手臂要这样划大圈，我研究过。蜻蜓生着复眼，能观察全方位的动静。无论你从哪个方位伸手去捉，它都要飞。你若是划着圈逼近它，它便朦胧看不清你。愈逼愈近，圈也愈收愈小。小到离它七八寸了，一把抓去，包你活捉。此法验之不爽。奈何童年之乐一去不返。我不能再到

本文作者流沙河（1931—2019）系诗人，作家，学者，书法家。原名余勋坦，祖籍四川金堂。1949 年入四川大学农化系，立志从文。1950 年任《川西农民报》副刊编辑。1952 年调四川省文联，先任创作员，后任《群众编辑》《星星》诗刊编辑。1957 年因《草木篇》被划为右派，留成都劳役。1979 年调回四川省文联，继续任《星星》诗刊编辑。曾任四川省作协副主席。主要作品有《流沙河诗集》《故园六咏》《蟋蟀国》等。诗作《就是那一只蟋蟀》《理想》被收录中学语文课本。

流沙河

河边去旋臂划圈了。

昆虫纲蜻蜓目可分为两大类:第一类通称为蜻蜓;第二类通称为豆娘。蜻蜓俗名丁丁猫。有红的黄的麻的三种,皆益虫。停歇枝头,平展两翅,像篆文的丁字。篆文丁可能是象形字,也就是蜓的本字。丁丁者蜓蜓也。以其捕蚊蚋如猫捉老鼠,故名丁丁猫。豆娘俗名七姑娘,色暗蓝,状娇弱,停歇林间,叠合两翅。一个平展两翅,一个叠合两翅,是蜻蜓与豆娘最显著的区别。英文称蜻蜓为龙飞虫(**dragonfly**),妙。顺便说说,还称萤虫为火飞虫(**firefly**),还称蝴蝶为奶油飞虫(**butterfly**),也妙。此三虫者皆旧时儿童醉心之宠物,现今城里再也看不见了。岂止庭院里看不见,花园里也看不见呀。蜻蜓啊萤虫啊蝴蝶啊,你们飞到哪里去了?没有你们点缀,童年岂不褪色?你们还能飞回来吗?

再听一遍《红蜻蜓》,又添一层感伤。原来失去了童年的不只是你我他,全人类都正在失去童年。这个世界上普遍的推行工业化以来,人类就在以牺牲兽类、鸟类、鱼类、爬虫类、昆虫类为代价,换取自身物质享受,制造生态灾难了。工业化使人类失去童年(说好听些,告别童年),走向成熟。小孩们得到了游戏机,失掉了蜻蜓、萤虫、蝴蝶;得到了幻影,失掉了活虫;得到了打斗之乐,失掉了“穿花蛱蝶”“点水蜻蜓”“萤焰高低照暮空”;得到了科技,失掉了诗。他们永远不可能再享有我曾享有过的童年之乐了,悲哉。

敬 告 作 者

“科学人文读本”丛书旨在弘扬科学人文精神，提高广大读者（尤其是莘莘学子）的科学素养和人文素养，倡导培育通识通才，为开创科学与人文相互沟通、相互敬重的格局而尽绵薄之力。

本丛书所收入的文章均思考深刻，语言精湛。

为尽可能奉献给读者品位高雅且有代表性的美文，有鉴于选本的时间和地域跨度均较大，作者面又较宽，我们虽已获得了大部分被选文稿作者的授权，经多方努力仍有个别作者一时无法联系上，而美文又难以割舍，考虑再三还是选入了。

为此，敬请这部分作者或著作权人予以谅解，并望及时与我们联系著作权使用事宜。

敬请联系：200031　上海永福路 123 号

上海教育出版社徐建飞工作室。

编　者

2020 年 5 月